Túneis no Universo

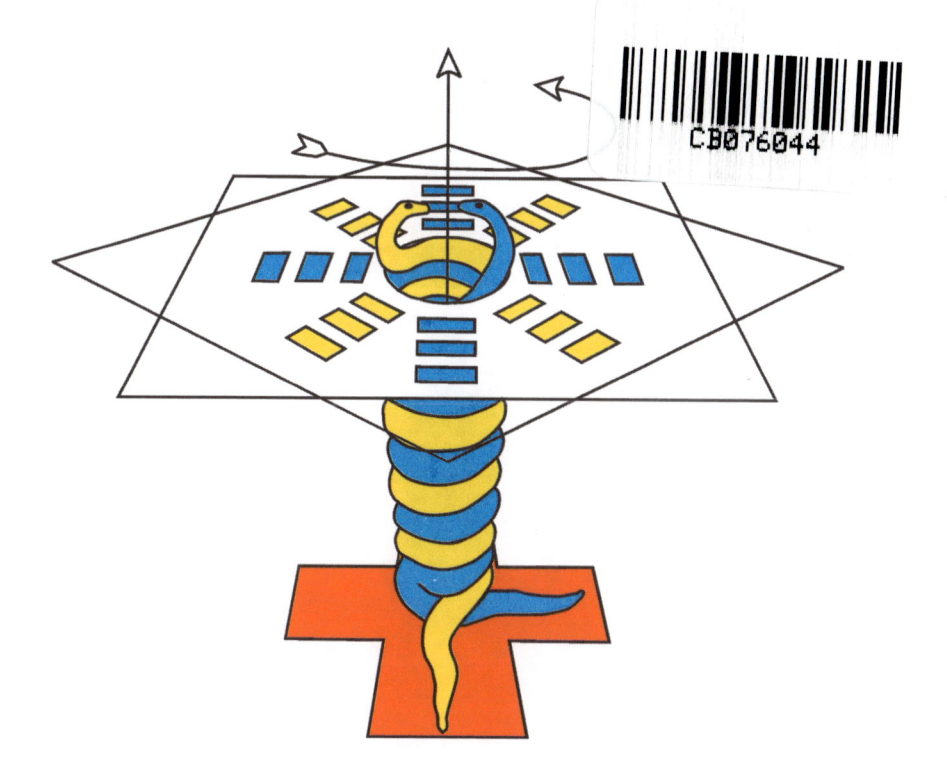

Os Portais e Seus Códigos Cósmicos

Conforme Novo Acordo Ortográfico

Elias

Túneis no Universo

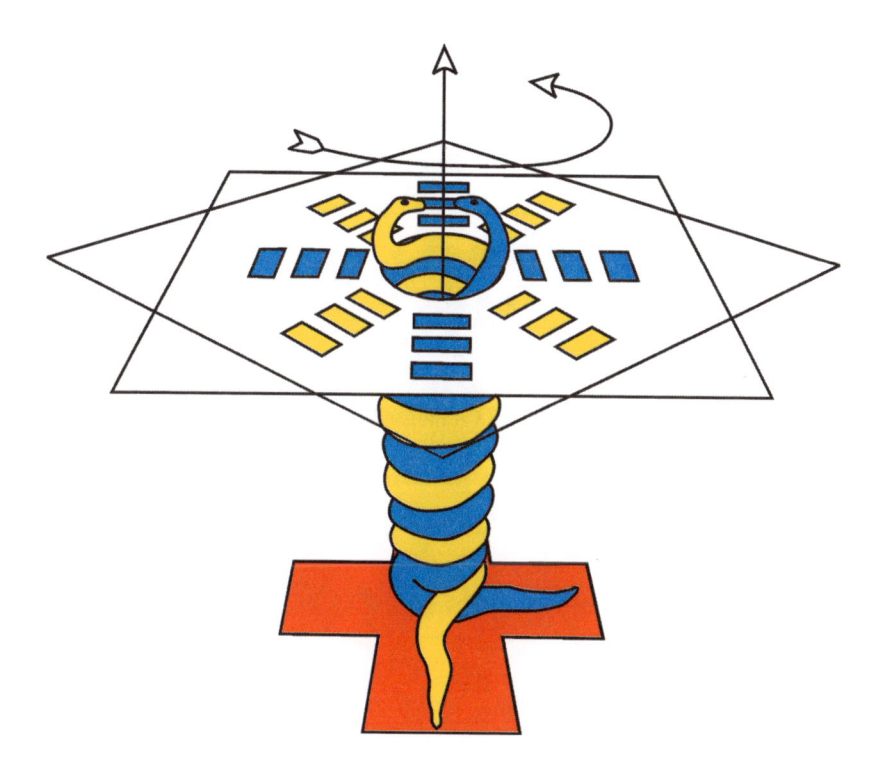

Os Portais e Seus Códigos Cósmicos

Tradução:
Silvia Massimini

MADRAS®

Publicado originalmente em espanhol sob o título *Túneles en el Universo — puertas de los cielos*, por Fundación Internacional Elijah.
© 2008, Fundación Internacional Elijah.
Direitos de edição e tradução para todos os países de língua portuguesa.
Tradução autorizada do espanhol.
© 2009, Madras Editora Ltda.

Editor:
Wagner Veneziani Costa

Produção e Capa:
Equipe Técnica Madras

Tradução:
Silvia Massimini

Revisão da Tradução:
Flávia Busato Delgado

Revisão:
Silvia Felix
Wilson Ryoji Imoto
Bianca Rocha

Dados Internacionais de Catalogação na Publicação (CIP)
(Câmara Brasileira do Livro, SP, Brasil)

Elias
Túneis no Universo – Os Portais e Seus Códigos Cósmicos/Elias [tradução Silvia Massimini].
– São Paulo: Madras, 2009.
Título original: Túneles en el Universo: puertas de los cielos

ISBN 978-85-370-0428-9

1. Bíblia. A.T. – Comentários 2. Cosmologia 3. Extraterrestres 4. Ocultismo I. Título.
II. Título: Portas dos Céus.

08-10333   CDD-133

Índices para catálogo sistemático:
1. Túneis no Universo: Ocultismo 133

É proibida a reprodução total ou parcial desta obra, de qualquer forma ou por qualquer meio eletrônico, mecânico, inclusive por meio de processos xerográficos, incluindo ainda o uso da internet, sem a permissão expressa da Madras Editora, na pessoa de seu editor (Lei nº 9.610, de 19.2.98).

Todos os direitos desta edição, em língua portuguesa, reservados pela

MADRAS EDITORA LTDA.
Rua Paulo Gonçalves, 88 — Santana
CEP: 02403-020 — São Paulo/SP
Caixa Postal: 12183 — CEP: 02013-970
Tel.: (11) 2281-5555 — Fax: (11) 2959-3090
www.madras.com.br

Túneis no Universo

Neste livro está a chave que permitirá ao homem o domínio do Universo.

Elias

Esta figura do Pórtico do Templo de Salomão foi retirada do livro intitulado O povo judeu, quatro mil anos de história, *escrito por Max Wurmbrandt e Cecyl Roth.*

Certamente Iahweh Deus não fará coisa alguma sem ter revelado o seu segredo aos seus servos, os profetas. (Am. 3:7)

As revelações científicas de Iahweh, contidas neste livro, confirmam à humanidade terrestre que Ele realmente existe, e que intervém nos assuntos humanos.

Os olhos de Iahweh protegem o conhecimento. (Pr. 22:12)

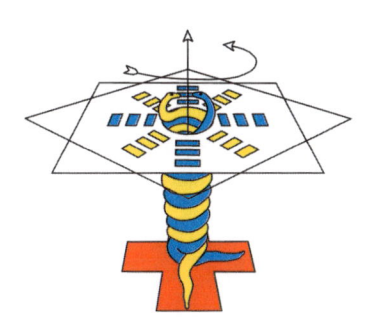

Teoria da Relatividade Geral

PONTES EINSTEIN-ROSEN
(BURACOS DE MINHOCA)

Estende o norte sobre o vazio; e suspende a terra sobre o nada [...] (Jó 26:7)

E abriu o poço do abismo, e subiu fumaça do poço, como a fumaça de uma grande fornalha; e com a fumaça do poço escureceram-se o sol e o ar. Da fumaça saíram gafanhotos pela terra [...] (Ap. 9:2)

O aspecto das rodas, e a obra delas, eram como a cor de berilo; e as quatro tinham uma mesma semelhança; e o seu aspecto, e a sua obra, era como se estivera uma roda no meio de outra roda. (Ez. 1:16)

E os seus aros eram tão altos que faziam medo; e estas quatro tinham as suas cambotas cheias de olhos ao redor. (Ez. 1:18)

PROFECIA

"Deus permitirá que seja feita uma descoberta de grande importância que deverá permanecer oculta até a notificação de Elias... E bem é verdade, não há nada oculto que não deva ser descoberto; por isso, depois de mim, um ser maravilhoso virá... e revelará muitas coisas."

Paracelso
(1493-1541)

E Jesus, respondendo, disse-lhes: "Em verdade, Elias virá primeiro, e restaurará todas as coisas". (Mt. 17:11)

Eis que eu vos enviarei o profeta Elias, antes que venha o grande e terrível dia do Senhor. (Ml. 4:5)

Profecia Budista

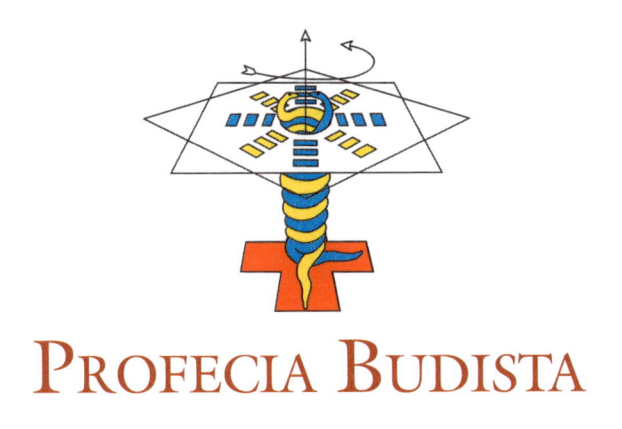

No devido tempo, irmãos, virá ao mundo o exaltado chamado Metteyya (Maîtreya),* levantar-se-á guiado por sabedoria e bondade em abundância, bem-aventurado, **com a ciência dos mundos**, insuperável como um guia para os mortais, aos quais conduzirá, um mestre dos deuses e homens. Um exaltado Buda assim como sou neste momento. **Ele, por si só, saberá e verá completamente a natureza deste universo, com seus mundos dos espíritos**, seus bramas e maras, e seu mundo de solitários e brâmanes, de príncipes e povos, assim como eu neste momento, por si só, o conheço e os vejo por completo.

Gautama Buda
Digha Nikaya

Comentário

O Maitreya da profecia budista faz uma alusão ao Messias que virá ao final dos tempos, aquele Shiloh da profecia de Jacó (Gn. 49:10) cujo precursor é o profeta Elias, sétimo anjo do Apocalipse. A presença, em carne e osso, de Elias na Terra é um prelúdio da vinda do Messias.

---

*N.E.: Sugerimos a leitura de *Maîtreya – O Buddha Futuro*, de Louis Latourette, Madras Editora.

ÍNDICE

Prólogo 17

Capítulo I
    A Bíblia, Livro de Ciência Extraterrestre 19

Capítulo II
    O Código Cósmico e a "Lei Universal do Desenho Único"
    ou Lei Fundamental de Campos Unificados 31

Capítulo III
    Figuras de Origem Extraterrestre que Representam a Estrutura
    do Código Cósmico 39

Capítulo IV
    Espírito Santo de Iahweh Essência do Código Cósmico 67

Capítulo V
    O Código Cósmico na Estrutura do Corpo e da Alma de Deus... 81

Capítulo VI
    O Código Cósmico na Estrutura do Reino Paradisíaco
    Prometido por Deus 93

Capítulo VII
    O Código Cósmico na Estrutura do Computador 101

Capítulo VIII
    Estrutura do Núcleo e da Memória Cache L1 do Processador
    do Computador da Nave Cósmica 109

Capítulo IX
  O Código Cósmico na Estrutura do Genoma 151

Capítulo X
  Eletrodinâmica Quântica. O Código Cósmico na Estrutura do Hádron. O Laser de Neutrino 163

Capítulo XI
  Eletrodinâmica Quântica. O Código Cósmico na Estrutura do Fóton. O Motor de Fótons 181

Capítulo XII
  O Código Cósmico na Estrutura do Átomo 197

Capítulo XIII
  O Código Cósmico na Forma e Estrutura do Universo 203

Capítulo XIV
  Túneis no Universo, Portas dos Céus. O Código Cósmico nas Estruturas de Estrelas e Planetas 215

Capítulo XV
  O Código Cósmico nas Estruturas de Buracos Negros, Buracos Brancos e Buracos Cinzas 241

Capítulo XVI
  Viagens Interplanetárias, Interestelares e Intergalácticas usando como Via os Buracos Cinzas do Universo 247

Prólogo

Recebo mais uma vez outro manuscrito de Elias, no qual se descobre o véu que mantinha oculta a chave que abre a porta por meio da qual se pode ver e estudar a forma e a estrutura do Universo. Chave que permitirá ao homem o domínio do Universo.

Neste novo livro, intitulado *Túneis no Universo – Os Portais e Seus Códigos Cósmicos*, ele fala da forma e da estrutura do Universo, e demonstra, por meio de uma fórmula simples, que o Universo é formado por cerca de 4% de matéria visível e 96% de substância invisível, a qual os cientistas chamam de matéria escura ou fria.

Ele explica de forma muito compreensível a estrutura dos três tipos de pontes cósmicas que existem no Universo, que são: (1) **buracos negros**, (2) **buracos brancos ou quasares** e (3) **buracos cinzas**. Elias, neste livro, apresenta ao mundo científico o termo buraco cinza, para nomear um dos três tipos de pontes cósmicas que existem.

Elias demonstra que o Universo é formado por 25 níveis dimensionais tridimensionais, sendo cada um desses igual ao nosso nível dimensional. Corrige assim a informação dada pela teoria moderna das supercordas, que propõe um Universo de dez a 26 dimensões, em vez do que conhecemos com apenas quatro: comprimento, largura, altura e tempo.

Os cientistas estão procurando uma teoria unificada, completa (eles acreditam que exista uma), que explique o Universo.

Elias nos diz que essa teoria unificada que os cientistas procuram existe, e não como teoria, mas como lei (**Lei Universal do Desenho Único**), e esteve diante dos olhos do homem, como **"código secreto"**, nas Sagradas Escrituras. Toda humanidade avançada do Universo conhece o significado desse código, coisa que você poderá verificar neste livro quando ver a série de símbolos sagrados apresentados na obra.

Elias, de maneira assombrosa, mas científica, correlaciona os principais símbolos das diferentes religiões e crenças antigas, algumas delas já desaparecidas, criando uma espécie de vertigem em nosso ser, ao ver como cada um desses símbolos que representam as civilizações de nosso passado tem o código cósmico como eixo central, da mesma forma que na Bíblia, o que nos leva a perceber que essas religiões têm origem comum.

Nosso irmão Elias também nos diz que Iahweh Deus colocou no ovo a essência de sua sabedoria e o grande mistério da criação. Diz: **No ovo (cujo símbolo é a Estrela de Davi contida dentro de uma circunferência), o Altíssimo colocou o computador mais avançado que existe, e a estrutura das estrelas e dos planetas. Na eclosão do ovo está a resposta ao** *Big Bang* **que originou o Universo. Aquele que desvenda o mistério contido no ovo conhece o grande segredo de Deus.**

Elias me anuncia que vem como enviado do Imperador do Universo com a missão de "restaurar as tribos de Israel" e ao mesmo tempo tirar o véu do "código secreto" da Bíblia; código mediante o qual se decifram os mistérios contidos nas Sagradas Escrituras. Que a sua carta de apresentação a Israel e ao mundo são as revelações que ele me entregou por meio dos livros intitulados: *O homem, embrião de anjo; Túneis no Universo – Os Portais e Seus Códigos Cósmicos; e A posição da agulha no relógio profético (O império mundial da profecia).*

Espero, estimado leitor, que este livro que estamos lhe apresentando acalme, em grande parte, sua ânsia na busca do saber.

Gaetano Herrera P.

Capítulo I

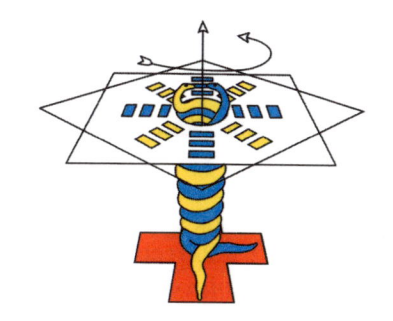

A Bíblia, Livro de Ciência Extraterrestre

Eu disse a você, irmão Gaetano, que a Bíblia é um livro cósmico de ciência extraterrestre em que Iahweh, o Imperador do Universo, escreveu, em símbolos, a forma e a estrutura do Universo.

Os cientistas terrestres pesquisaram matematicamente algo que sempre esteve simbolizado na Bíblia e relacionado com a chave que abre o Universo diante dos pés do homem.

Eles denominam o que encontraram de **"Pontes Einstein-Rosen" ou "Buracos de Minhoca"**. (Ver o filme de Robert Zemeckis intitulado *Contato*,* já que nele se ilustra aproximadamente o comportamento dessas pontes cósmicas).

Teoria da Relatividade Geral
"Enunciado Buracos de Minhoca"

Qualquer planeta ou estrela distorce, à sua volta, o espaço e o tempo. Matematicamente, uma dessas distorções pode ter a forma de um tubo, em que uma das bocas se situa em uma parte do Universo e a outra, em algum lugar a bilhões de anos-luz de distância, ou em um universo distinto.

O enunciado "Buracos de Minhoca" toma esse nome da comparação que se faz com a minhoca que devora a maçã. Por exemplo: se pegarmos uma maçã que hipoteticamente tem um buraco feito por uma minhoca que a atravessa de polo a polo, e em um dos polos há uma mosca com a meta

---

*N.T.: Título original: *Contact*, de 1997.

de chegar ao outro polo da maçã, se ela toma a rota do buraco, encurtará seu caminho para chegar ao destino.

Em relação a isso, o dr. Carl Sagan, em seu livro *Cosmos*, diz o seguinte:

"Mencionamos antes a possibilidade de que existam galerias para ir de um lugar a outro do Universo sem cobrir a distância intermediária: através de um buraco negro. **Podemos imaginar essas galerias como tubos através de uma quarta dimensão física.** Não sabemos se essas galerias existem. Mas, supondo que sim, devem acabar sempre desembocando em outro lugar do nosso Universo? Ou é possível que as galerias se conectem com outros universos, com lugares que de outro modo seriam sempre inacessíveis para nós? **Nada se opõe ao fato de que existam muitos mais universos. Talvez estejam, em certo sentido, aninhados um dentro do outro".**

Essas perguntas serão respondidas mais adiante.

Quem é o dr. Carl Sagan? De acordo com o livro *Cosmos*, ele é diretor do Laboratório de Estudos Planetários e professor de Astronomia e Ciências do Espaço da Universidade de Cornell. Desempenhou um papel importante nas expedições interplanetárias das naves Mariner, Viking e Voyager, e como recompensa recebeu as medalhas da NASA por EXCEPCIONAIS Méritos Científicos e por Eminente Serviço Público e o prêmio internacional de Astronáutica, o Prix Galabert. Foi presidente da seção de Ciências Planetárias da Sociedade Astronômica Americana, presidente da seção de Astronomia da Associação Americana para o Progresso das Ciências e presidente da seção de Planetologia da União Geofísica Americana.

O dr. Carl Sagan é autor do romance de ficção científica *Contato*, que foi levado à tela pelo grande cineasta Robert Zemeckis, que – da mesma forma que Einstein, Hawking, Sagan e outros personagens que se destacaram – é anjo do exército de Iahweh, que encarnou aqui na Terra com a missão de revelar os mistérios da ciência, embora não tenha memória do que é nem de sua missão a cumprir, mas a executa. A Bíblia, em Provérbios 22:12, diz: "Os olhos de Iahweh protegem o conhecimento".

Se eu lhe disse, irmão Gaetano, que a Bíblia é um livro cósmico de ciência extraterrestre, isso quer dizer que o significado dos símbolos científicos contidos nela só podem ser explicados por aqueles extraterrestres que os colocaram ali.

Repito que eu, Elias, sou um dos extraterrestres que o Imperador do Universo utilizou, no passado, para colocar os símbolos cósmicos nas Sagradas Escrituras. A própria Bíblia registra que eu era um extraterrestre; pois, sendo eu uma das principais figuras nas Sagradas Escrituras, esta não assinala minha genealogia. Quando, naqueles tempos, eu disse: "Basta [...] não sou melhor do que meus pais" (I Rs. 19:4), não me referia a pais terrestres. **A Bíblia registra a genealogia de toda figura destacada nas Sagradas Escrituras, exceto a de Melquisedeque e a minha, porque não éramos terrestres.** Além disso, não fui resgatado naquela época por uma nave voadora? Vejamos isso na Bíblia:

Os carros de Deus são vinte milhares, milhares de milhares [...] (Sl. 68:17)

[...] carros como um redemoinho [...] (Is. 66:15)

Olhei, e eis que um vento tempestuoso vinha do norte, uma grande nuvem, com um fogo revolvendo-se nela, e um resplendor ao redor, e no meio dela havia uma coisa, como de cor de âmbar, que saía do meio do fogo. (Ez. 1:4)

O aspecto das rodas, e a obra delas, era como a cor de berilo; e as quatro tinham uma mesma semelhança; e o seu aspecto, e a sua obra, era como se estivera uma roda no meio de outra roda. (Ez. 1:16)

Andando, elas andavam pelos seus quatro lados; não se viravam quando andavam. (Ez. 1:17)

E os seus aros eram tão altos que faziam medo; e estas quatro tinham as suas cambotas cheias de olhos ao redor. (Ez. 1:18)

Sucedeu que, quando Iahweh estava para elevar a Elias em um redemoinho ao céu, Elias partiu de Gilgal com Eliseu. (II Rs. 2:1)

E sucedeu que, indo eles andando e falando, eis que um carro de fogo, com cavalos de fogo, os separou um do outro; e Elias subiu ao céu em um redemoinho. (II Rs. 2:11)

Outro exemplo que demonstra que éramos extraterrestres intervindo nos assuntos terrestres é o caso do anjo de Iahweh, nosso rei, quando guiava o povo de Israel no êxodo do Egito. Ele camuflava sua nave com nuvens para não ser visto pelo povo. Vejamos isso na Bíblia:

Assim partiram de Sucote, e acamparam-se em Etã, à entrada do deserto. (Ex. 13:20)

E Iahweh ia adiante deles, de dia em uma coluna de nuvem para os guiar pelo caminho, e de noite em uma coluna de fogo para os iluminar, para que caminhassem de dia e de noite. (Ex. 13:21)

Nunca tirou de diante do povo a coluna de nuvem, de dia, nem a coluna de fogo, de noite. (Ex. 13:22)

E o anjo de Deus, que ia diante do exército de Israel, se retirou, e ia atrás deles; também a coluna de nuvem se retirou de diante deles, e se pôs atrás deles. E ia entre o campo dos egípcios e o campo de Israel; e a nuvem era trevas para aqueles, e para estes clareava a noite; de maneira que em toda a noite não se aproximou um do outro. (Ex. 14:19-20)

E no dia em que foi levantado o tabernáculo, a nuvem cobriu o tabernáculo sobre a tenda do testemunho; e à tarde estava sobre o tabernáculo com uma aparência de fogo até a manhã. (Nm. 9:15)

Assim era de contínuo: a nuvem o cobria de dia, e de noite havia aparência de fogo. (Nm. 9:16)

Mas, sempre que a nuvem se alçava de sobre a tenda, os filhos de Israel partiam; e, no lugar onde a nuvem parava, ali os filhos de Israel se acampavam. (Nm. 9:17)

Ou, quando a nuvem sobre o tabernáculo se detinha dois dias, ou um mês, ou um ano, ficando sobre ele, então os filhos de Israel se alojavam, e não partiam; e alçando-se ela, partiam. (Nm. 9:22)

Segundo a ordem de Iahweh se alojavam, e segundo a ordem de Iahweh partiam; cumpriam o seu dever para com Iahweh, segundo a ordem de Iahweh por intermédio de Moisés. (Nm. 9:23)

Também vemos o anjo de Iahweh descendo de sua nave, camuflada com nuvens; parando diante de Moisés e falando com ele, cara a cara, como se fossem dois companheiros.

E tomou Moisés a tenda, e a estendeu para si fora do arraial, desviada longe do arraial, e chamou-lhe o tabernáculo de reunião. E aconteceu que todo aquele que buscava Iahweh saía à tenda da congregação, que estava fora do arraial. (Ex. 33:7)

E acontecia que, saindo Moisés à tenda, todo o povo se levantava, e cada um ficava em pé à porta da sua tenda; e olhava para Moisés pelas costas, até ele entrar na tenda. (Ex. 33:8)

E sucedia que, entrando Moisés na tenda, descia a coluna de nuvem, e punha-se à porta da tenda; e Iahweh falava com Moisés. (Ex. 33:9)

E, vendo todo o povo a coluna de nuvem que estava à porta da tenda, todo o povo se levantava e cada um, à porta da sua tenda, adorava. (Ex. 33:10)

E falava Iahweh a Moisés face a face, como qualquer um fala com o seu amigo; depois tornava-se ao arraial; mas o seu servidor, o jovem Josué, filho de Num, nunca se apartava do meio da tenda. (Ex 33,11)

NOTA: Esse "Tabernáculo de Reunião" não deve ser confundido com o de Iahweh, aquele que é o coração do povo de Israel, ao redor do qual o povo colocava suas tendas quando acampava, em travessia para a terra prometida.

Dessa mesma nave que podia ser camuflada com nuvens foi que vários séculos mais tarde, no tempo do rei Acabe e do rei Ocozias (ambos reis de Israel), o anjo de Iahweh disparou fogo, respondendo a meus pedidos. A Bíblia registra isso da seguinte maneira:

E sucedeu que, vendo Acabe a Elias, disse-lhe: És tu o perturbador de Israel? (I Rs. 18:17)

Então disse ele: Eu não tenho perturbado a Israel, mas tu e a casa de teu pai, porque deixastes os mandamentos de Iahweh, e seguistes a Baalim. (I Rs. 18:18)

Agora, pois, manda reunir-se a mim todo o Israel no monte Carmelo; como também os quatrocentos e cinquenta profetas de Baal, e os quatrocentos profetas de Asera, que comem da mesa de Jezabel. (I Rs. 18:19)

Então Acabe convocou todos os filhos de Israel; e reuniu os profetas no monte Carmelo. (I Rs. 18:20)

Então Elias se chegou a todo o povo, e disse: Até quando coxeareis entre dois pensamentos? Se Iahweh é Deus, segui-o, e se Baal, segui-o. Porém o povo nada lhe respondeu. (I Rs. 18:21)

Então disse Elias ao povo: Só eu fiquei por profeta de Iahweh, e os profetas de Baal são quatrocentos e cinquenta homens. (I Rs. 18:22)

Deem-se-nos, pois, **dois bezerros,** *e eles escolham para si um dos bezerros, e o dividam em pedaços, e o ponham sobre a lenha, porém não lhe coloquem fogo, e eu prepararei o outro bezerro, e o porei sobre a lenha, e não lhe colocarei fogo.* (I Rs. 18:23)

Então invocai o nome do vosso deus, e eu invocarei o nome de Iahweh; e há de ser que o deus que responder por meio de fogo, esse será Deus. E todo o povo respondeu, dizendo: É boa esta palavra. (I Rs. 18:24)

E disse Elias aos profetas de Baal: Escolhei para vós um dos bezerros, e preparai-o primeiro, porque sois muitos, e invocai o nome do vosso deus, e não lhe ponhais fogo. (I Rs. 18:25)

E tomaram o bezerro que lhes dera, e o prepararam; e invocaram o nome de Baal, desde a manhã até o meio-dia, dizendo: Ah! Baal responde-nos! Porém nem havia voz nem quem respondesse; e saltavam sobre o altar que tinham feito. (I Rs. 18:26)

E sucedeu que ao meio-dia Elias zombava deles e dizia: Clamai em altas vozes, porque ele é um deus; pode ser que esteja falando, ou que tenha alguma coisa que fazer, ou que intente alguma viagem; talvez esteja dormindo, e despertará. (I Rs. 18:27)

E eles clamavam em altas vozes, e se retalhavam com facas e com lancetas, conforme o seu costume, até derramarem sangue sobre si. (I Rs. 18:28)

E sucedeu que, passado o meio-dia, profetizaram eles, até a hora de se oferecer o sacrifício da tarde; porém não houve voz, nem resposta, nem atenção alguma. (I Rs. 18:29)

Então Elias disse a todo o povo: Chegai-vos a mim. E todo o povo se chegou a ele; e restaurou o altar de Iahweh, que estava quebrado. (I Rs. 18:30)

E Elias tomou doze pedras,** conforme o número das tribos dos filhos de Jacó, ao qual veio a palavra de Iahweh, dizendo: Israel será o teu nome.* ***E com aquelas pedras edificou o altar em nome de Iahweh; depois fez um rego em redor do altar, segundo a largura de duas medidas de semente. (I Rs. 18:31-32)

Então armou a lenha, e dividiu o bezerro em pedaços, e o pôs sobre a lenha. (I Rs. 18:33)

E disse: Enchei de água quatro cântaros, e derramai-a sobre o holocausto e sobre a lenha. E disse: Fazei-o segunda vez; e o fizeram segunda vez. Disse ainda: Fazei-o terceira vez; e o fizeram terceira vez; *De maneira que a água corria ao redor do altar; e até o rego ele encheu de água.* (I Rs. 18:34-35)

Sucedeu que, no momento de ser oferecido o sacrifício da tarde, o profeta Elias se aproximou e disse: Ó Iahweh, Deus de Abraão, de Isaque e de Israel, manifeste-se hoje que tu és Deus em Israel, e que eu sou teu servo, e que conforme a tua palavra fiz todas estas coisas. (I Rs. 18:36)

Responde-me, Iahweh, responde-me, para que este povo conheça que tu és Iahweh Deus, e que tu fizeste voltar o seu coração. (I Rs. 18:37)

Então caiu fogo de Iahweh, e consumiu o holocausto, e a lenha, e as pedras, e o pó, e ainda lambeu a água que estava no rego. (I Rs. 18:38)

O que vendo todo o povo, caíram sobre os seus rostos, e disseram: Só Iahweh é Deus! Só Iahweh é Deus! (I Rs. 18:39)

Essência do Altar de Elias

NOTA: As 12 pedras do altar de Iahweh e os 12 cântaros de água são representados por estrelas de cinco pontas na figura. A razão de que se derramem sobre o altar os quatro cântaros de água três vezes é representar três quadros sobrepostos. Outros elementos simbólicos a serem observados na narração são: dois bezerros testemunhos (I Rs. 18:23), um para o holocausto de Baal e outro para o holocausto de Iahweh; e o rego em forma de círculo (I Rs. 18:32) ao redor do altar de pedras. Mais à frente, irei me aprofundar no mistério contido nesses símbolos.

Essa nave de Iahweh que podia ser camuflada com nuvens e também disparar fogo é a mesma que transportou Nosso Senhor Jesus Cristo em sua partida da Terra. A Bíblia registra isso da seguinte maneira:

E, quando dizia isto, vendo-o eles, foi elevado às alturas, e uma nuvem o recebeu, ocultando-o a seus olhos. (At. 1:9)

E, estando com os olhos fitos no céu, enquanto ele subia, eis que junto deles se puseram dois homens vestidos de branco. Os quais lhes disseram: Homens galileus, por que estais olhando para o céu? Esse Jesus, que dentre vós foi recebido em cima no céu, há de vir assim como para o céu o vistes ir. (At. 1:10-11)

Eis que vem com as nuvens, e todo olho o verá [...] (Ap. 1:7)

Escuta, Judá: Elias é quem te fala! Aquele Elias que tu tanto esperaste para que te aponte o Messias, aquele Elias que vem em busca de Israel (Efraim) com a finalidade de unificá-lo contigo. E eu te digo que o Messias já veio e padeceu aquilo que foi profetizado pela boca de Isaías (Is. 53:1-12), agora regressa pelos ares, com poder e glória, para ter o domínio do mundo; vem colocar ordem no mundo e trazer paz e segurança às nações.

Em mim se cumpre o que foi profetizado no Eclesiástico, livro deuterocanônico que diz:

Tu que foste arrebatado em um turbilhão de fogo [...] (Eclo. 48:9)

***Tu que foste escolhido pelos decretos dos tempos** para amenizar a cólera antes do furor, para reconduzir o coração dos pais aos filhos e* **restabelecer as tribos de Israel.** (Eclo. 48:10)

Bem-aventurados os que te conheceram [...] porque nós também possuiremos a vida. (Eclo. 48:11)

Eis que regressei novamente à Terra, por ordem de Iahweh Deus e de Nosso Senhor Jesus Cristo. Embora tenha vindo com João Batista na época da primeira vinda de meu Senhor, aqui estou de novo como sinal de que seu regresso já está próximo. Foi profetizado que a minha presença na Terra é sinal da iminente vinda de Nosso Senhor Jesus Cristo.

Nosso Senhor profetizou a seus discípulos que eu viria nesta época com função restauradora. Quando vim com João, foi apenas para preparar o caminho, agora venho como Restaurador, aquele que também vem como instrumento de Deus para revelar os principais mistérios bíblicos. Vejamos o que meu Senhor profetizou:

E os seus discípulos o interrogaram, dizendo: Por que dizem então os escribas que é mister que Elias venha primeiro? (Mt. 17:10)

E Jesus, respondendo, disse-lhes: Em verdade Elias virá primeiro, e restaurará todas as coisas. (Mt. 17:11)

Iahweh Deus já havia profetizado a meu respeito no livro de Malaquias, no qual diz:

Porque eis que aquele dia vem ardendo como fornalha; todos os soberbos, e todos os que cometem impiedade, serão como a palha; e o dia que está para vir os abrasará, diz Iahweh dos Exércitos, de sorte que lhes não deixará nem raiz nem ramo. (Ml. 4:1)

Eis que eu vos enviarei o profeta Elias, antes que venha o grande e terrível dia de Iahweh. (Ml. 4:5)

E ele converterá o coração dos pais aos filhos, e o coração dos filhos a seus pais; para que eu não venha, e fira a terra com maldição. (Ml. 4:6)

NOTA: **Minha missão também é fazer que Jacó (Israel) e Ismael (o povo árabe), ambos filhos de Abraão, se reconciliem, porque eles estão destinados a governar juntamente com o Messias.**

Por outro lado, também Iahweh profetizou sobre mim, dizendo:

*Mas, **nos dias da voz do sétimo anjo,** quando tocar a sua trombeta, se cumprirá o segredo de Deus, como anunciou aos profetas, seus servos.* (Ap. 10:7)

Certamente Iahweh Deus não fará coisa alguma sem ter revelado o seu segredo aos seus servos, os profetas. (Am. 3:7)

Se sempre lhe reafirmo minha presença como enviado de outro mundo à Terra, irmão Gaetano, é para deixar registrado de onde procede a autoridade com a qual falo.

Eu lhe farei uma lista dos segredos que neste livro, por ordem de Iahweh, serão revelados:

Mistérios de Iahweh a Serem Revelados

1. **O código cósmico ou "Lei Universal do Desenho Único"** – Lei Mãe, espinha dorsal em que repousam todas as leis do Universo; lei em que se unificam a Astronomia, a Física, a Química, a Biologia e a Religião.

2. **O que é o Universo, sua forma e estrutura.**

(A) Os níveis dimensionais e sua quantidade exata. Base que transforma em lei a "Teoria das Supercordas".

(B) A estrutura e o cálculo exato, expresso em porcentagem, da quantidade de matéria escura que cada estrela e planeta do Universo contém.

(C) A estrutura dos três tipos de pontes cósmicas que existem no Universo:

    (a) buracos cinzas
    (b) buracos negros
    (c) buracos brancos ou quasares

3. As viagens interplanetárias, interestelares e intergalácticas, usando como via os buracos cinzas do Universo.

4. A variação da velocidade da luz ao passar de um nível dimensional a outro.

Agora falarei sobre o código cósmico ou "Lei Universal do Desenho Único", mas, antes de entrar no tema, exporei uma sequência de versos bíblicos que tratam do louvor à Sabedoria, **já que a sabedoria é o maior tesouro que se tem, e o único que o homem, quando morre, pode levar ao outro mundo.**

Louvor à Sabedoria
(Provérbios 8:1-36)

Não clama porventura a sabedoria, e a inteligência não faz ouvir a sua voz?

No cume das alturas, junto ao caminho, nas encruzilhadas das veredas se posta.

Do lado das portas da cidade, à entrada da cidade, e à entrada das portas está gritando:

A vós, ó homens, clamo; e a minha voz se dirige aos filhos dos homens.

Entendei, ó simples, a prudência; e vós, insensatos, entendei de coração.

Ouvi, porque falarei coisas excelentes; os meus lábios se abrirão para a equidade.

Porque a minha boca proferirá a verdade, e os meus lábios abominam a impiedade.

São justas todas as palavras da minha boca: não há nelas nenhuma coisa tortuosa nem pervertida.

Todas elas são retas para aquele que as entende bem, e justas para os que acham o conhecimento.

Aceitai a minha correção, e não a prata; e o conhecimento, mais do que o ouro fino escolhido.

Porque melhor é a sabedoria do que os rubis; e tudo o que mais se deseja não se pode comparar com ela.

Eu, a sabedoria, habito com a prudência, e acho o conhecimento dos conselhos.

O temor de Iahweh é odiar o mal; a soberba e a arrogância, o mau caminho e a boca perversa, eu odeio.

Meu é o conselho e a verdadeira sabedoria; eu sou o entendimento; minha é a fortaleza.

Por mim reinam os reis e os príncipes decretam justiça.

Por mim governam príncipes e nobres; sim, todos os juízes da terra.

Eu amo aos que me amam, e os que cedo me buscarem, me acharão.

Riquezas e honra estão comigo; assim como os bens duráveis e a justiça.

Melhor é o meu fruto do que o ouro, do que o ouro refinado, e os meus ganhos mais do que a prata escolhida.

Faço andar pelo caminho da justiça, no meio das veredas do juízo.

Para que faça herdar bens permanentes aos que me amam, e eu encha os seus tesouros.

Iahweh me possuiu no princípio de seus caminhos, desde então, e antes de suas obras.

Desde a eternidade fui ungida, desde o princípio, antes do começo da terra.

Quando ainda não havia abismos, fui gerada, quando ainda não havia fontes carregadas de águas.

Antes que os montes se houvessem assentado, antes dos outeiros, eu fui gerada.

Ainda ele não tinha feito a terra, nem os campos, nem o princípio do pó do mundo.

Quando ele preparava os céus, aí estava eu, quando traçava o horizonte sobre a face do abismo;

Quando firmava as nuvens acima, quando fortificava as fontes do abismo;

Quando fixava ao mar o seu termo, para que as águas não traspassassem o seu mando, quando compunha os fundamentos da terra.

Então eu estava com ele, e era seu arquiteto; era cada dia as suas delícias, alegrando-me perante ele em todo o tempo;

Regozijando-me no seu mundo habitável e enchendo-me de prazer com os filhos dos homens.

Agora, pois, filhos, ouvi-me, porque bem-aventurados serão os que guardarem os meus caminhos.

Ouvi a instrução, e sede sábios, não a rejeiteis.

Bem-aventurado o homem que me dá ouvidos, velando às minhas portas cada dia, esperando às ombreiras da minha entrada.

Porque o que me achar, achará a vida, e alcançará o favor de Iahweh.

Mas o que pecar contra mim violentará a sua própria alma; todos os que me odeiam amam a morte.

Capítulo II

O Código Cósmico e a "Lei Universal do Desenho Único" ou Lei Fundamental de Campos Unificados

Stephen Hawking, físico britânico, autor de importantes trabalhos teóricos sobre o Universo e os buracos negros (*História do Tempo: do Big Bang aos Buracos Negros*, 1988), herdeiro da cátedra de Newton na Universidade de Cambridge, considerado o maior gênio do século XX depois de Einstein, diz o seguinte:

> "**Em última instância, há uma esperança de encontrar uma teoria unificada, consistente, completa**, que incluiria todas essas teorias parciais como aproximações, e que, para que os fatos se encaixassem, não necessitaria ser ajustada por meio da seleção dos valores de alguns números arbitrários. A busca de uma teoria como essa é conhecida como 'a unificação da Física'. **Einstein empregou a maior parte de seus últimos anos em buscar infrutiferamente essa teoria unificada.**"
>
> **Stephen Hawking**
> *História do Tempo,* p. 201

"Se fosse descoberta uma teoria unificada completa, seria apenas uma questão de tempo que fosse digerida e simplificada do mesmo modo e ensinada nas escolas, ao menos em termos gerais. Todos seríamos capazes, então, de ter alguma compreensão das leis que governam o Universo e são responsáveis por nossa existência."

Stephen Hawking
História do Tempo, p. 217

"No entanto, se descobrimos uma teoria completa, com o tempo deverá ser, em linhas gerais, compreensível para todos e não apenas para alguns poucos cientistas. Então todos: filósofos, cientistas e as pessoas comuns, seremos capazes de tomar parte na discussão de por que o Universo existe e por que nós existimos. **Se encontrássemos uma resposta para isso, seria o triunfo definitivo da razão humana, porque então conheceríamos o pensamento de Deus.**"

Stephen Hawking
História do Tempo, p. 224

Também em um artigo publicado na prestigiada revista de divulgação científica chamada *Muy Interesante*, de 1992, ano IX, nº 9, o eminente físico Paul Davies (professor de Física Teórica na Universidade de Adelaide, Austrália) diz:

"Muitos físicos teóricos esperam e confiam que todas as leis básicas da Física possam fundir-se em uma única superlei. Essa teoria poderia ser expressa como uma breve fórmula matemática, suficientemente curta para que pudesse ser impressa em uma camiseta. **A partir dessa fórmula, poder-se-ia deduzir depois a descrição de toda a Natureza**".

O físico norte-americano Heinz Pagels falou de um código cósmico secreto para referir-se à dificuldade da compreensão da ciência. Dizia que as leis da natureza estão redigidas em uma espécie de escritura cifrada, a qual não podemos perceber diretamente. A missão dos cientistas seria descobrir este código e decifrar a mensagem.

O que é um código? O dicionário *Pequeno Larousse Ilustrado* o define da seguinte maneira: "Código: Sistema de signos e regras que permitem formular e compreender uma mensagem".

Por certo, digo a você, irmão Gaetano, que os cientistas terrestres, por investigação, já decifraram grande parte do código cósmico. Agora cumprindo a profecia (Am. 3:7) que diz: "Certamente Iahweh Deus não fará coisa alguma sem ter revelado o seu segredo aos seus servos, os profetas", proceder-se-á terminando de desvendar o mistério.

O Universo, um holograma

Toda criatura forma um só ser com o Universo. Poder-se-ia dizer que o Universo é um holograma. Esse holograma é formado por milhões de partes conectadas entre si, em que cada parte é uma criatura vivente que se comporta como espelho, no qual pode ser refletida a imagem da força ativa central que dá vida ao Universo. A estrutura dessa força ativa forma o código cósmico, buscado pelos cientistas terrestres, entre eles Albert Einstein e Stephen Hawking.

O que é um holograma?

Dennis Gabor recebeu um Prêmio Nobel pela formação do primeiro holograma. Era uma fotografia captada sem objetivo na qual se registrou um campo de onda de luz dispersa por um objeto, em forma de pauta de interferência sobre uma placa fotográfica transparente. Quando se situa o holograma ou registro fotográfico em um feixe de *laser* ou luz coerente, a pauta de onda original se regenera para formar uma imagem tridimensional. Cada peça do holograma é uma representação exata do todo e reconstruirá a imagem completa.

NOTA: O feixe de luz correspondente pode ser de cor vermelha, amarela ou azul.

O centro de comando de toda criatura é desenhado com base na estrutura do código cósmico, seja o ser um hádron, um elétron, um fóton, um próton, um nêutron, um átomo, um planeta, uma estrela, uma galáxia, um ovo, um homem, um computador, etc.

Na Torá (a Bíblia) e em outras escrituras sagradas antigas está a resposta à estrutura do código cósmico.

Se estudarmos detidamente os símbolos sagrados de antigas religiões, entre elas o Hinduísmo, o Budismo, o Lamaísmo, as religiões asteca e maia e a do Antigo Egito, veremos que, da mesma forma que na Torá (Bíblia), elas têm como eixo central o código cósmico, deixando entrever que essas religiões têm origem comum.

A Bíblia registra que a humanidade que habita o planeta Terra procede de Babel, cidade onde Deus confundiu a língua dos homens e depois os dispersou pelo mundo. Isso confirma que as principais religiões antigas são ramos de uma árvore, que têm um tronco comum e se alimentam da mesma raiz. Por essa razão, vemos nelas o mesmo ritual de sacrifícios de seres vivos a Deus, fazendo alusão àquele que estava destinado a ser sacrificado em nome da humanidade.

Sobre o conteúdo do mistério do sacrifício do Cordeiro irei falar mais à frente, irmão Gaetano. Agora me concentrarei nos símbolos das diferentes religiões em que está contido o código cósmico.

Com relação às antigas religiões, direi que elas foram as guardiãs de uma sabedoria extraterrestre que contém, em símbolos, a resposta às perguntas "O que é Deus? O que é o homem" e "O que é o Universo?".

Alguns dos motivos da instituição de rituais ante os símbolos sagrados nas religiões antigas intencionavam que estes símbolos fossem cuidados sem alterações até que o homem terrestre estivesse maduro para entender o mistério que estes contêm.

As figuras a seguir são amostras que confirmam a presença de seres extraterrestres na Antiguidade.

Máquina voadora com seu condutor

Palenque, México. Cultura pré-colombiana

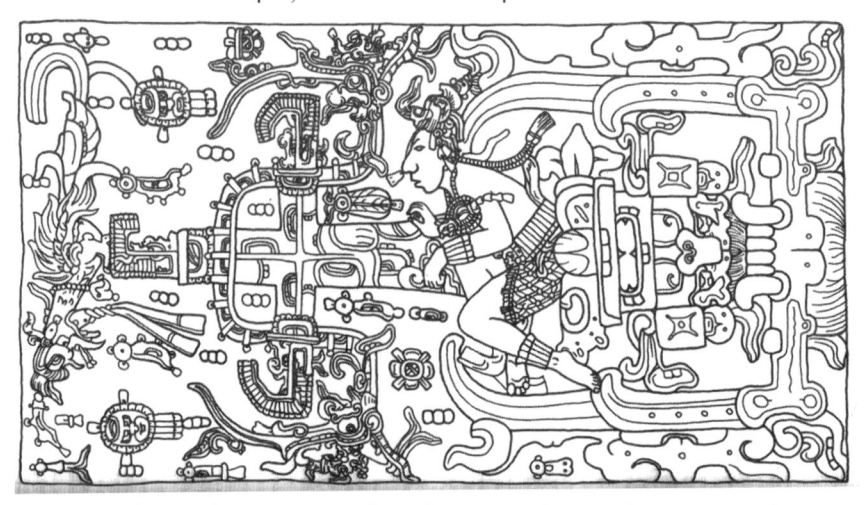

Essa figura do astronauta de Palenque está gravada na tampa de pedra pertencente a uma tumba pré-colombiana. Aqueles que gravaram essa figura, mostrando sua tecnologia, são os mesmos que esculpiram a Pedra do Sol. A Pedra do Sol Asteca é uma representação do código cósmico.

Quetzalcoatl, com seu capacete de cosmonauta

NOTA: Observar que os traços desse ser extraterrestre são os mesmos do homem terrestre.

A resposta ao mistério do código cósmico está nos seguintes símbolos extraterrestres detalhados: o Sol Alado Egípcio, o Caduceu, o Baguá (oito trigramas do *I-Ching*), o Candelabro e os dois Testemunhos, a Pedra do Sol Asteca, o Zodíaco Circular do Templo de Dendera, a mandala de Vishnu, a mandala de Durgatiparisodhana, a mandala de Mahavairocana, a linha na palma da mão da imagem de Buda, a Cruz Celta e outros que serão mostrados mais adiante. Sobrepondo-se a estes símbolos, ao fundo, tem-se projetada a fórmula unificadora buscada pelos cientistas terrestres.

O que é mandala? O dicionário *Pequeno Larousse Ilustrado* (1999) define-a da seguinte forma: "**Mandala (voz sânscrita, círculo), no Budismo e no Tantrismo, esquema linear adornado de bordas de cores simbólicas, que reproduz o Universo tal como é concebido pela cosmogonia hindu**".

Sânscrito: diz-se da língua sagrada e literária da civilização bramânica, pertencente ao grupo de línguas indo-europeias, e dos livros escritos nessa língua.

O que é o código cósmico?

O código cósmico é a estrutura da força ativa (força binária) organizadora do Universo, força que o mantém em equilíbrio, cujos dois componentes (Jaquin e Boaz) contêm em cada um espectro de 12 elementos.

E deu Davi a Salomão, seu filho, a planta do pórtico com as suas casas, e as suas tesourarias, e os seus cenáculos, e as suas recâmaras interiores, como também da casa do propiciatório. (I Cr. 28:11)

E enviou o rei Salomão um mensageiro e mandou trazer a Hiram de Tiro. Era ele filho de uma mulher viúva, da tribo de Neftali, e fora seu pai um homem de Tiro, que trabalhava em cobre; e era cheio de sabedoria, e de entendimento, e de ciência para fazer toda a obra de cobre; este veio ao rei Salomão, e fez toda a sua obra. (I Rs. 7:13-14)

E formou duas colunas de cobre [...] e um fio de doze côvados cercava cada uma das colunas. (I Rs. 7:15)

*Depois levantou as colunas no pórtico do templo; e, levantando a coluna direita, pôs-lhe o nome de **Jaquin**, e levantando a coluna esquerda, pôs-lhe o nome de **Boaz**.* (I Rs. 7:21)

O Pórtico do Templo de Salomão

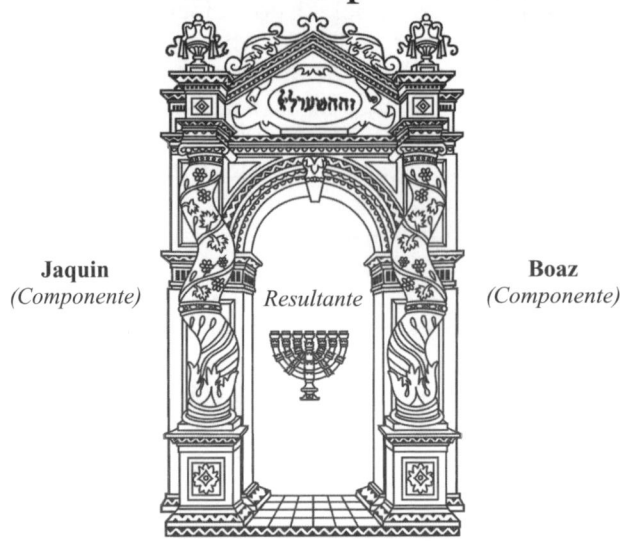

Jaquin
(Componente)

Resultante

Boaz
(Componente)

    A força binária ordenadora do Universo se movimenta em forma de holograma (holomovimento), e, em cada um dos pontos em que ela se manifesta, o espectro de sua unidade básica (formado por dois grupos de 12) se organiza em oito grupos de três. O espectro da força binária coordenadordo Universo se manifesta em forma de oitavas.

Kipá
Esquema da estrutura da força binária organizadora do Universo

    A Kipá (cúpula) é um pequeno gorro circular que o judeu coloca sobre sua cabeça quando participa dos ofícios na sinagoga.

A Lei das Oitavas

A razão pela qual Iahweh instituiu a festa dos tabernáculos ao povo de Israel tinha a finalidade de preservar para a posteridade a Lei Universal das Oitavas.

Festa dos tabernáculos

E falou Iahweh a Moisés, dizendo: Fala aos filhos de Israel, dizendo: Aos quinze dias deste mês sétimo será a festa dos tabernáculos a Iahweh por sete dias. (Lv. 23:33-34)

Ao primeiro dia haverá santa convocação; nenhum trabalho servil fareis. (Lv. 23:35)

Sete dias oferecereis ofertas queimadas a Iahweh; ao oitavo dia tereis santa convocação, e oferecereis ofertas queimadas a Iahweh; dia de proibição é, nenhum trabalho servil fareis. (Lv. 23,36)

Estas são as solenidades de Iahweh, que apregoareis para santas convocações [...] (Lv. 23:37-38)

*Porém aos quinze dias do mês sétimo, quando tiverdes recolhido o fruto da terra, **celebrareis a festa de Iahweh por sete dias; no primeiro dia haverá descanso, e no oitavo dia haverá descanso.*** (Lv. 23:39)

Lei Universal do Desenho Único

I – Definição Geral

A imagem da estrutura do Espírito Santo de YHVH (o código cósmico) se mantém constante no centro de comando de toda criatura no Universo, sem importar a forma da criatura nem o nível dimensional em que se encontre; seja a criatura um ovo, um homem, um átomo, um planeta, uma galáxia, um computador, dentre outros.

II – Definição Focalizada

Quando a força masculina e a força feminina que conformam a força ativa organizadora do Universo se cruzam em um ponto, ali se forma um redemoinho sobre o qual essas duas forças mudam de direção e se deslocam entrelaçadas, de tal forma que o espectro de cada uma delas (formado por 12 seções) se move organizado em quatro grupos de três, orientados de acordo com os pontos cardeais (esses grupos somam oito).

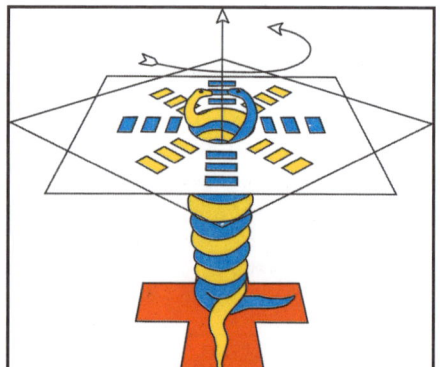

Capítulo III

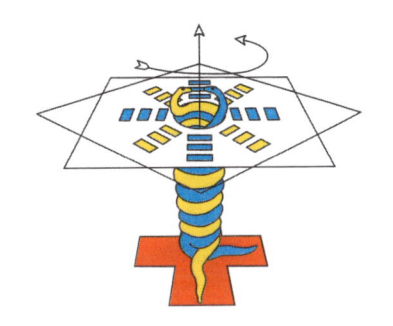

Figuras de Origem Extraterrestre que Representam a Estrutura do Código Cósmico

Esquemas da estrutura da força binária organizadora do Universo

Sol Alado Egípcio

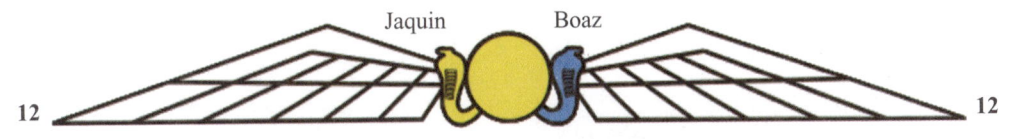

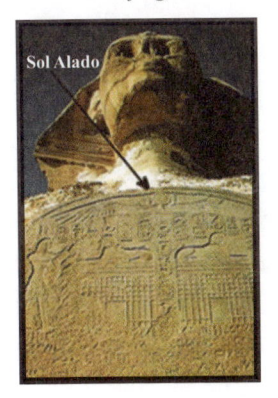

Jaquin   Boaz

12   12

A Esfinge   *Pórtico do Templo Egípcio*

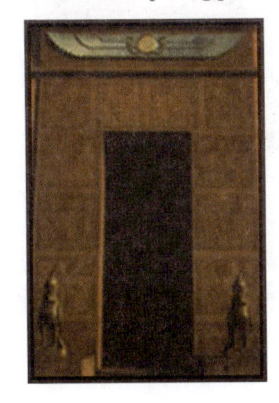

Sol Alado

O Caduceu

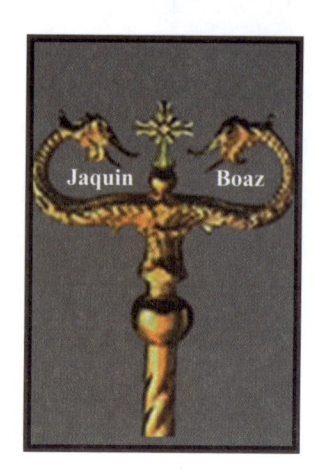

Popol-Vuh
Livro sagrado maia

Pok – Ta – Pok

Pok – Ta – Pok (Jogo de bola) era um jogo sagrado maia que representava a luta entre Ukux Kaj e Ukux Xibalba, deuses da luz e das trevas. A luta entre as 13 forças cósmicas e as forças dos nove planos telúricos.

Anel de Hunahpu

"'Joguemos a bola', disse o senhor Xibalba. Então os senhores pegaram a bola e a empurraram para o anel de Hunahpu."

O Sol Alado Egípcio e o Anel de Hunahpu contêm os mesmos elementos simbólicos: Sol, ave e serpentes. No anel, o círculo representa o Sol, e as duas serpentes emplumadas simbolizam a ave e as serpentes.

A Bíblia

Pórtico do Templo de Salomão

E formou duas colunas de cobre [...] e um fio de doze côvados cercava cada uma das colunas. **(I Rs. 7:15)**

Jaquin
(Componente)

Boaz
(Componente)

Resultante

24 mosaicos

> *Depois levantou as colunas no pórtico do templo; e, levantando a coluna direita, pôs-lhe o nome de **Jaquin**; e, levantando a coluna esquerda, pôs-lhe o nome de **Boaz**.*
> (I Rs. 7:21)

A Bíblia

Escudo do Estado de Israel
(Zacarias 4:1-5, Josué 4:8-9)

> *Respondi mais, dizendo-lhe: Que são as duas oliveiras à direita e à esquerda do castiçal?* (Zc. 4:11)
> *Então respondeu o anjo que falava comigo, dizendo-me: Não sabes tu o que é isto? E eu disse: Não, senhor meu.* (Zc. 4:5)

A Bíblia

Abraão e seus oito filhos

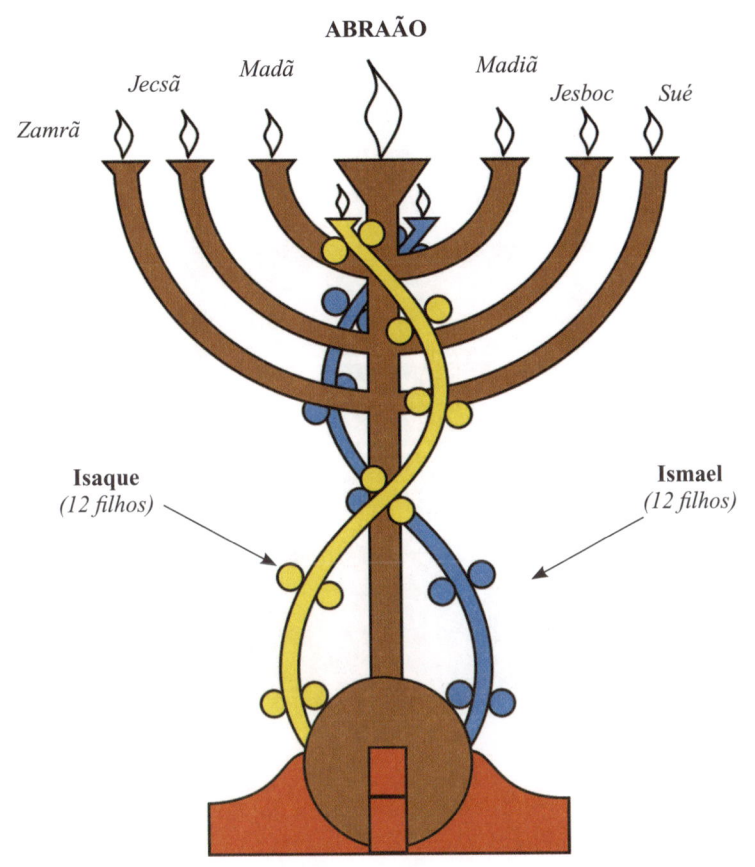

Quatro pontos cardeais

    Deus, para seu propósito, fez com que a descendência de Abraão surgisse de tal forma que os elementos cumprissem com o princípio da estrutura do candelabro e os dois testemunhos.

    Assim como o Candelabro de Hanukah tem oito braços, oito são os filhos de Abraão (Gn. 25:12-16; Gn. 21:1-3; Gn. 25:1-2). Estes são, em ordem de nascimento: Ismael, Isaque, Zamrã, Jecsã, Madã, Madiã, Jesboc e Sué.

    O Candelabro de Hanukah tem oito braços e nove lâmpadas.

O Tarô Egípcio*
A Coroa da Vida

(Arcano Maior número 22)

O hieróglifo contido nessa carta do Tarô (carta-base do Tarô) é uma representação do Candelabro de Hanukah, no qual a harpa de nove cordas simboliza o Candelabro; e a cruz (abaixo), a sua base. Se observarmos o hieróglifo com atenção, veremos que ele mostra que os braços da cruz são quatro seres vivos (bezerro, leão, homem e águia); por essa razão, vemos que as cores dos braços da cruz correspondem às dos quatro seres vivos. O braço de cor marrom corresponde ao bezerro; o de cor azul, ao leão; o de cor amarela corresponde ao homem; e o de cor vermelha, à águia.

A serpente é o símbolo de energia elétrica. Neste caso, representa a parte feminina da energia, a qual se relaciona com a Lua.

---

*N.E.: Sugerimos a leitura de *O Tarô Egípcio*, de Silvana Alasia, Madras Editora.

A Bíblia

O trono de YHVHAELOHIM

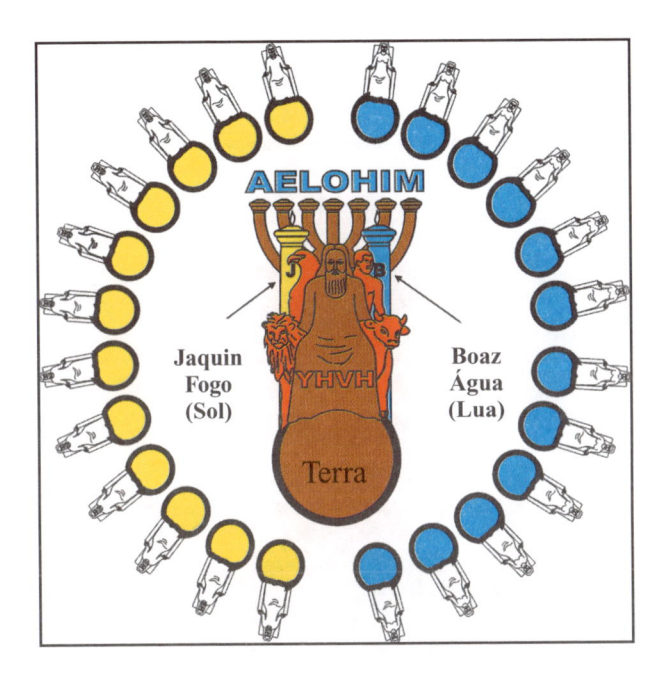

[...] e um assentado sobre o trono (Ap. 4:2) *E ao redor do trono havia vinte e quatro tronos* (Ap. 4:4) *[...] e diante do trono ardiam sete lâmpadas de fogo* (Ap. 4:5). *E no meio do trono, e ao redor do trono, quatro animais cheios de olhos* (Ap. 4:6)

E o primeiro animal era semelhante a um leão, e o segundo animal, semelhante a um bezerro, e tinha o terceiro animal o rosto como de homem, e o quarto animal era semelhante a uma águia voando (Ap. 4:7).

As duas colunas J e B são símbolos de dois querubins. (Ver Ez. 25:22; 10:20-21.)

NOTA: Observar que as esferas debaixo dos tronos somam 25. Mais à frente, isso será aprofundado no tema da estrutura dimensional dos planetas, relacionada com a Teoria das Supercadeias ou Supercordas.

A Bíblia

A Arca e as 24 pedras comemorativas do Jordão

[...] assim estas pedras serão para sempre por memorial aos filhos de Israel. (Js 4,6)

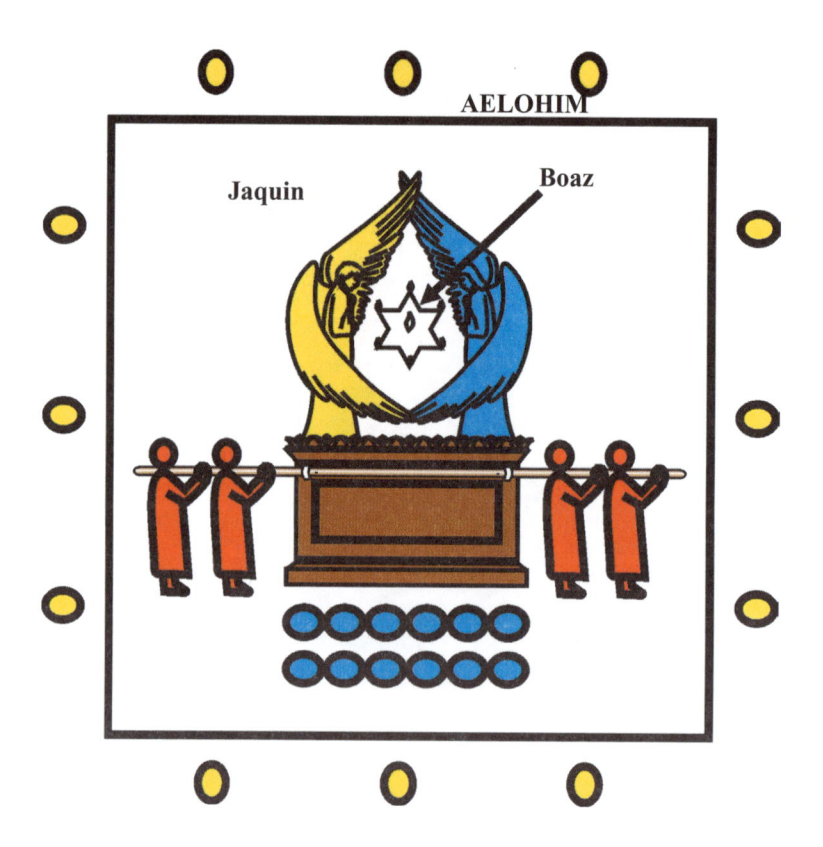

Fizeram, pois, os filhos de Israel assim como Josué tinha ordenado, e levantaram doze pedras do meio do Jordão como Iahweh dissera a Josué, segundo o número das tribos dos filhos de Israel; e levaram-nas consigo ao alojamento, e as depositaram ali. (Js. 4:8)

Levantou Josué também doze pedras no meio do Jordão, no lugar onde estiveram parados os pés dos sacerdotes, que levavam a arca da aliança; e ali estão até o dia de hoje. (Js. 4:9)

A Bíblia

O Tabernáculo de Iahweh

A essência do Tabernáculo de Iahweh são o candelabro e os dois testemunhos.

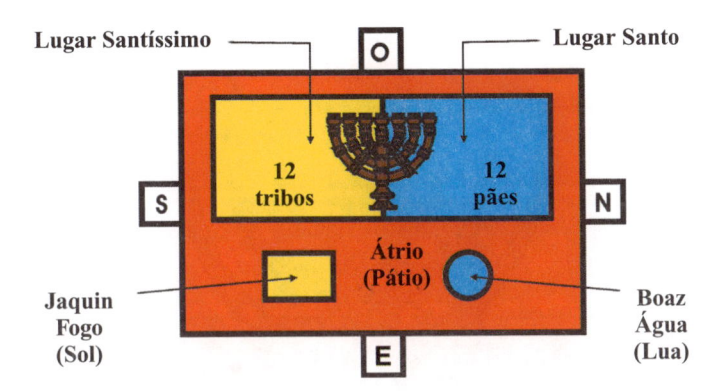

Na descrição bíblica do Tabernáculo, vemos que o candelabro era a fonte que dava luz no interior do Tabernáculo. No átrio ou pátio, em frente à porta do Tabernáculo, exercendo a função dos dois testemunhos, a fonte com água e o altar de fogo para o holocausto. As 12 tribos e os 12 pães da proposição correspondem aos frutos dos dois testemunhos.

Observar que os eixos dos quatro pontos cardeais formam uma cruz ao se interceptarem no centro do Tabernáculo. Poder-se-ia dizer que a base do Tabernáculo é uma cruz.

A Bíblia

Crucificação de Jesus Messias
(Isaías 53:1-12)

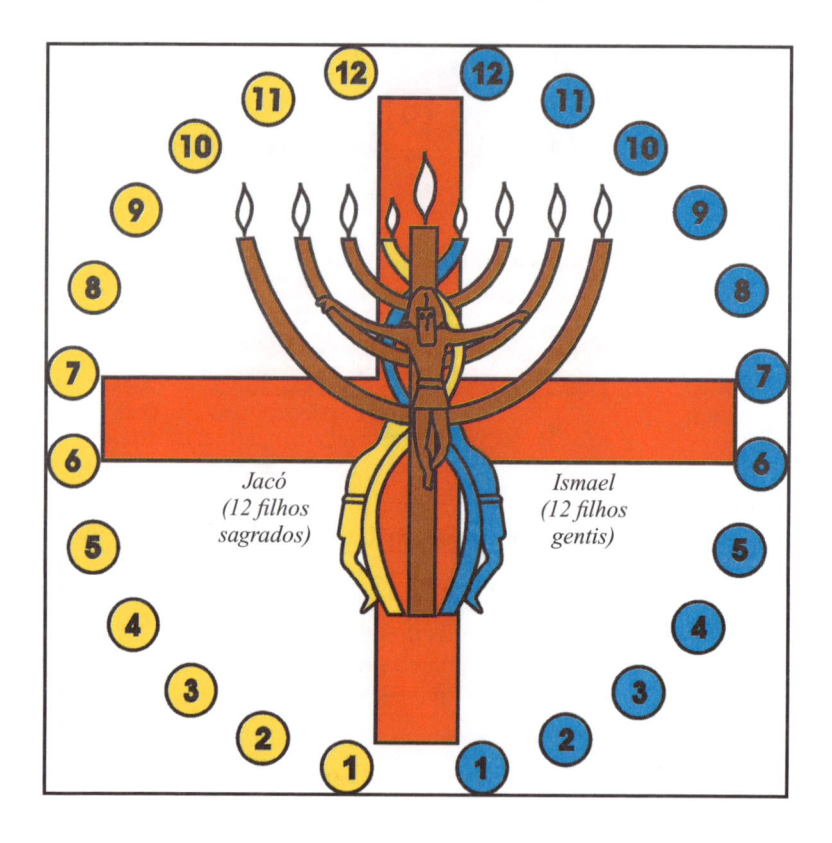

Jacó
(12 filhos
sagrados)

Ismael
(12 filhos
gentis)

O mistério do sacrifício do Cordeiro é um drama cósmico organizado por YHVH**AELOHIM**, no qual Ele tomou como modelo a estrutura do candelabro e os dois testemunhos.

Assim como o candelabro tem por base uma cruz, também o Cristianismo tem uma cruz por base, a cruz de Cristo.

Hinduísmo*

Mandala de Vishnu

Museu do Nepal

É de transcendência científica notar que, na figura, a serpente de sete cabeças serve de espaldar a Vishnu e está enroscada, formando uma coluna em forma de redemoinho. Mais à frente se entenderá a razão de ser do redemoinho.

---

*N.E.: Sugerimos a leitura de *Festivais e Jejuns Hindus*, de Suresh Narain Mathur, e de *Mitologia Hindu*, de Aghorananda Saraswati, ambos da Madras Editora.

Igreja Católica Romana
O Santíssimo YHVHAELOHIM

Vem dos quatro ventos, ó espírito, e assopra [...] (Ez. 37:9)

    *Porque a palavra da cruz é loucura para os que perecem; mas para nós, que somos salvos, é **o poder de Deus.** (I Co. 1:18)*

    E Melquisedeque, rei de Salém, trouxe pão e vinho; e era este sacerdote de AELOHIM (Deus Altíssimo) [...] (Gn. 14:18)

Essa figura em forma de vórtice de energia é uma representação de AELOHIM (Alá, Cristo, Espírito Santo de Iahweh, Deus Altíssimo), a qual a Igreja Católica Romana chama de "Custódia do Santíssimo Sacramento"; a Eucaristia (pão e vinho) é o Santíssimo Sacramento.

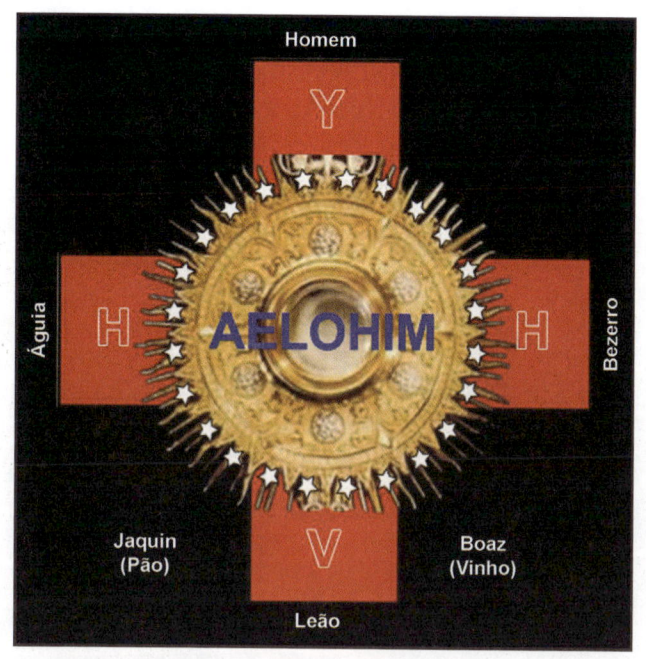

Capela do Santíssimo

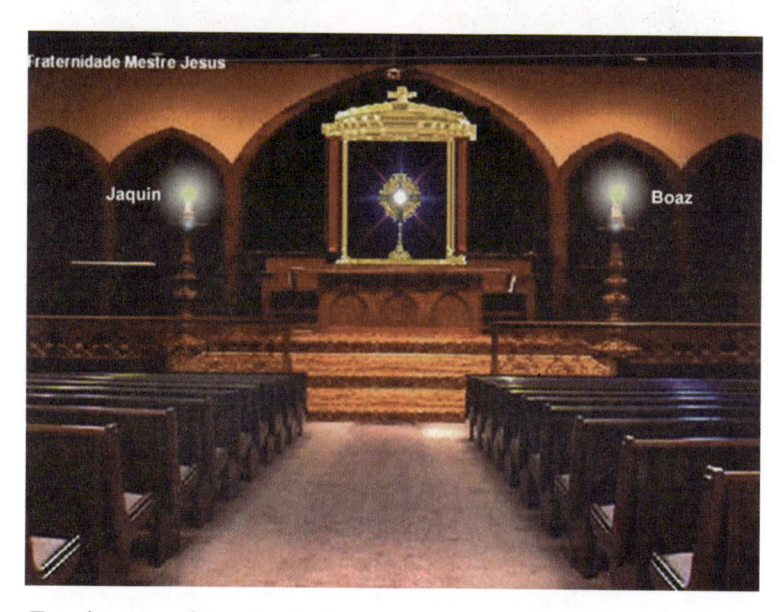

Esta imagem foi retirada do *site: www.fraternidademestrejesus.org*

Judaísmo

A Kipá

A Kipá (cúpula) é um pequeno gorro circular que o judeu coloca sobre sua cabeça quando participa dos ofícios na sinagoga.

NOTA: A cruz foi agregada para mostrar que a figura pertencente ao Mistraísmo, herdada pela Igreja Católica Romana, que representa o Santíssimo (**YHVHAELOHIM**), e a Kipá são o mesmo símbolo.

As sete lâmpadas de fogo

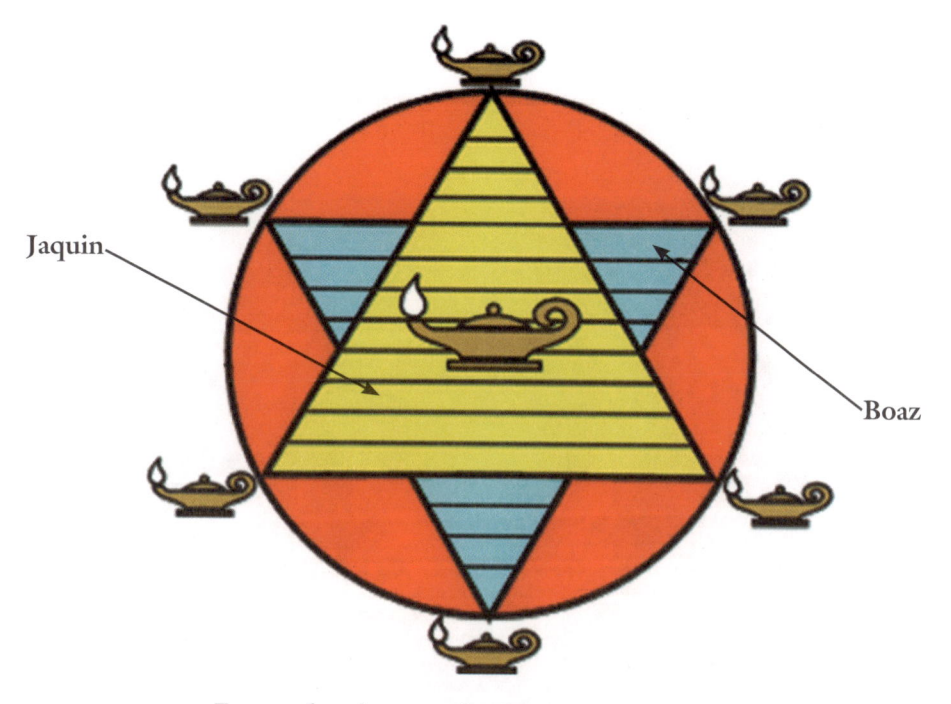

Jaquin

Boaz

    E ao redor do trono havia vinte e quatro tronos; e vi assentados sobre os tronos vinte e quatro anciãos vestidos de vestes brancas; e tinham sobre suas cabeças coroas de ouro.

    E do trono saíam relâmpagos, e trovões, e vozes; e diante do trono ardiam sete lâmpadas de fogo, as quais são os sete espíritos de Deus (Ap. 4:4-5)

Judaísmo

Hanukah

Observar que há nesta figura três quadros; sendo dois deles entrecruzados. Eles são representados no Tabernáculo de Iahweh como Átrio, Lugar Santo e Lugar Santíssimo. Estes três quadros estão relacionados com a estrutura do código cósmico.

Confucionismo
Oito trigramas do I-Ching

O Confucionismo tem sua origem na filosofia de Confúcio. Livro base: *I-Ching*.

O *I-Ching* é o livro mais antigo da história universal; é um tratado sobre a ordem e a estrutura do Universo. Vem das mãos de Fu Hi, fundador da antiga cultura chinesa.

Antiga religião asteca

A Pedra do Sol

Museu Nacional de Antropologia, México

Franco-Maçonaria

O Templo Maçônico na estrutura do Zodíaco de Dendera e a Pedra do Sol Asteca

Os maçons, através dos séculos, têm sido e são guardiões do código cósmico (Santo Graal, Pedra Filosofal), o grande tesouro oculto dos Templários.

Confrontando os elementos simbólicos do Templo da Grande Loja Maçônica com os da Pedra do Sol, temos: as duas casas do Templo equivalem aos dois quadros entrecruzados da figura. O cadáver de Hiram em meio aos quatro pontos cardeais simboliza Tonatiuth em meio aos quatro pontos cardeais. As colunas (J, B) representam às duas serpentes do rosto de Tonatiuth. Os braços das duas colunas correspondem às duas serpentes ao redor da circunferência exterior da roda. Os nove sírios significam os nove raios de sol que emanam do rosto de Tonatiuth. Assim como seis pessoas rodeiam o cadáver de Hiram, seis braços repousam no junco do candelabro de sete lâmpadas. Os dois ossos em forma de cruz representam a base do candelabro.

Os seis nós em cada laço ao redor das duas colunas (J, B) do Templo maçônico correspondem aos seis penachos de plumas no corpo de cada uma das duas serpentes.

O mistério maçônico das 12 colunas sustentando a abóbada celeste, que contém gravadas as 12 constelações do Zodíaco, corresponde aos dois laços das colunas (J, B) e, por sua vez, está relacionado com o que está gravado nos corpos das duas serpentes em volta da Pedra do Sol. Esse mistério tem relação também com o Zodíaco Circular de Dendera e com o mar de bronze sustentado por 12 bezerros dentro do Templo de Salomão. (Ver Zodíaco de Dendera.)

Essas revelações devem ser entendidas por aqueles que têm acesso ao Templo Maçônico.

58

Zodíaco de Dendera

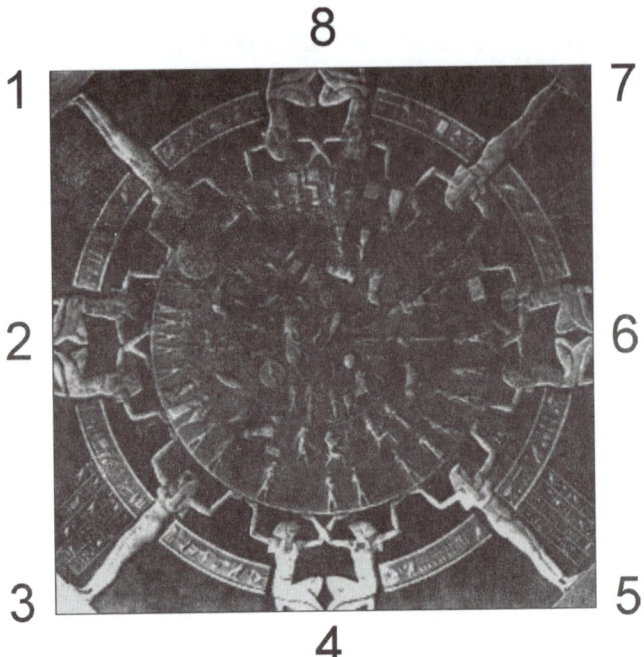

Museu do Louvre, França

Budismo*

O Buda

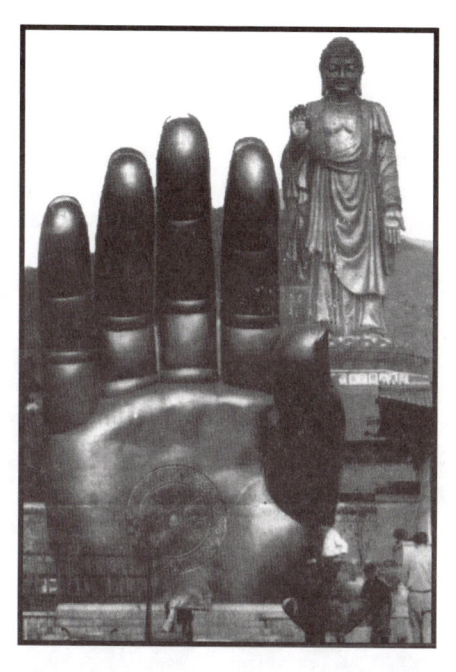

Buda de bronze (o maior do mundo), de 88 metros e 800 toneladas de peso. Localizado no Templo Xiangcheng, de Wuxi, ao leste da província chinesa de Jiangsu (foto e reportagem de AFP, extraída do jornal *Listín Diario*, da República Dominicana).

Chakra (roda) de oito raios nas mãos e nos pés da imagem do Buda.

---

*N.E.: Sugerimos a leitura de *Buda – Mito e Realidade*, de Heródoto Barbeiro, Madras Editora.

Lamaísmo

Mandala de Durgatiparisodhana

Observar que na figura central há três quadros, dois deles entrecruzados.

Figuras de Origem Extraterrestre que Representam a Estrutura do Código Cósmico 61

Budismo Tibetano
Mandala de Mahavairocana

Os oito círculos ao redor da figura fazem alusão à Lei das Oitavas.

Druidismo*

A Cruz Celta

A Cruz Celta, que contém um círculo central rodeado por oito círculos divididos em dois grupos de quatro, formando dois quadros entrecruzados, é tão antiga como as pirâmides do Egito. A que aqui mostramos é tirada do livro *Leyendas celtas irlandesas*, compiladas por Roberto Curto. Esse livro pode ser encontrado na internet em: *www.longseller.com.ar*.

---

*N.E.: Sugerimos a leitura de *Explorando o Druidismo Celta*, de Sirona Knight, Madras Editora.

Figuras de Origem Extraterrestre que Representam a Estrutura do Código Cósmico   63

Zoroastrismo

Zoroastro

Zaratustra ou Zoroastro, fundador do Zoroastrismo
(Mazdeísmo reformado)

Observar o símbolo da força binária no báculo de Zoroastro.

Islamismo*

O Domo da Rocha

O Domo da Rocha tem um centro circular e oito frentes.

---

*N.E.: Sugerimos a leitura de *Os Místicos do Islã*, de Reynold A. Nicholson, Madras Editora.

Estrutura
do código cósmico

Basicamente, os elementos na estrutura do código cósmico são:

1 – Dois componentes (Jaquin e Boaz) contendo cada um espectro de 12 elementos.
2 – Uma resultante representada pela estrela de Davi ou por um candelabro de sete lâmpadas.
3 – Um túnel em forma de redemoinho causado pelo cruzamento dos dois componentes da força binária, representado com uma cruz ou com quatro pontos cardeais.
4 – Três quadros sobrepostos, dois deles entrecruzados.

Capítulo IV

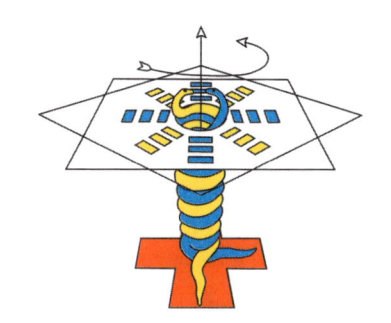

Espírito Santo de Iahweh. Essência do Código Cósmico

O Espírito Santo não tem forma, é **"Energia Consciência Universal"**, é a "mente do Universo" e se manifesta no centro de comando de todas as criaturas; e, por não ter forma, a Bíblia o identifica como **"a Luz"**, **"o Verbo"**, como **"Cristo"**. A Bíblia, em Col. 3:11, diz: "Cristo é Tudo em todos".

O Espírito Santo é energia dinâmica que flui em todo o Universo; e toda criatura vivente é um terminal ou ponto de saída por onde flui essa energia. Por essa razão, Nosso Senhor Jesus Cristo disse:

Quem crê em mim, como diz a Escritura, rios de água viva correrão do seu ventre. (Jo. 7:38)

E isto disse ele do Espírito que haviam de receber os que nele cressem [...] (Jo. 7:39)

Saber que o Espírito Santo flui em todo o Universo faz com que o Salmo 139 tenha sentido, quando diz:

Tu me cercaste por detrás e por diante*, e puseste sobre mim a tua mão.* (Sl. 139:5)

Tal ciência é para mim maravilhosíssima; tão alta que não a posso atingir. (Sl. 139:6)

Para onde me irei do teu espírito, ou para onde fugirei da tua face? (Sl. 139:7)

Se subir ao céu, lá tu estás; se fizer no inferno a minha cama, eis que tu ali estás também. (Sl. 139:8)

Eu, Orifiel Elias, Sétimo Anjo do Apocalipse, testemunha presencial da existência de Iahweh e de Jesus Messias, aquele Shiloh da profecia de Jacó (Gn. 49:10), conheço por experiência própria que o nome do Espírito Santo, aquele Deus Altíssimo, Deus de Abraão e de Melquisedeque (Gn. 14:18-19) e dos muçulmanos é AELOHIM ou Alá.

Com sete letras de cor azul (AELOHIM), mostrou-me seu nome escrito nas regiões espirituais, o Espírito Santo de Iahweh.

AELOHIM e Iahweh são um só, daí que o nome completo de Deus seja traduzido como YHVHAELOHIM.

Escuta, Israel: AELOHIM e YHVH são um só! O nome completo de Deus é YHVHAELOHIM.

Reconciliai-vos Jacó (Israel) e Ismael (povo árabe), filhos de um mesmo pai e adoradores de um mesmo Deus. Recordai a profecia para o fim dos tempos, que diz:

Eis que eu vos enviarei o profeta Elias, antes que venha o grande e terrível dia de Iahweh. (Ml. 4:5)

E ele converterá o coração dos pais aos filhos, e o coração dos filhos a seus pais; para que eu não venha, e fira a terra com maldição. (Ml. 4:6)

Antes que AELOHIM criasse o Universo, condensou parte de si e formou Iahweh para viver dentro dele na forma, e depois, por meio de Iahweh, criou o Universo como tabernáculo para sua morada. Iahweh é o primogênito da criação.

Na Bíblia, o Sumo Sacerdote do Tabernáculo é símbolo de Iahweh, e o Tabernáculo é símbolo do Universo.

AELOHIM, por meio de Iahweh, criou milhões de seres semelhantes a seu primogênito no Universo, para viver dentro dele (I Co. 6:19), **e os chamou homens, e ordenou que Iahweh fosse o rei de todos eles.**

Disse o Senhor Iahweh:

Eu fiz a terra, e criei nela o homem; eu o fiz; as minhas mãos estenderam os céus, e a todos os seus exércitos dei as minhas ordens. (Is. 45:12)

AELOHIM (Deus Altíssimo) não é homem, mas Iahweh sim. Quando o Rei, por meio de Jesus (principal parte do Holograma Sagrado), desceu à Terra, foi identificado como o Filho do Homem.

Havendo Deus antigamente falado muitas vezes, e de muitas maneiras, aos pais, pelos profetas, a nós falou-nos nestes últimos dias pelo Filho, a quem constituiu herdeiro de tudo, por quem fez também o mundo. O qual, sendo o resplendor da sua glória, e a expressa imagem da sua pessoa, e sustentando todas as coisas pela palavra do seu poder, havendo feito por si mesmo a purificação dos nossos pecados, assentou-se à destra da majestade nas alturas; feito tanto mais excelente do que os anjos, quanto herdou mais excelente nome do que eles. (Hb. 1:1-4)

Porque os que dantes conheceu também os predestinou para serem conformes à imagem de seu Filho, a fim de que ele seja o primogênito entre muitos irmãos. (Ro. 8:29)

Iahweh é Rei eterno; da sua terra perecerão os gentios. (Sl. 10:16)

Pois Deus é o Rei de toda a terra, cantai louvores com inteligência. (Sl. 47:7)

Grande é Iahweh e mui digno de louvor, na cidade do nosso Deus, no seu monte santo. (Sl 48:1)

NOTA DE ESCLARECIMENTO: Deve-se levar em consideração que Iahweh é como um holograma, em que cada anjo e cada homem é um pequeno Iahweh. Este pode escolher um anjo e se expressar por meio dele; é como se Iahweh fosse o computador central e se comunicasse por um de seus terminais. Por isso, vemos nas Sagradas Escrituras Iahweh se exprimindo de um de seus anjos, aquele que, em sua nave camuflada com nuvens, guiava Israel ao longo do deserto; esse anjo se expressava como o próprio Iahweh, mas o **Iahweh Todo-Poderoso** ultrapassa muito esse anjo.

AELOHIM colocou no coração do homem a procura de seu Rei (Iahweh). Essa é a razão pela qual o homem anda à sua procura, e, por estar cego, espiritualmente falando, cai e se sente vazio. O homem só preenche seu vazio e se sente em paz quando consegue encontrar seu Rei Iahweh.

Do ponto de vista espiritual, a humanidade e Iahweh podem ser comparados ao formigueiro e à colmeia de abelhas. A colmeia, com todas as suas abelhas, constitui um só ser com sua rainha; o mesmo ocorre com o formigueiro. As abelhas e as formigas são como os anjos, não reproduzem a si mesmos, só a rainha tem a potestade da reprodução.

AELOHIM (Cristo, o Espírito Santo) criou o homem para viver dentro dele.

Não sabeis vós que sois o templo de Deus e que o Espírito de Deus habita em vós? (I Co. 3:16)

Porque, assim como o corpo é um, e tem muitos membros, e todos os membros, sendo muitos, são um só corpo, assim é Cristo também. (I Co. 12:12)

Pois todos nós fomos batizados em um Espírito, formando um corpo, quer judeus, quer gregos, quer servos, quer livres, e todos temos bebido de um Espírito. (I Co. 12:13)

Ora, vós sois o corpo de Cristo, e seus membros em particular. (I Co. 12:27)

Saber que Deus vive dentro dos seres humanos permitirá entender que aquele que não ama o próximo também não ama a Deus, porque o próximo é o próprio Deus.

Assim como dois componentes (Jaquin e Boaz) formam o código cósmico, também em dois se resumem as leis de Deus.

Os dois componentes da Lei de Deus

1 – Amarás o Senhor teu Deus de todo o teu coração, e de toda a tua alma, e de todo o teu pensamento. (Mt. 22:37)

Este é o primeiro e grande mandamento. (Mt. 22:38)

2 – E o segundo, semelhante a este, é: Amarás o teu próximo como a ti mesmo. (Mt. 22:39)

Destes dois mandamentos dependem toda a lei e os profetas. (Mt. 22:40)

Durante séculos o homem tem buscado a Deus nas alturas, sem se dar conta de que sempre O teve diante dele, aqui embaixo na Terra. **Deus está aqui, vive no corpo do homem.** Deve-se ver a Deus no próximo.

Então os justos lhe responderão, dizendo: Senhor, quando te vimos com fome, e te demos de comer? Ou com sede, e te demos de beber? (Mt. 25:37)

E quando te vimos estrangeiro, e te hospedamos? Ou nu, e te vestimos? (Mt. 25:38)

E quando te vimos enfermo, ou na prisão, e fomos ver-te? (Mt. 25:39)

E, respondendo, o Rei lhes dirá: Em verdade vos digo que, quando o fizestes a um destes meus pequeninos irmãos, a mim o fizestes. (Mt. 25:40)

Não apenas a humanidade é nosso próximo, mas toda criatura viva que habita o Universo, porque todas elas, da mesma forma que nós, levam em seu interior uma fagulha do Espírito Santo de Iahweh. Essa fagulha é consciente e clama a Deus quando necessita. A Bíblia confirma isso quando diz:

> *Quem prepara aos corvos o seu alimento, **quando os seus filhotes gritam a Deus** e andam vagueando, por não terem o que comer?* (Jó 38:41)
>
> *Porque o que sucede aos filhos dos homens, isso mesmo também sucede aos animais, e lhes sucede a mesma coisa; como morre um, assim morre o outro; e todos têm o mesmo fôlego, **e a vantagem dos homens sobre os animais não é nenhuma** [...]* (Ec. 3:19)
>
> *Quem sabe que o fôlego do homem vai para cima, e que o fôlego dos animais vai para baixo da terra?* (Ec. 3:21)

Muitos procuram servir a Deus, mas não se deram conta de que sempre O serviram. Serve-se a Deus com o trabalho cotidiano. Quando um sapateiro fabrica sapatos, sem saber faz sapatos para calçar os pés de Deus. Quando um construtor de automóveis fabrica automóveis, sem saber os constrói para serem utilizados por Deus.

Saber que o homem serve a Deus com seu esforço faz que este se esmere em trabalhar com qualidade, porque sabe que seu produto tem a Deus por destino. Deus é quem semeia, quem colhe e quem come a colheita.

Assim como a cruz tem quatro braços (base do candelabro), também no quarto mandamento do decálogo Deus colocou sua lei do trabalho. A haste central da lei do trabalho é o dia dedicado a estar em comunhão com Deus, o dia de descanso.

A lei do trabalho diz:

> *Seis dias trabalharás, e farás toda a tua obra. Mas o sétimo dia é o sábado de Iahweh, teu Deus; não farás nenhuma obra, nem tu, nem teu filho, nem tua filha, nem o teu servo, nem a tua serva, nem o teu animal, nem o teu estrangeiro, que está dentro das tuas portas.* (Ex. 20:9-10)

Quando o homem morre, sua alma se apresenta diante do tribunal dos vigilantes do planeta Terra (Dn. 4:17; 5:27); ali se revisa o trabalho com que serviu a Deus na Terra, e, **dependendo da eficiência e qualidade do trabalho realizado**, os vigilantes lhe darão uma nova posição na Terra em sua próxima reencarnação. Existem a reencarnação e a ressurreição. A meta final da reencarnação é a ressurreição. A ressurreição liberta o homem das contínuas reencarnações.

> ***Não erreis: Deus não se deixa escarnecer; porque tudo o que o homem semear, isso também ceifará.*** (Gl. 6:7)
>
> *Ainda que eu falasse as línguas dos homens e dos anjos, e não tivesse amor, seria como o metal que soa ou como o sino que tine.* (I Co. 13:1)

> *E ainda que tivesse o dom de profecia, e conhecesse todos os mistérios e toda a ciência, e ainda que tivesse toda a fé, de maneira tal que transportasse os montes, e não tivesse amor, nada seria.* (I Co. 13:2)
>
> *E ainda que distribuísse toda a minha fortuna para sustento dos pobres, e ainda que entregasse o meu corpo para ser queimado, e não tivesse amor, nada disso me aproveitaria.* (I Co. 13:3)
>
> *O amor é sofredor, é benigno; o amor não é invejoso; o amor não trata com leviandade, não se ensoberbece. Não se porta com indecência, não busca os seus interesses, não se irrita, não suspeita mal; não folga com a injustiça, mas folga com a verdade.* (I Co. 13:4-6)
>
> *Tudo sofre, tudo crê, tudo espera, tudo suporta.* (I Co. 13:7)
>
> *O amor nunca falha [...]* (I Co. 13:8)

Eu lhe disse, irmão Gaetano, que o Espírito Santo é energia dinâmica que flui em todo o Universo; e toda criatura vivente é um terminal ou ponto de saída por onde flui essa energia.

O Espírito Santo é energia eletromagnética e atua em forma de holograma. Isto é o holomovimento.

Para conhecer e entender a estrutura do Espírito Santo é necessário compreender a estrutura da energia eletromagnética. A estrutura da energia eletromagnética, a do Espírito Santo e a do código cósmico são uma só.

Na Antiguidade, o Espírito Santo era representado na forma de sol alado e de serpente. O movimento ondulatório da serpente é semelhante ao da corrente alternada da eletricidade.

O homem é o veículo de manifestação do Espírito Santo, por isso vemos o Espírito Santo representado em forma de serpente governando por meio do Faraó. Podemos dizer que Jesus Messias, Nosso Senhor Jesus Cristo, é o Faraó do Mundo. A Bíblia diz o seguinte sobre o nosso Senhor:

> *Mas para vós, os que temeis o meu nome, nascerá o sol da justiça, e cura trará nas suas asas; e saireis e saltareis como bezerros da estrebaria.* (Ml. 4:2)

Sol Alado Egípcio

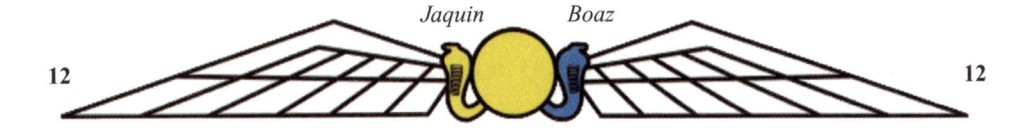

Jaquin   *Boaz*

12   12

Porque o Senhor Deus YHVHAELOHIM é um Sol e escudo; o Senhor YHVHAELOHIM dará graça e glória [...] (Sl. 84:11)

O Faraó

Serpente

Sol Alado

NOTA: Todo homem que alcance a meta angélica poderia dizer que se transformou em um faraó.

Dois componentes e uma resultante formam o código cósmico. Ver componentes e resultantes em forma de serpente no peito e na cabeça do Faraó.

Jesus Messias, nosso Senhor Jesus Cristo, é o Faraó do Mundo, aquele que a profecia (Ap. 12:5) diz: "há de reger todas as nações com vara de ferro".

Igreja Católica Romana

Representação simbólica das três serpentes correspondentes a nosso Senhor Jesus Cristo, Faraó do Mundo.

Componentes da força binária

Ave

Jaquin – Serpente de fogo

Boaz – Serpente de fogo

Altar do Templo Santo Cristo dos Milagres
– Bayaguana, República Dominicana

Resultante da força binária

A Bíblia registra três serpentes relacionadas com a estrutura do código cósmico: duas serpentes componentes (Jaquin e Boaz) representadas pela de Aarão e a dos magos egípcios; e uma resultante simbolizada pela serpente de Moisés.

A Serpente de Moisés

Então respondeu Moisés, e disse: Mas eis que não me crerão, nem ouvirão a minha voz, porque dirão: Iahweh não te apareceu. (Ex. 4:1)

*E Iahweh disse-lhe: **Que é isso na tua mão? E ele disse: Uma vara.*** (Ex. 4:2)

*E ele disse: **Lança-a na terra. Ele a lançou na terra, e tornou-se em cobra;*** e Moisés fugia dela. (Ex. 4:3)

*Então disse Iahweh a Moisés: **Estende a tua mão e pega-lhe pela cauda. E estendeu sua mão, e pegou-lhe pela cauda, e tornou-se em vara na sua mão.*** (Ex. 4:4)

Para que creiam que te apareceu Iahweh, Deus de seus pais, o Deus de Abraão, o Deus de Isaque e o Deus de Jacó. (Ex. 4:5)

●

E o povo falou contra Deus e contra Moisés: Por que nos fizestes subir do Egito para que morrêssemos neste deserto? Pois aqui nem pão nem água há; e a nossa alma tem fastio deste pão tão vil. (Nm. 21:5)

Então Iahweh mandou entre o povo serpentes ardentes, *que picaram o povo; e morreu muita gente em Israel.* (Nm. 21:6)

Por isso o povo veio a Moisés, e disse: Havemos pecado porquanto temos falado contra Iahweh e contra ti; ora a Iahweh que tire de nós estas serpentes. Então Moisés orou pelo povo. (Nm. 21:7)

E disse Iahweh a Moisés: Faze-te uma serpente ardente, e põe-na sobre uma haste; *e será que viverá todo o que, tendo sido picado, olhar para ela.* (Nm. 21:8)

E Moisés fez uma serpente de metal, e pô-la sobre uma haste; e sucedia que, picando alguma serpente a alguém, quando esse olhava para a serpente de metal, vivia. (Nm. 21:9)

●

E, como Moisés levantou a serpente no deserto, assim importa que o Filho do homem seja levantado, para que todo aquele que nele crê não pereça, mas tenha a vida eterna. (Jo. 3:14-15)

A serpente de Aarão e a serpente dos magos egípcios

E Iahweh falou a Moisés e a Arão, dizendo: Quando Faraó vos falar, dizendo: Fazei vós um milagre, dirás a Arão: Toma a tua vara, e lança-a diante de Faraó; e se tornará em serpente. (Ex. 7:8-9)

E Faraó também chamou os sábios e encantadores; e os magos do Egito fizeram também o mesmo com os seus encantamentos. Porque cada um lançou sua vara, e tornaram-se em serpentes; mas a vara de Arão tragou as varas deles. (Ex. 7:11-12)

Os sacerdotes egípcios viam a Deus Altíssimo em forma de serpente, por essa razão colocavam na coroa do faraó o símbolo da serpente, para indicar que Deus dominava a Terra por meio do faraó. Ou seja, o faraó era Deus na Terra.

Na Bíblia, vemos que a vara de Deus, nas mãos de Moisés, se transforma em cobra, dando a entender que Moisés, ao ter esse símbolo em sua mão, representava Deus na Terra.

> *Então se acendeu a ira de Iahweh contra Moisés, e disse: Não é Arão, o levita, teu irmão? Eu sei que ele falará muito bem; e eis que ele também sai ao teu encontro; e, vendo-te, se alegrará em seu coração.* (Ex. 4:14)
>
> *E tu lhe falarás, e porás as palavras na sua boca; e eu serei com a tua boca, e com a dele, ensinando-vos o que haveis de fazer.* (Ex. 4:15)
>
> **E ele falará por ti ao povo; e acontecerá que ele te será por boca, e tu lhe serás por Deus.** (Ex. 4:16)
>
> **Toma, pois, esta vara na tua mão, com que farás os sinais.** (Ex. 4:17)

O símbolo da serpente sobre a vara, na mão do homem, é a representação de que se conhece e se tem domínio sobre o Universo. O símbolo de que o homem e Deus são um só.

O bispo com seu báculo em forma de
serpente representa Cristo Homem

Igreja Ortodoxa

Símbolo da força binária organizadora do Universo (Espírito Santo) na mão do Patriarca Ecumênico Bartolomeu I de Constantinopla

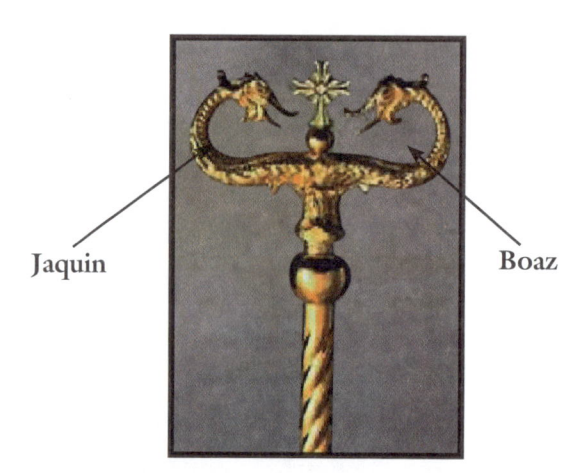

Jaquin   Boaz

Nove das igrejas ortodoxas são patriarcados. As quatro tradicionais do Oriente (Constantinopla, Alexandria, Antioquia e Jerusalém) somam-se às outras cinco (Bulgária, Geórgia, Romênia, Rússia e Sérvia).

Assim como a luz é o espírito da matéria, também a religião é o espírito de todo reino. A unificação da humanidade só será obtida quando todas as religiões se tornarem apenas uma.

No ecumenismo (unidade mundial religiosa), encontra-se a resposta para a paz mundial.

Poderíamos comparar o conjunto das religiões transcendentais da humanidade com uma pedra preciosa esculpida com várias facetas (caras), em que cada uma é uma porta que conduz a um mesmo centro de adoração, o Espírito Santo, o Deus Altíssimo. Aquele Espírito que mora em Iahweh (Rei dos deuses), em Vishnu, em Buda, em Jesus Messias, em Maomé, em toda criatura vivente do Universo. Aquele Espírito que pela boca de Iahweh profetizou sobre Ismael (o povo árabe – Gn. 16:12), dizendo: "E ele será homem feroz, e a sua mão será contra todos, e a mão de todos contra ele".

Iahweh está na congregação dos poderosos; julga no meio dos deuses. (Sl. 82:1)

O Deus poderoso, Iahweh, falou e chamou a terra desde o nascimento do sol até ao seu ocaso. (Sl. 50:1)

Profecia

E acontecerá nos últimos dias que se firmará o monte da casa de Iahweh no cume dos montes, e se elevará por cima dos outeiros; e concorrerão a ele todas as nações.

E irão muitos povos, e dirão: Vinde, subamos ao monte de Iahweh, à casa do Deus de Jacó, para que nos ensine os seus caminhos, e andemos nas suas veredas; porque de Sião sairá a lei, e de Jerusalém a palavra de Iahweh.

E ele julgará entre as nações, e repreenderá a muitos povos; e estes converterão as suas espadas em enxadões e as suas lanças em foices; uma nação não levantará espada contra outra nação, nem aprenderão mais a guerrear.

(Isaías 2:2-4)

Capítulo V

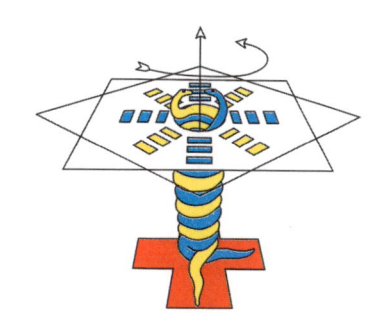

O Código Cósmico na Estrutura do Corpo e da Alma de Deus

No livro intitulado *O homem, embrião de anjo*, falei das viagens aos céus do homem e da mulher que ainda não haviam chegado à meta angélica final, em razão do que cada um, de forma independente, tinha um corpo físico e 12 espirituais; e cada um deles estava desenhado de forma especial para dominar um nível dimensional específico. **Agora falarei do homem perfeito, aquele que já chegou à meta final angélica, que já é um primeiro Adão por ser formado pelo homem e pela mulher fundidos em um só ser** e que já é cidadão da Grande Cidade Santa de Jerusalém (Ap. 21:1-27), aquela que, como nave cósmica, descerá à Terra.

NOTA DE ESCLARECIMENTO: Não estou me referindo ao homem homossexual, mas ao homem neutro, aquele que, se vê uma mulher ou um homem, não é atraído sexualmente porque está em harmonia e equilibrado interiormente, pois leva sua esposa dentro de si mesmo.

O homem perfeito (aquele habitante da Grande Cidade Santa de Jerusalém) não se casa nem se oferece em casamento porque é formado por um homem e uma mulher fundidos em um só ser, ou seja: já é um primeiro Adão, um anjo completo. Essa é a razão pela qual a Bíblia diz que os anjos não se casam nem se oferecem em casamento.

Com relação ao fato de que, em Adão, o homem e a mulher são um só ser, a Bíblia diz:

> *No dia em que Deus criou o homem, à semelhança de Deus o fez.* (Gn. 5:1)

> *Homem e mulher os criou; e os abençoou e chamou o seu nome Adão, no dia em que foram criados.* (Gn. 5:2)
>
> *Então Iahweh Deus fez cair um sono pesado sobre Adão, e este adormeceu; e tomou uma das suas costelas, e cerrou a carne em seu lugar.* (Gn. 2:21)
>
> *E da costela que Iahweh Deus tomou do homem, formou uma mulher, e trouxe-a a Adão.* (Gn. 2:22)
>
> *E disse Adão: Esta é agora osso dos meus ossos, e carne da minha carne; esta será chamada mulher, porquanto do homem foi tomada.* (Gn. 2:23)
>
> *Porque o homem não provém da mulher, mas a mulher do homem.* (I Co. 11:8)
>
> *Todavia, nem o homem é sem a mulher, nem a mulher sem o homem, em Iahweh. Porque, como a mulher provém do homem, assim também o homem provém da mulher, mas tudo vem de Deus.* (I Co. 11:11-12)
>
> *Por isso deixará o homem seu pai e sua mãe, e se unirá à sua mulher; e serão dois em uma carne. Grande é este mistério [...]* (Ef. 5:31-32)

Eva foi um clone que Iahweh formou a partir do corpo de Adão. Cientificamente, o homem tem o potencial genético para, mediante a clonagem, fazer surgir dele um homem ou uma mulher, mas esta não o tem. Se ela for clonada, o resultado só poderá produzir um clone feminino.

Retomando o mistério da estrutura do espírito do homem, da qual lhe falei, direi: o espírito do ser perfeito é completo e é formado de modo semelhante ao Espírito de Iahweh, o qual é representado, de forma simbólica, pelo candelabro e pelos dois testemunhos.

Três consciências formam o Espírito de Iahweh: a do Pai, a da Divina Mãe e a do Filho. Elas constituem três eus divinos dentro do Espírito de Iahweh.

Um exemplo que fala sobre a estrutura de Deus é o átomo. O átomo é o bloco básico da matéria; a criação é feita de matéria. O átomo é feito à imagem da estrutura de Deus.

A Bíblia diz:

> *Porque as suas coisas invisíveis, desde a criação do mundo, tanto o seu eterno poder, como a sua divindade, se entendem, e claramente se veem pelas coisas que estão criadas, para que eles fiquem inescusáveis.* (Ro. 1:20)

O átomo é um só ser formado por quatro elementos, que são: próton, nêutron, elétron e força magnética.

No átomo, a força magnética é uma imagem da essência do Espírito; e o próton, o nêutron e o elétron são uma imagem das três divinas pessoas contidas em Deus, que são: o Divino Pai, o Divino Filho e a Divina Mãe. Ou seja, dentro do Espírito de Deus existem três consciências em uma. Eis aqui a resposta que mostra o lugar que corresponde à mulher diante de Deus.

Deus é família. Assim como o átomo é o bloco básico da matéria, também a família o é de um reino. A família é o melhor exemplo, na criação, que mostra a forma da estrutura básica de Deus. Assim como Iahweh (nome de Deus na matéria) é formado por quatro letras em idioma hebraico, também quatro elementos formam a família. Eles são: o pai, a mãe, o filho e a força do amor. A força do amor é o espírito que mantém a família unida.

Deus é uma família fundida em um só ser. Por isso a família é sagrada, porque é uma imagem de Deus.

Na família: o pai representa o Pai Celestial, por isso é o sustentador. A mãe simboliza a Mãe Divina, aquela mesma mãe protetora que se manifesta na galinha que cuida de seus pintinhos.

O Espírito Santo e seus três eus divinos

Espírito Santo
Força Magnética

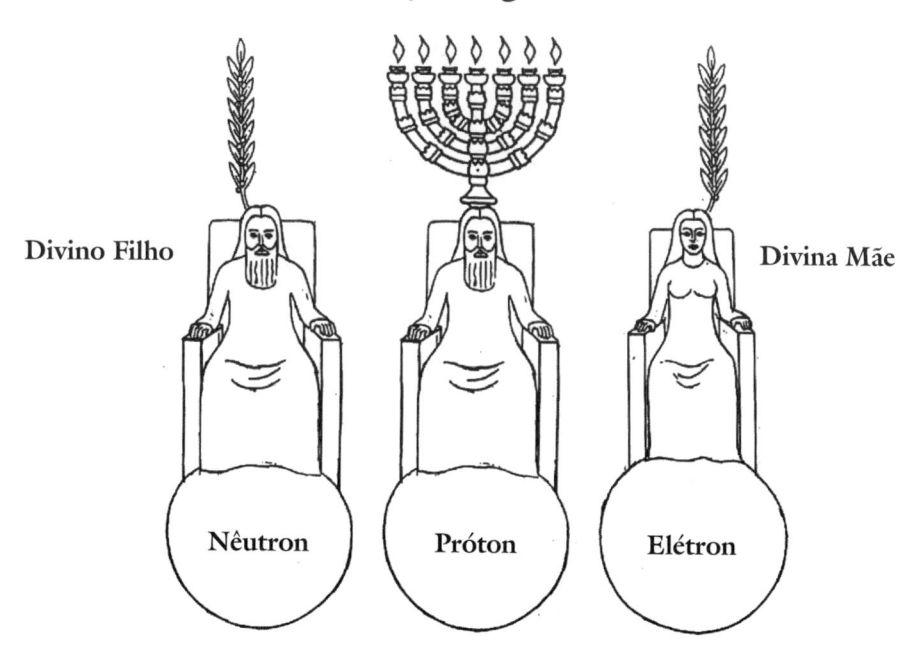

Divino Filho   Divina Mãe

Nêutron   Próton   Elétron

As três consciências de Deus

Consciência do Pai

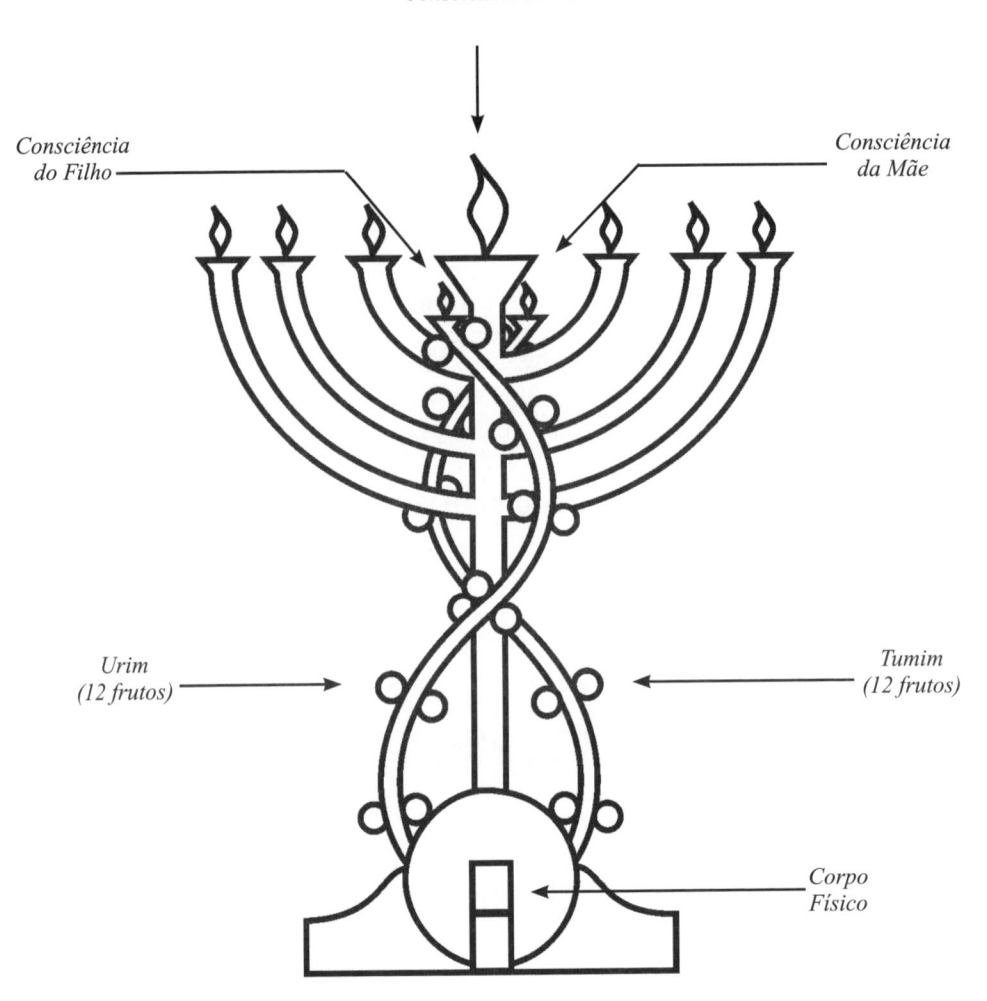

Consciência do Filho

Consciência da Mãe

Urim (12 frutos)

Tumim (12 frutos)

Corpo Físico

A estrutura de Deus
Sequência 1

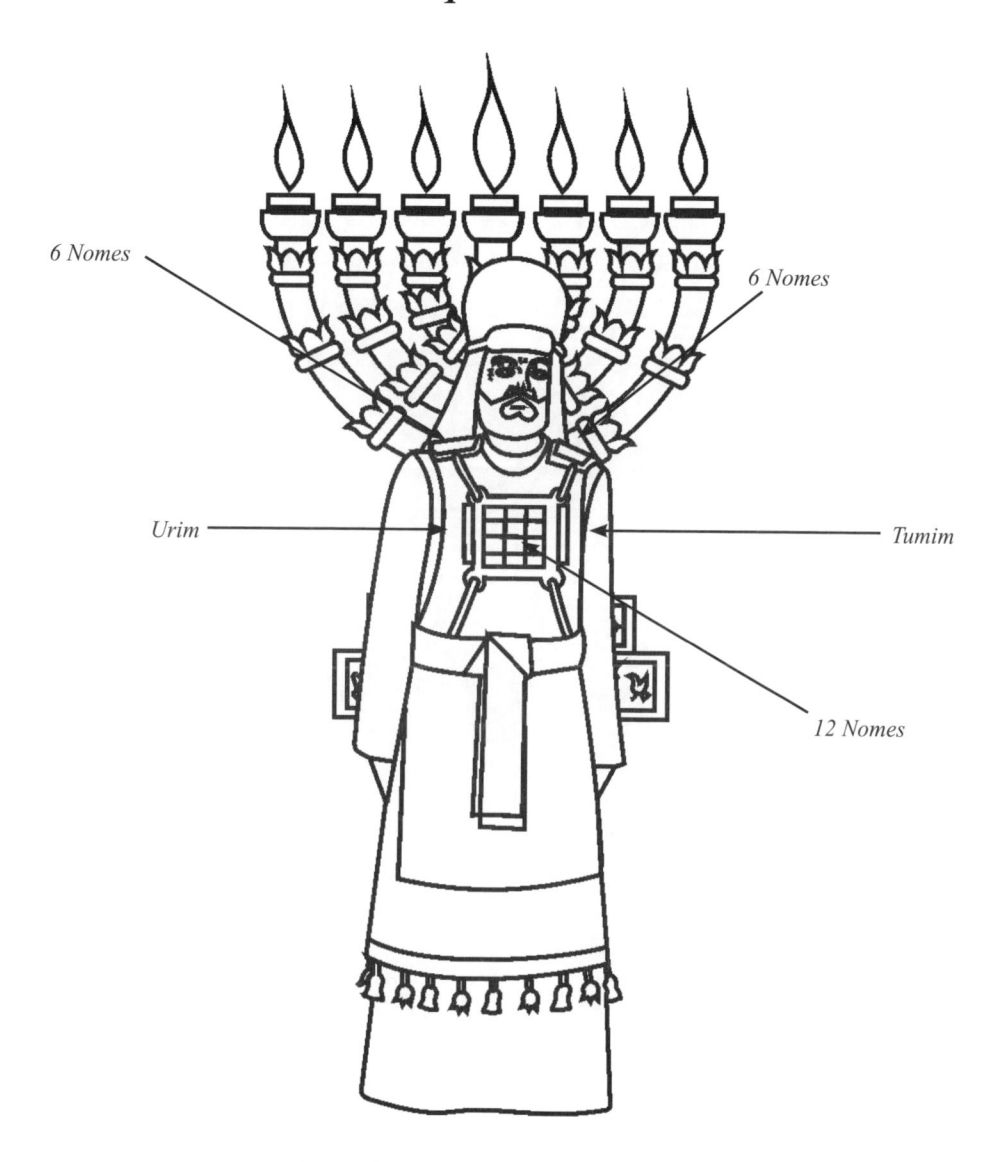

6 Nomes

6 Nomes

Urim

Tumim

12 Nomes

    Essa figura do Sumo Sacerdote do Tabernáculo representa Deus, carregando dentro de si seus três eus. Urim simboliza o eu Filho, e Tumim, o eu Mãe. Os 24 nomes sobre as vestes fazem alusão aos 24 corpos espirituais contidos no corpo físico do Sumo Sacerdote.

A estrutura de Deus
Sequência 2

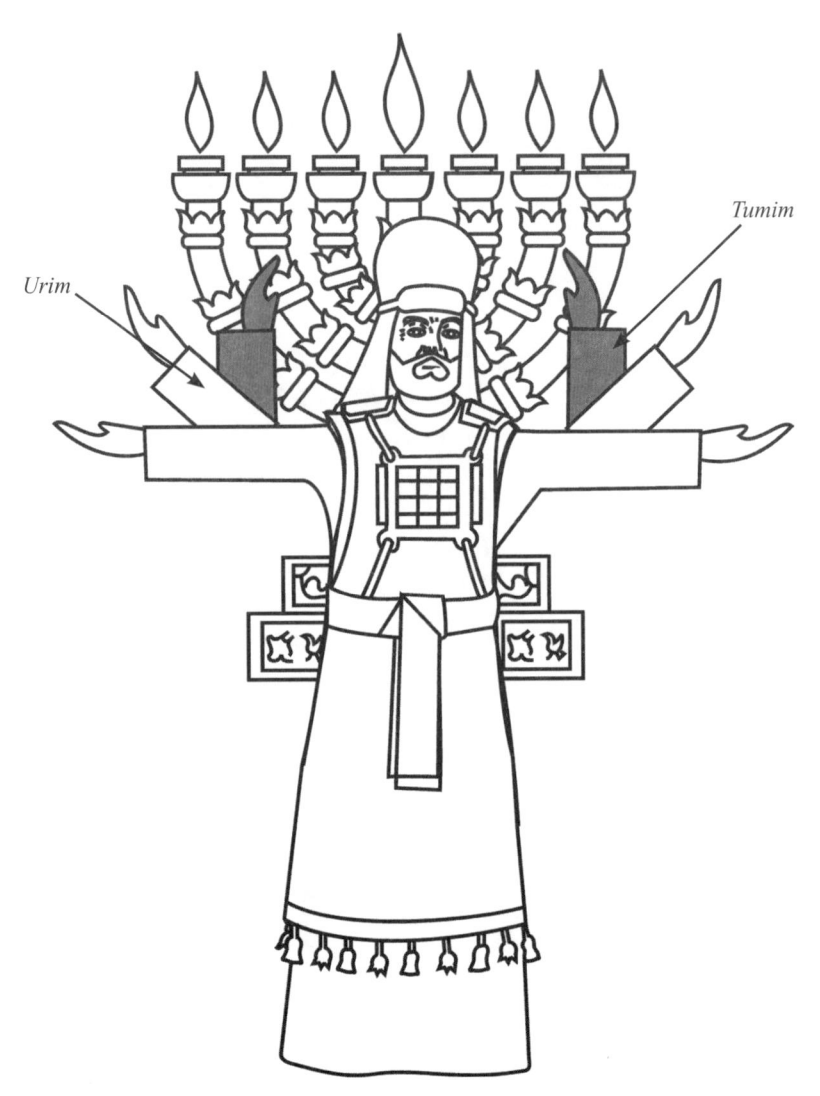

Urim

Tumim

Essa figura representa o Sumo Sacerdote estendendo os corpos espirituais que formam sua alma.

A estrutura de Deus
Sequência 3

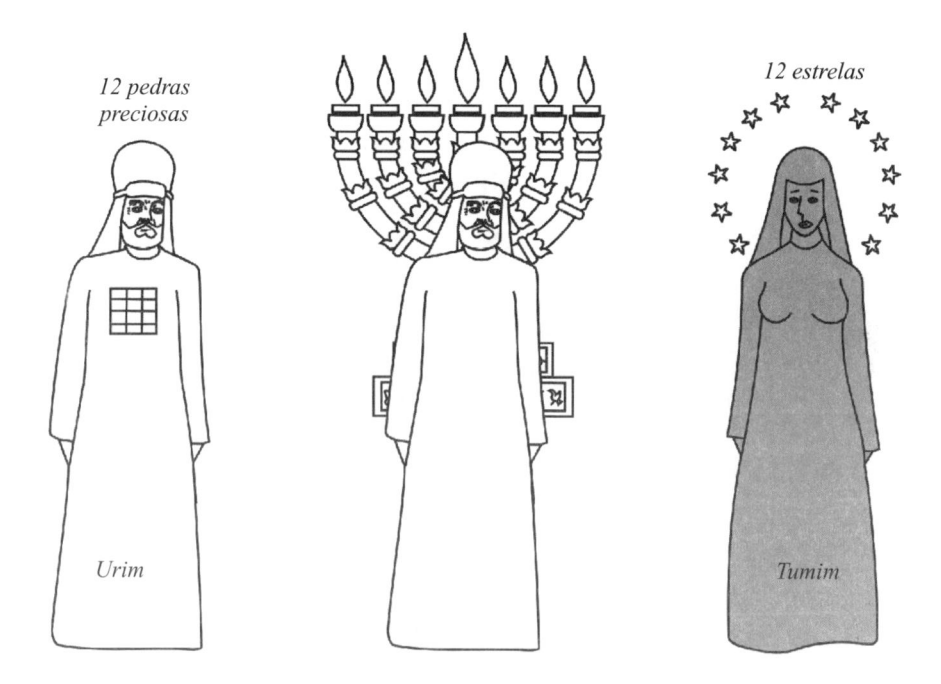

12 pedras preciosas

12 estrelas

Urim

Tumim

Essa figura representa o Sumo Sacerdote
estendendo os corpos espirituais que formam sua alma.

A estrutura de Deus
Sequência 4

12 corpos masculinos espirituais
Correspondem-se com as 12 pedras preciosas do Sumo Sacerdote Aarão

12 corpos femininos espirituais
Correspondem-se com as 12 pedras preciosas da Jerusalém Celestial

Corpo físico → Jospe e Cornalina

Essa figura representa o Sumo Sacerdote Andrógino (Força Binária) com os 24 corpos espirituais que formam sua alma, estendidos.

O homem perfeito é o veículo superior de manifestação de Deus na forma. O Sumo Sacerdote do Tabernáculo representa o homem perfeito, aquele formado por três eus divinos em um só ser. Três eus que são donos de 25 corpos que se penetram um dentro do outro em diferentes níveis dimensionais; corpos que permitem aos três eus divinos o domínio dos mundos contidos nos diferentes níveis dimensionais do Universo.

O homem perfeito é aquele que já tem corpo ressurrecto (corpo transformado para a imortalidade no plano físico). Os três eus do homem perfeito utilizam o corpo ressurrecto para ter domínio no plano físico.

Quando o homem perfeito (homem com três eus), em determinado momento, quer, por exemplo, subir ao céu número 12, faz o seguinte: deita-se e coloca para dormir seu corpo físico; os três eus, contidos nos 24 corpos espirituais como um só corpo, deslocam-se até o céu número 12 e, à medida que ascendem, vão deixando em cada céu dois corpos fundidos em um, de modo semelhante às naves Apolo, que, à medida que subiam ao espaço exterior, iam desprendendo parte de seus componentes para ir mais depressa.

Recorde-se que no livro *O homem, embrião de anjo* falo com mais detalhes do procedimento de como subir e descer dos céus em corpo espiritual.

Para respaldar o que conheço por experiência própria, irei me referir à figura da "Representação Védica da Estrutura de Deus". Nessa figura está modelado o que acabo de dizer sobre o deslocamento dos três eus aos céus, que, à medida que sobem, vão deixando dois corpos (um masculino e outro feminino) fundidos em um em cada céu. (Ver a figura intitulada Mandala de Vishnu).

Observe, irmão Gaetano, que ao redor da figura há 12 pequenos círculos, cada um dos quais contém duas figuras humanas, para indicar que, quando os três eus se deslocam aos céus, em cada céu vão deixando dois corpos fundidos em um.

O círculo central, na figura, contém os três eus para indicar que eles são um só ser. O trono em forma de serpente de fogo com sete cabeças representa o candelabro, que é símbolo do Espírito.

Mandala Vishnu

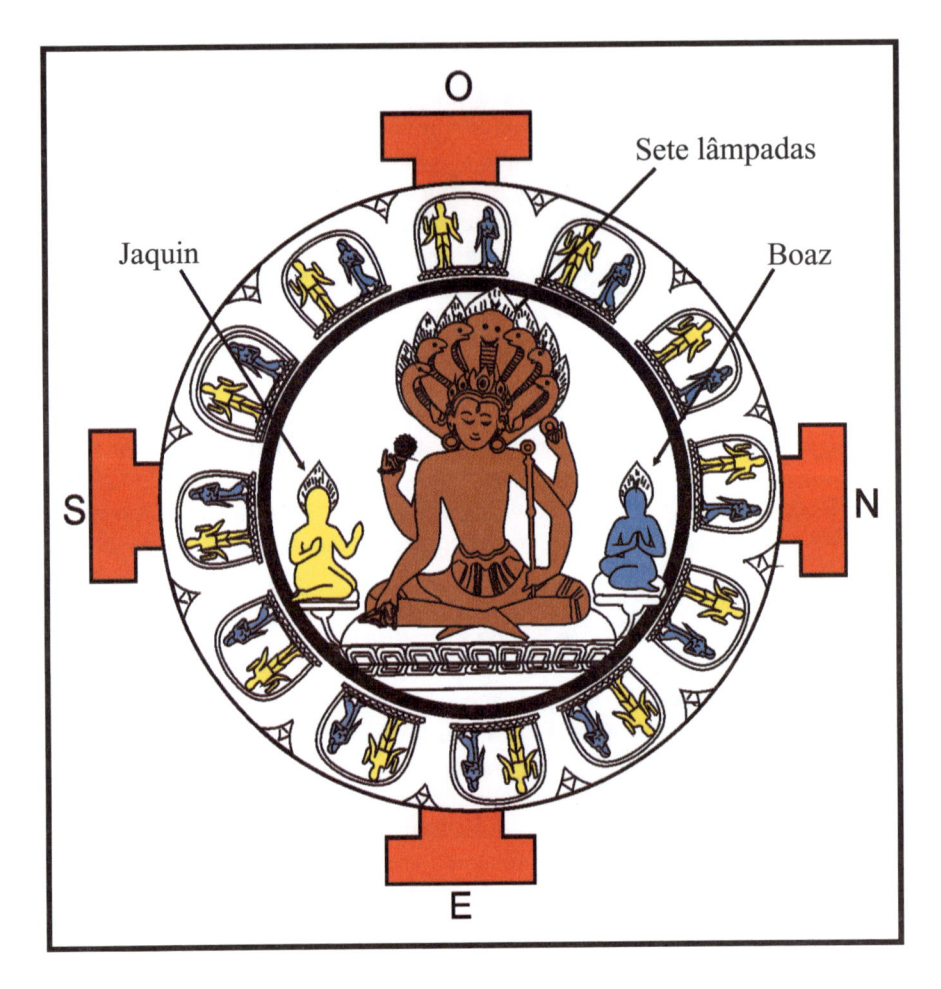

Sete lâmpadas
Jaquin
Boaz

    A estrutura do homem perfeito é semelhante à dos planetas. Assim como um planeta é formado por outros 25 contidos um dentro do outro em diferentes níveis dimensionais, também o homem perfeito é formado por 25 corpos um dentro do outro em diferentes níveis dimensionais. E assim como a cada planeta corresponde uma série de 24 túneis alinhados um após o outro em diferentes níveis dimensionais, localizados no polo norte magnético do planeta, também ao homem corresponde uma série de 24 túneis em diferentes níveis dimensionais colocados no alto da cabeça. Recorde-se de que eu lhe disse, no livro intitulado *O homem, embrião de anjo*, que cada um dos corpos espirituais do homem tem um pequeno buraco no alto de sua cabeça.

O homem perfeito está fadado a viver para sempre no plano físico do Universo. Por isso necessita de um corpo físico especial para dominar essa zona do Universo. Esse corpo é o ressurrecto.

Dos 25 níveis dimensionais que formam o Universo, o plano físico é o coração de todos eles. No plano físico estão os pés do trono do homem perfeito, a partir dali o homem domina os diferentes níveis dimensionais do Universo.

Assim diz Iahweh: O céu é o meu trono, e a terra, o escabelo dos meus pés [...] (Is. 66:1)

Os céus são os céus de Iahweh; mas a terra a deu aos filhos dos homens. (Sl. 115:16)

Os justos herdarão a terra e habitarão nela para sempre. (Sl. 37:29)

Quando, em um planeta qualquer do Universo em que se estejam criando anjos, se chega à meta final, todos os habitantes dos céus desse astro passam a viver, com corpo ressurrecto, no plano físico. Os céus desse planeta ficam vazios. Essa é a razão pela qual, no fim, o reino de Nosso Senhor Jesus Cristo está destinado a ter sua sede aqui no plano físico da Terra. A Bíblia confirma isso quando diz:

E vi um novo céu, e uma nova terra. Porque já o primeiro céu e a primeira terra passaram, e o mar já não existe. (Ap. 21:1)

E eu, João, vi a santa cidade, a nova Jerusalém, que de Deus descia do céu, adereçada como uma esposa ataviada para o seu marido. (Ap. 21:2)

E ouvi uma grande voz do céu, que dizia: Eis aqui o tabernáculo de Deus com os homens, pois com eles habitará, e eles serão o seu povo, e o mesmo Deus estará com eles, e será o seu Deus. (Ap. 21:3)

E Deus limpará de seus olhos toda lágrima; e não haverá mais morte, nem pranto, nem clamor, nem dor; porque já as primeiras coisas são passadas. (Ap. 21:4)

E o que estava assentado sobre o trono disse: Eis que faço novas todas as coisas. E disse-me: Escreve; porque estas palavras são verdadeiras e fiéis. (Ap. 21:5)

E disse-me mais: Está cumprido. Eu sou o Alfa e o Ômega, o princípio e o fim. A quem quer que tiver sede de graça, lhe darei da fonte da água da vida. (Ap. 21:6)

Quem vencer, herdará todas as coisas; e eu serei seu Deus, e ele será meu filho. (Ap. 21:7)

Capítulo VI

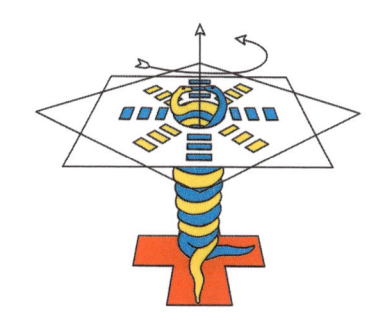

O Código Cósmico na Estrutura do Reino Paradisíaco Prometido por Deus

Repito-lhe, irmão Gaetano, que o centro de comando de toda criatura é organizado de acordo com a "Lei Universal do Desenho Único". Ou seja, de acordo com o código cósmico e o candelabro e os dois testemunhos. Para confirmar isso, tomaremos como exemplo a obra máxima de Deus: o Homem.

O que é o corpo humano? É uma máquina utilizada para se deslocar na forma. O homem não é o corpo, o homem é o espírito. O espírito tem seu assento na região do coração (em outro nível dimensional), e, por meio do sistema cérebro-espinhal, conduz o corpo.

O sistema cérebro-espinhal é o computador do corpo e é desenhado de acordo com o princípio do candelabro e os dois testemunhos, em que a medula espinhal representa aquele; e os dois hemisférios do cérebro simbolizam estes. Assim como cada um dos dois testemunhos do candelabro tem 12 frutos, também 12 nervos cranianos tem cada um dos hemisférios do cérebro.

Outro dado importante é que, no desenho do corpo do homem, suas quatro extremidades (braços e pernas) são uma imagem da base do candelabro. Suas 24 costelas (12 de cada lado da coluna vertebral) são uma imagem dos 24 frutos do candelabro. A coluna vertebral tem 33 vértebras; 3 + 3 = 6, seis pontas tem a Estrela de Davi; 3 x 3 = 9, nove lâmpadas tem o Candelabro de Hanukah. O homem é a obra perfeita de Deus.

Sistema Cérebro-espinhal

Cérebro

Hemisfério esquerdo
(12 nervos cranianos)

Hemisfério direito
(12 nervos cranianos)

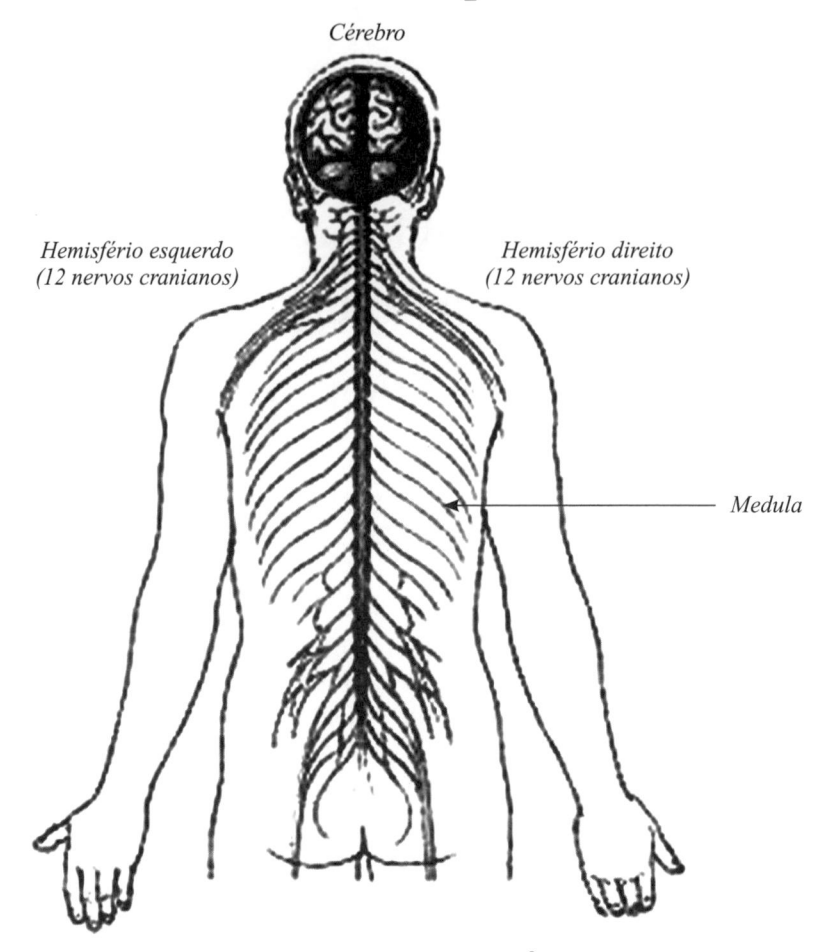

Medula

Assim como a "Lei Universal do Desenho Único" se cumpre no desenho do corpo do homem, todo reino, para que seja perfeito, deve ser organizado sob esse mesmo princípio. Um reino perfeito é aquele que está de acordo com o princípio da estrutura do corpo humano com todos os seus órgãos; em que o sistema cérebro-espinhal governa os demais órgãos.

Na Bíblia, vemos que Deus, em seu Plano, tem como meta final instalar na Terra um reino de paz e harmonia, organizado com base no princípio do desenho do corpo do homem. Esse reino é aquele Reino de Cristo pregado pelo Judaísmo e pelo Cristianismo.

Já que mencionei o Reino de Jesus Cristo, farei um parêntese para falar a você sobre o mistério da morte de Cristo, porque esse mistério está relacionado com a formação desse reino.

Já lhe disse, irmão Gaetano, que as principais religiões antigas têm origem comum, e que por essa razão seus símbolos coincidem.

Também afirmei que essas antigas religiões são as guardiãs de uma sabedoria extraterrestre que contém, em símbolos, a resposta às perguntas: "O" que é o homem? "O" que é o Universo? e "O que é Deus"?. E que, por falar de serpentes e dragões, parecem fantasiosas ao homem desta época, e ele não lhes dá a devida atenção.

O homem de hoje viu que nas antigas religiões existia o ritual do sacrifício de seres vivos a Deus, e acha isso aberrante e sem razão, e se pergunta: "Que sentido científico tem isso tudo?"

Respondendo a essa pergunta, eu lhe direi que o sacrifício de seres vivos a Deus, nas antigas religiões, faz alusão àquele que estava destinado a ser imolado em nome da humanidade.

A resposta à razão científica do mistério da morte de Jesus Cristo está no ovo. Todo pensador sabe que, para que a águia surja, o ovo deve morrer. E, para que a árvore nasça, a semente deve perecer.

A esse mistério é que Jesus Cristo se referia, momentos antes de sua morte, quando disse:

Na verdade, na verdade vos digo que, se o grão de trigo, caindo na terra, não morrer, fica ele só; mas, se morrer, dá muito fruto. (Jo. 12:24)

Agora a minha alma está perturbada; e que direi eu? Pai, salva-me desta hora; mas para isto vim a esta hora. (Jo. 12:27)

Agora é o juízo deste mundo; agora será expulso o príncipe deste mundo. (Jo. 12:31)

E eu, quando for levantado da terra, todos atrairei a mim. (Jo. 12:32)

E dizia isto, significando de que morte havia de morrer. (Jo. 12:33)

Contido dentro da humanidade do planeta Terra havia um ovo em incubação, do qual deveria surgir um ser; esse ser é aquele reino prometido por Deus na Bíblia.

O reino de Israel, tendo como base os 12 filhos de Jacó, foi o óvulo do qual o Reino deveria surgir. Com o nascimento de Nosso Senhor Jesus Cristo, o óvulo foi fecundado e se transformou em ovo. Com Jesus Cristo, agregaram-se os 12 apóstolos na conformação do reino prometido.

Isso quer dizer que o Reino será encabeçado por Jesus Cristo e os 12 filhos de Jacó e os 12 apóstolos como príncipes; por essa razão, vemos que na Jerusalém Celeste, capital do futuro reino, estão inscritos os nomes dos 12 filhos de Jacó e os dos 12 apóstolos de Cristo.

A Bíblia diz:

> *E levou-me em espírito [...] e mostrou-me a grande cidade, a santa Jerusalém [...]* (Ap. 21:10)

> *E tinha um grande e alto muro com 12 portas, e nas portas 12 anjos,* **e nomes escritos sobre elas, que são os nomes das 12 tribos dos filhos de Israel.** (Ap. 21:12)

> *E o muro da cidade tinha 12 fundamentos,* **e neles os nomes dos 12 apóstolos do Cordeiro.** (Ap. 21:14)

> *E a cidade não necessita de sol nem de lua, para que nela resplandeçam, porque a glória de Deus a tem iluminado, e o Cordeiro é a sua lâmpada.* (Ap. 21:23)

Nosso Senhor Jesus Cristo é o coração do reino prometido que deveria surgir do ovo que lhe mencionei, e, por ser o coração de tal ovo, teve a responsabilidade de morrer por todos os componentes do ovo. (Ver Is. 53:1-12.)

A crucificação de Jesus Cristo ativou a força que deve construir o reino prometido. Se Nosso Senhor não houvesse morrido na cruz, o ovo teria sido abortado e o reino que está se formando não seria terminado.

Cristo crucificado com os dois testemunhos

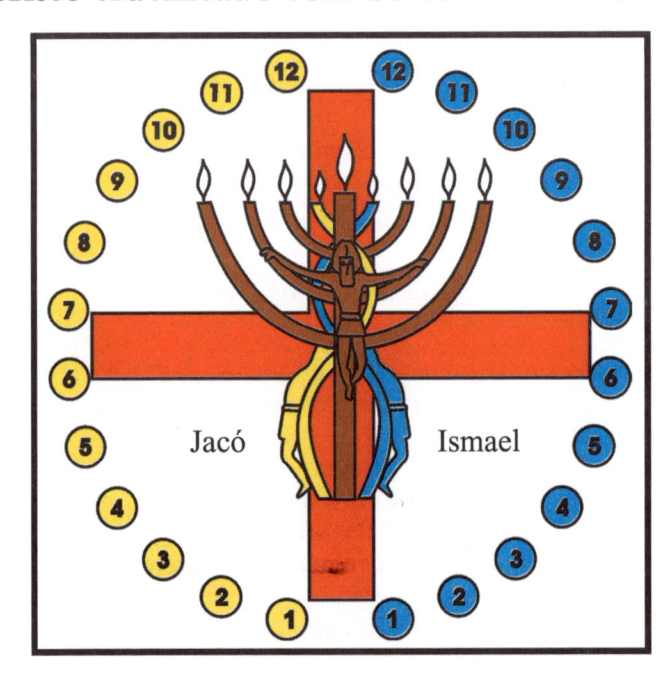

E crucificaram com ele dois salteadores, um à sua direita, e outro à esquerda. (Mc. 15:27; I Rs. 7:15-21)

O poder está na cruz. Em eletricidade, o cabo positivo se cruza com o cabo negativo e produz luz, calor, frio, movimento, etc.

O galo se cruza com a galinha, ativa o óvulo e o transforma em ovo; o Espírito se acende dentro do ovo, e o Espírito Santo de Iahweh começa a construir o pintinho.

Nosso Senhor Jesus Cristo venceu Satanás na cruz, ao ativar a força construtora do Reino.

Por que Jesus Cristo venceu Satanás na cruz, ao ativar a força construtora do Reino? Porque, de acordo com Satanás, os reinos da Terra lhe pertencem (Lc. 4:5-6) e formam um só corpo com ele. Satanás vê o corpo de Cristo como um parasita que está incrustado dentro de seu corpo.

Para Satanás, o Reino de Jesus Cristo era como um ovo de inseto introduzido em seu corpo, e ele não podia permitir que o ovo eclodisse e a larva que devia destruí-lo saísse. Mas, com a morte e ressurreição de Jesus Cristo, o ovo já eclodiu e a larva, que é o corpo de Cristo (o Reino), está crescendo no corpo de Satanás.

Assim como a clara ou albumina é a substância de que o frango se serve para crescer dentro do ovo, também no mar da humanidade está o alimento do Reino. Os gentios são o alimento que o Reino de Jesus Cristo utiliza para crescer.

Portanto, lembrai-vos de que vós noutro tempo éreis gentios na carne, e chamados incircuncisos pelo que na carne se chama circuncisão feita pela mão dos homens. (Ef. 2:11)

Que naquele tempo estáveis sem Cristo, separados da comunidade de Israel, e estranhos às alianças da promessa, não tendo esperança, e sem Deus no mundo. (Ef. 2:12)

Mas agora em Cristo Jesus, vós, que antes estáveis longe, já pelo sangue de Cristo chegastes perto. (Ef. 2:13)

Porque ele é a nossa paz, **o qual de ambos os povos fez um; e, derrubando a parede de separação que estava no meio,** *na sua carne desfez a inimizade, isto é, a lei dos mandamentos, que consistia em ordenanças,* **para criar em si mesmo dos dois um novo homem, fazendo a paz, e pela cruz reconciliar ambos com Deus em um corpo,** *matando com ela as inimizades.* (Ef. 2:14-16)

E, vindo, ele evangelizou a paz, a vós que estáveis longe, e aos que estavam perto; porque por ele ambos temos acesso ao Pai em um mesmo Espírito. (Ef. 2:17-18)

Assim que já não sois estrangeiros, nem forasteiros, mas concidadãos dos santos, e da família de Deus; edificados sobre o fundamento dos apóstolos e dos profetas, de que Jesus Cristo é a principal pedra da esquina; o qual todo o

edifício, bem ajustado, cresce para templo santo no Senhor. No qual também vós juntamente sois edificados para morada de Deus em Espírito. (Ef. 2:19-22)

Por esta causa eu, Paulo, sou o prisioneiro de Jesus Cristo por vós, os gentios; se é que tendes ouvido a dispensação da graça de Deus, que para convosco me foi dada; **como me foi este mistério manifestado pela revelação**, como antes um pouco vos escrevi; por isso, quando lerdes, podeis perceber a minha compreensão do mistério de Cristo, **o qual em outros séculos não foi manifestado aos filhos dos homens, como agora tem sido revelado pelo Espírito aos seus santos apóstolos e profetas; a saber, que os gentios são co-herdeiros, e de um mesmo corpo,** e participantes da promessa em Cristo pelo evangelho. (Ef. 3:1-6)

Conhecer o mistério da morte de Jesus Cristo, irmão Gaetano, permitirá que muitos, quando um cristão diz: "Cristo morreu por ti", entendam o que o cristão disse, e não considerem o que foi dito como uma estupidez, como muitos, por ignorância, entendem.

Repito-lhe, irmão Gaetano, que, com a morte de Cristo na cruz, o ovo que dá origem ao reino prometido na Bíblia já eclodiu.

Ampliando, direi a você que, assim como o homem surge de um ovo que se forma e incuba no ventre de uma mãe, também o Reino de Cristo se origina sob esse mesmo princípio. **O planeta Terra é a mãe em que se forma e incuba o Reino de Cristo.**

Assim como o centro de comando dentro do corpo terrestre do homem está no sistema cérebro-espinhal, também da mesma maneira estará organizado o centro de comando do Reino de Cristo.

No sistema cérebro-espinhal, o cérebro está dividido em dois hemisférios (os dois testemunhos), e de cada um surgem 12 nervos cranianos. Enquanto o Reino de Cristo é formado por dois reinos, que são Judá e Efraim (Ez. 37:15-28). Judá encabeçado por Moisés, tendo sob seu comando 12 príncipes (os 12 filhos de Jacó, Ap. 21:12), e Efraim encabeçado por Elias, tendo, também, 12 príncipes sob seu comando (os 12 apóstolos do Cordeiro, Ap. 21:14). Moisés e Elias são os dois corregentes no governo de Jesus Cristo. Por essa razão vemos, na Bíblia, que Moisés e Elias (Ap. 11:3) são os responsáveis por dar o toque final à pregação do Reino.

Moisés e Elias são os dois testemunhos no Reino de Cristo, por isso os encontramos, na Bíblia, consultando seu Senhor:

Seis dias depois, tomou Jesus consigo a Pedro, e a Tiago, e a João, seu irmão, e os conduziu em particular a um alto monte. E transfigurou-se diante deles; e o seu rosto resplandeceu como o sol, e as suas vestes se tornaram brancas como a luz. (Mt. 17:1-2)

> *E eis que lhes apareceram Moisés e Elias, falando com ele.* (Mt. 17:3)

Cristo (o Espírito Santo), por meio de Miguel, o anjo do pacto (Ml. 3:1-2), é quem deve governar o Reino. Esclarecimento: o nome de Jesus Cristo, nos céus, é Miguel, que significa "quem como Deus".

Cristo (o Todo-Poderoso) é quem tem o poder de governar toda criatura no Universo. A Bíblia, em Col. 3:11, diz: "Cristo é tudo em todos".

Quando o Reino for terminado e aperfeiçoado, irá se converter em uma criatura completa, a qual atuará como peça harmoniosa dentro do holograma que conforma o Universo; peça em cujo centro de comando poderá ser refletida a imagem da estrutura da força ativa central que dá vida ao Universo. Então, poder-se-á dizer: "A Terra era um caos de nações, e o Espírito Santo (força ativa ordenadora do Universo), por meio de Jesus Cristo e seus dois testemunhos, a unificou e organizou em um só reino de paz e harmonia que respeita a ordem do Universo".

Revelei aqui o mistério da razão, contido na Bíblia, pelo qual, por meio de Abraão e seus dois filhos, Ismael (com 12 filhos com sangue de gentios) e Jacó (com 12 filhos), Deus se propôs a estruturar um reino cerebral que deveria ser o centro de comando de todos os reinos da Terra. Os 12 filhos de Ismael são o mesmo que os 12 apóstolos do Cordeiro; no Reino, os 12 apóstolos ocupam a posição dos 12 filhos de Ismael.

Escutem, Judá e Ismael (povo árabe): em Abraão, tanto o povo de Israel como o povo árabe estão destinados a ser partes do reino cerebral! Também os descendentes dos filhos que Abraão teve com Quetura (uma gentia) precisam ser incluídos no reino; estes últimos, com os povos gentios, devem ser contados como filhos de Ismael. Recordem que naquele tempo (Mt. 3:9) se disse que Deus pode levantar filhos para Abraão até das pedras.

O cajado de Ismael é o mesmo de José que está nas mãos de Efraim. O reino cerebral será conformado pelo cajado de Judá e pelo de José (cajado de Ismael) unidos em um só.

Quando Nosso Senhor Jesus Cristo (o Messias) vier, fará que o cajado de Judá e o de José que está nas mãos de Efraim (Ez. 37:1-27) sejam um só em suas mãos.

Jerusalém está destinada a ser a capital do reino que deverá ser o cérebro do mundo, cujos dois hemisférios serão Judá e Efraim (Ismael e os povos gentios). É desígnio de Iahweh que Jerusalém seja capital, tanto para o judeu como para o árabe.

Quando o Messias vier, o Judaísmo e o Islamismo se unirão por meio do Cristianismo.

O Cristianismo é a porta do templo de Deus, e suas duas colunas são o Judaísmo e o Islamismo. O Judaísmo é o Sol (o leão), e o Islamismo é a Lua. O tabernáculo de Iahweh orientado na direção do nascimento do Sol (o Oriente) confirma que o Judaísmo é símbolo do Sol.

É de grande transcendência para a humanidade (para trazer paz e fraternidade entre os homens) saber que as principais religiões do mundo adoram o mesmo Deus Altíssimo (AELOHIM), embora o chamem por diversos nomes. Por essa razão, vemos que em cada uma dessas religiões a estrutura das mandalas aponta para um mesmo Deus; aquele que mora em Iahweh, em Krishna, em Quetzalcoatl, em Buda, em Mahavairocana, em Durgatiparisodhana e outros.

Iahweh encabeça a lista de deuses porque ele é o primogênito dentre todos eles. Iahweh é o rei dos deuses, por isso a Bíblia diz:

O Deus poderoso, Iahweh, falou e chamou a terra desde o nascimento do sol até ao seu ocaso. (Sl. 50:1)

Iahweh está na congregação dos poderosos; julga no meio dos deuses. (Sl. 82:1)

Quando AELOHIM, por meio de Nosso Senhor Jesus Cristo (o Messias), instalar seu trono em Jerusalém e o Templo de Iahweh for reconstruído, ali irão adorar todas as nações. A Bíblia confirma isso quando diz:

E acontecerá nos últimos dias que se firmará o monte da casa de Iahweh no cume dos montes, e se elevará por cima dos outeiros; e concorrerão a ele todas as nações. (Is. 2:2)

E irão muitos povos, e dirão: Vinde, subamos ao monte de Iahweh, à casa do Deus de Jacó, para que nos ensine os seus caminhos, e andemos nas suas veredas; porque de Sião sairá a lei, e de Jerusalém a palavra de Iahweh. (Is. 2:3)

E ele julgará entre as nações, e repreenderá a muitos povos; e estes converterão as suas espadas em enxadões e as suas lanças em foices; uma nação não levantará espada contra outra nação, nem aprenderão mais a guerrear. (Is. 2:4)

Em verdade lhe digo, irmão Gaetano, que, assim como a luz é o espírito da matéria, também a religião é o espírito de todo reino. A unificação da humanidade só será obtida quando todas as religiões se tornarem uma só.

Capítulo VII

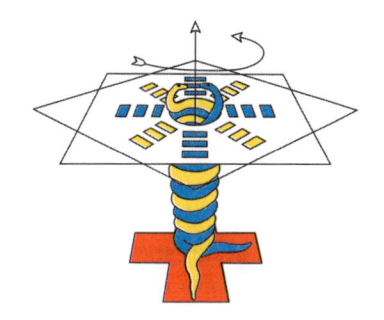

O Código Cósmico na Estrutura do Computador

O computador é a expressão máxima do código cósmico (Lei Universal do Desenho Único), porque nele está a estrutura da mente de Deus.

E o homem terrestre conseguiu decifrar grande parte da estrutura da mente de Deus (o código cósmico). Por essa razão, pôde construir o computador e decifrar grande parte do genoma. O genoma é o computador biológico por meio do qual o Espírito Santo constrói o indivíduo dentro do ovo. O Espírito Santo dirige o desenvolvimento do ser desde o ovo até a vida adulta.

A resposta à estrutura básica da mente de Deus está no chip.

O chip

Esquema da estrutura da unidade básica
do entretecido do holograma que forma o chip

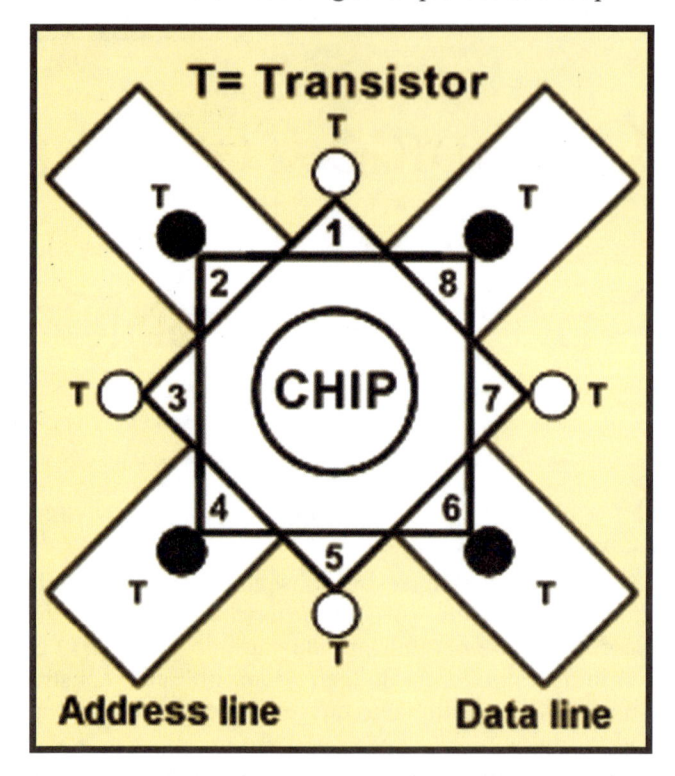

A força binária organizadora do Universo pode ser canalizada e conduzida por meio do chip do computador. O chip cumpre com a "Lei das Oitavas". O holográfico é formado por milhões de transistores dispostos de oito em oito. Cada oito transistores pode canalizar e conduzir o espectro criador da força binária.

Assim como dois componentes (um positivo e outro negativo) formam a força binária organizadora, também dois elementos (um negativo e outro positivo) são necessários na unidade básica de chip, para conduzir tal força binária; eles são: o transistor de base positiva NPN (negativo-positivo-negativo) e o com base negativa PNP (positivo-negativo-positivo).

Assim como o espectro da força binária se organiza em oito grupos de três, também oito transistores são necessários na unidade básica do chip, para conduzir tal espectro.

Como o espectro do componente positivo da força binária se organiza em quatro grupos de três, corresponde a ele ser conduzido com quatro transistores NPN; e, como o espectro do componente negativo de tal força se organiza também em quatro grupos de três, corresponde a ele ser conduzido com quatro transistores PNP.

Para formar um BYTE intervêm oito transistores, quatro NPN e quatro PNP.

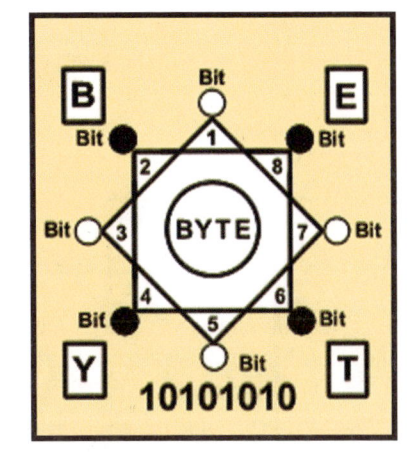

É importante saber que a cada transistor corresponde um condensador. Uma unidade básica de chip é formada por dois grupos de oito: oito transistores mais oito condensadores.

A seguir, veja um esquema de uma seção do holograma correspondente a um chip de memória RAM, em que são mostradas as posições dos pontos de encontro das linhas de direção com as linhas de dados (estão representados com um X no esquema da estrutura da unidade básica do entretecido do holograma que forma o chip).

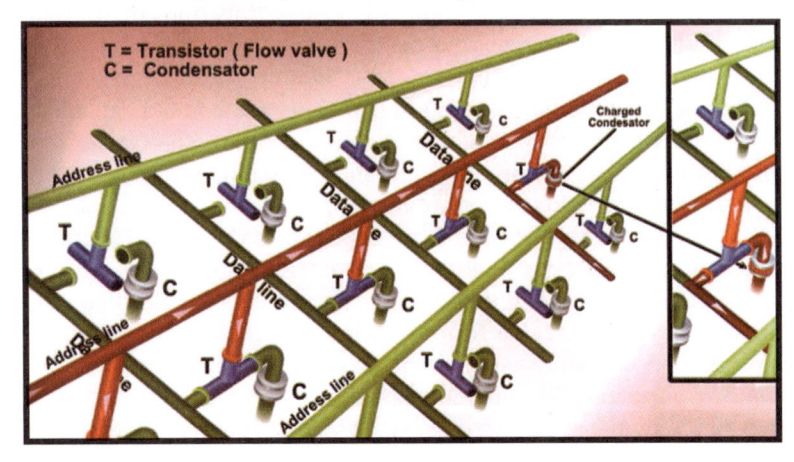

NOTA: Essa figura foi tirada do livro intitulado *Como funciona o computador*, escrito por Ron White.

Unidade básica do chip

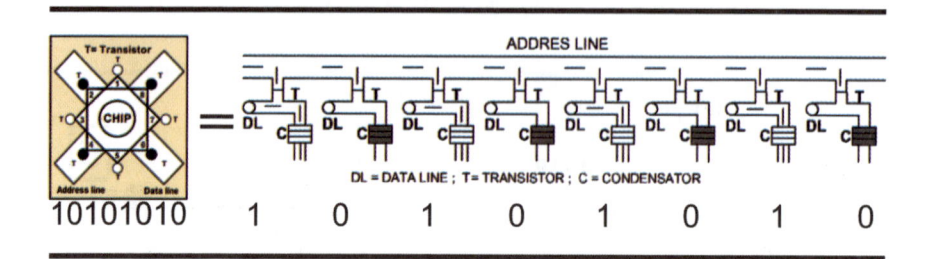

DL = DATA LINE ; T= TRANSISTOR ; C = CONDENSATOR

10101010 1   0   1   0   1   0   1   0

O bit e o byte na linguagem do computador

O que é o byte? É o espectro elétrico da resultante da corrente direta da força binária organizadora do Universo.

Os componentes da força binária produzem um espectro elétrico. Oito bits formam um byte, utilizado para representar todo tipo de informação incluindo-se os dígitos de zero a nove, as letras do alfabeto e demais signos.

O que é o bit? Ele está relacionado com o espectro eletromagnético da resultante da força binária. É definido como um único impulso enviado por meio de um circuito. Também se descreve como um ponto no disco magnético capaz de armazenar um 0 ou um 1. O transistor controla a passagem do impulso elétrico.

O que é um transistor? É uma chave pela qual se pode controlar à vontade a passagem da energia elétrica. Assim como os dois testemunhos estão contidos na força binária, também existem dois tipos de transistores: com base positiva NPN (negativo-positivo-negativo) e com base negativa PNP (positivo-negativo-positivo).

O que é um condensador? É um dispositivo que tem a capacidade de armazenar energia em forma de campo elétrico. Assim como a estrutura do código cósmico – este possui dois componentes e uma resultante – também é formada a estrutura do condensador, que por sua vez possui dois componentes (duas placas paralelas, uma positiva e outra negativa) e uma resultante (placa dielétrica, que é colocada como separador no meio das duas placas paralelas; ela funciona como depósito da energia elétrica). Quando faz passar energia elétrica de forma contínua por meio de um condensador esta flui de modo intermitente em razão de o condensador funcionar em intervalo armazenando e soltando a energia.

O que é um *software*? O *software* consiste nos componentes espirituais e mentais do computador.

O que é um *hardware*? O *hardware* são os componentes materiais que formam o computador.

Reitero: O chip é holográfico e é formado por milhares ou milhões de transistores, em que cada oito transistores equivale à unidade básica do chip, mediante a qual se pode conduzir o espectro elétrico da resultante da força binária criadora e organizadora.

Cada grupo de oito transistores contém a estrutura do código cósmico.

Como o espectro elétrico da resultante da força binária organizadora é formado por oito impulsos elétricos, então são necessários oito transistores e oito condensadores para conduzir tal espectro e formar uma letra do alfabeto.

Cada letra que aparece na tela do computador está conectada a uma unidade de oito transistores pertencente ao holograma que forma o chip da memória RAM. A memória RAM do computador é semelhante a uma tábua cheia de interruptores em que cada grupo de oito transistores deve controlar e manter os impulsos elétricos que dão forma à letra na tela.

A B C

Espaço 00000000	A 01000001 (65)	Espaço 00000000	B 01000010 (66)	Espaço 00000000	C 01000011 (67)
BYTE	BYTE	BYTE	BYTE	BYTE	BYTE

A seguir, veja esquemas de grupos de oito transistores da memória formando os números binários correspondentes às letras A, B e C.

Letra A

O primeiro condensador não tem carga; o segundo está carregado; o terceiro, o quarto, o quinto, o sexto e o sétimo não têm carga; o oitavo está carregado.

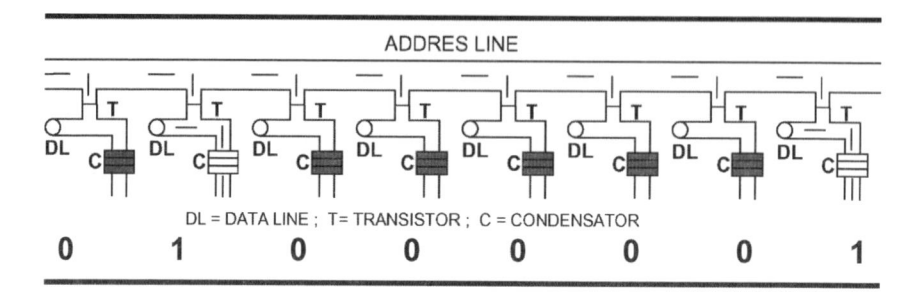

ADDRES LINE

DL = DATA LINE ; T= TRANSISTOR ; C = CONDENSATOR

0 1 0 0 0 0 0 1

Espaço

Nenhum dos oito condensadores tem carga.

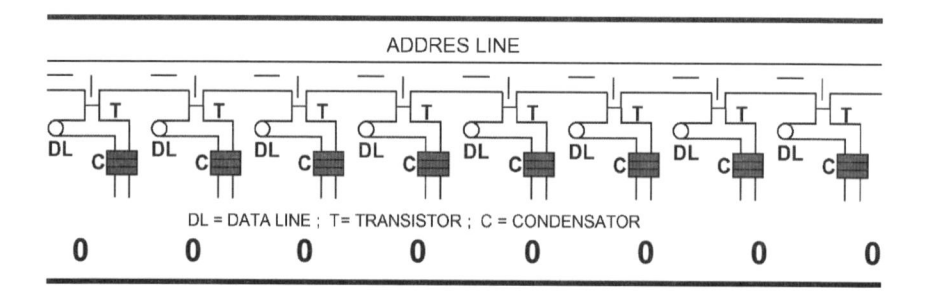

ADDRES LINE

DL = DATA LINE ; T= TRANSISTOR ; C = CONDENSATOR

0 0 0 0 0 0 0 0

Letra B

O primeiro condensador não tem carga; o segundo está carregado; o terceiro, o quarto, o quinto e o sexto não têm carga; o sétimo está carregado; o oitavo não tem carga.

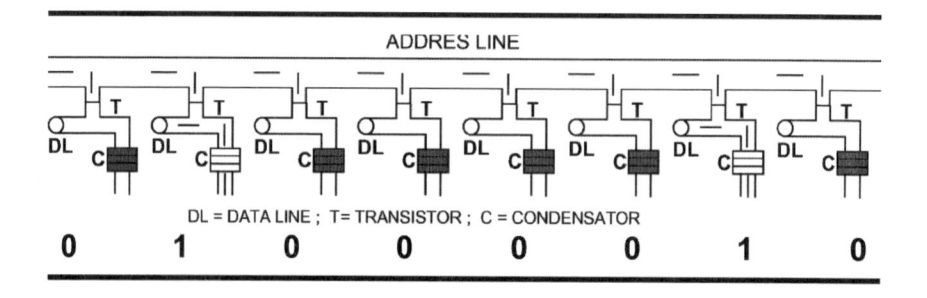

ADDRES LINE

DL = DATA LINE ; T= TRANSISTOR ; C = CONDENSATOR

0 1 0 0 0 0 1 0

Espaço

Nenhum dos oito condensadores tem carga.

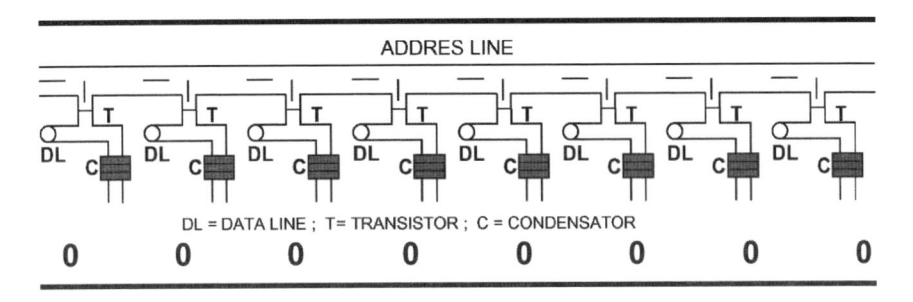

```
                        ADDRES LINE
┌──┬─────┬──────┬──────┬──────┬──────┬──────┬──────┐
│ T│   T │    T │    T │    T │    T │    T │    T │
DL  │ DL  │ DL   │ DL   │ DL   │ DL   │ DL   │ DL   │
  C │   C │    C │    C │    C │    C │    C │    C │

        DL = DATA LINE ;  T= TRANSISTOR ;  C = CONDENSATOR
  0     0     0     0     0     0     0     0
```

Letra C

O primeiro condensador não tem carga; o segundo está carregado; o terceiro, o quarto, o quinto e o sexto não têm carga; o sétimo e o oitavo estão carregados.

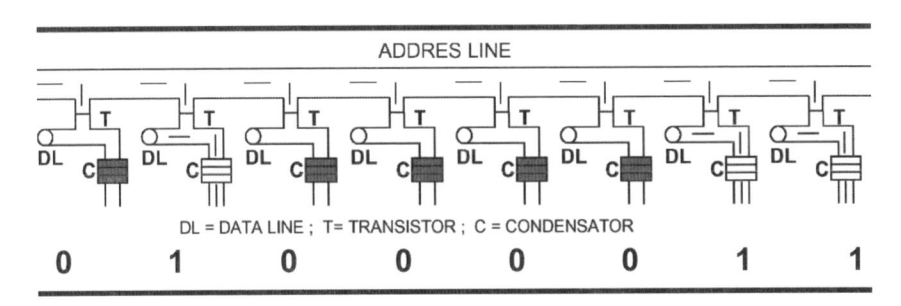

```
                        ADDRES LINE
┌──┬─────┬──────┬──────┬──────┬──────┬──────┬──────┐
│ T│   T │    T │    T │    T │    T │    T │    T │
DL  │ DL  │ DL   │ DL   │ DL   │ DL   │ DL   │ DL   │
  C │   C │    C │    C │    C │    C │    C │    C │

        DL = DATA LINE ;  T= TRANSISTOR ;  C = CONDENSATOR
  0     1     0     0     0     0     1     1
```

Capítulo VIII

Estrutura do Núcleo e da Memória Cache L1 do Processador do Computador da Nave Cósmica

O processador (CPU) é o centro de comando do computador. As naves cósmicas de Iahweh são governadas por supercomputadores. O núcleo do processador e da memória cache L1 que, a seguir, construiremos passo a passo corresponde a um supercomputador de uma dessas naves.

Os dois baguás e os dois quadros do hexagrama do *I-Ching* são as chaves para se construir o núcleo e a memória cache L1 do superprocessador.

O *I-Ching* é o livro mais antigo da história universal; é um tratado sobre a ordem e a estrutura do Universo. Vem das mãos de Fu Hi, fundador da antiga cultura chinesa. Esse livro forma a base do Confucionismo. Confúcio é um filósofo chinês (551 a.C – 479 a.C.), e sua doutrina moral e política consistia em fazer prevalecerem a ordem e o Estado e formar o homem honesto e justo.

Baguá
(Oito Trigramas do I-Ching)

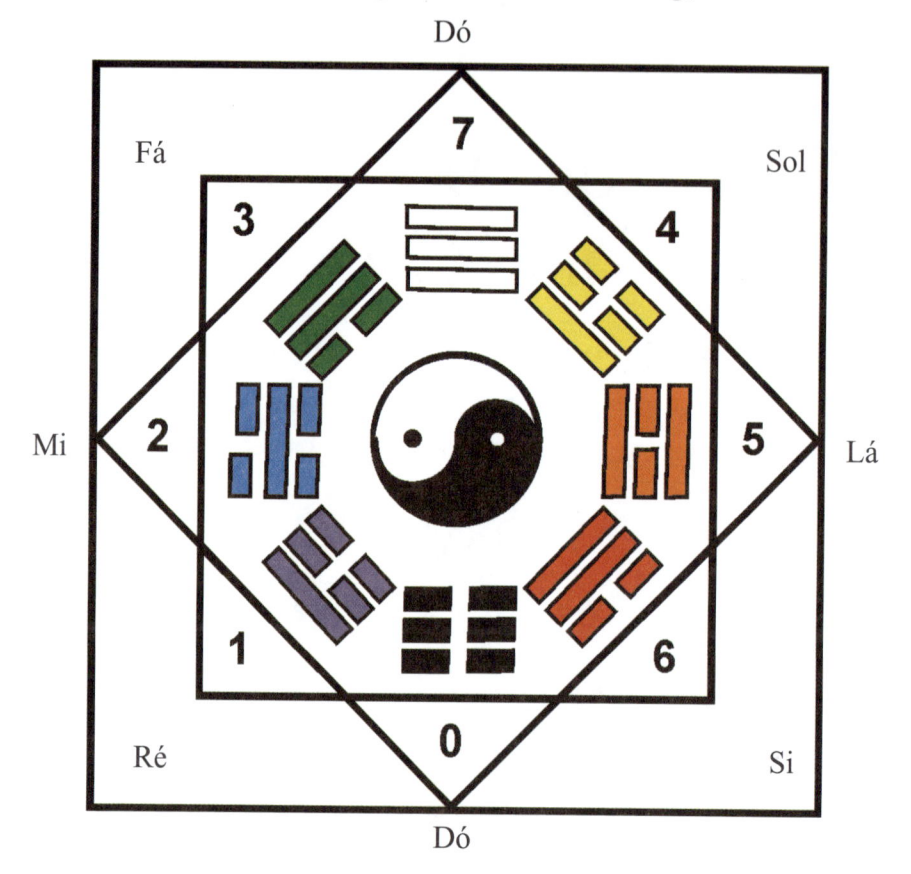

No baguá (código cósmico) vemos que o espectro da força binária (*Yang*, *Yin*) organizadora do Universo é representado por 24 barras (12 inteiras + 12 divididas) em oito trigramas, representando, de forma binária, os números de zero a sete. De outra maneira, podemos dizer que o espectro da força binária organizadora do Universo é formado por 24 bits em oito grupos de três bits.

A figura dos quadros entrecruzados levando os oito trigramas do *I-Ching* é uma representação da linguagem do computador. Essa linguagem é tripartida – matemática, cor e som – e se manifesta organizada em três grupos de oito: oito números binários, oito cores e oito notas musicais.

Estrutura do Núcleo e da Memória Cache L1 do Processador do... 111

0	1	2	3	4	5	6	7
0	1	0	1	0	1	0	1
0	0	1	1	0	0	1	1
0	0	0	0	1	1	1	1
Dó	Ré	Mi	Fá	Sol	Lá	Si	Dó

Dia de Repouso   (Levítico 23:39)   Dia de Repouso

    Os três quadros contidos na figura da estrutura do código cósmico significam que os dois componentes e a resultante da força binária organizadora do Universo também são representados em forma de quadros.

    Reitero, irmão Gaetano, que os dois baguás e as duas tabelas de hexagramas do *I-Ching* são a chave para construir o núcleo e a memória cache L1 do processador do supercomputador.

    Dois ciclos (um solar e outro lunar) da força binária organizadora do Universo intervêm na formação das tabelas de hexagramas do *I-Ching*. Duas tabelas de 64 hexagramas (uma solar e outra lunar) influenciam na formação da estrutura do processador do supercomputador.

    Duas tabelas componentes de trigramas (uma solar e outra lunar) se unem para formar outra de 64 hexagramas.

    A seguir, veja os passos, em forma de gráficos, para a construção de uma tabela de 64 hexagramas.

Passo 1
Os dois baguá

Ciclo solar da força binária   **Ciclo lunar da força binária**

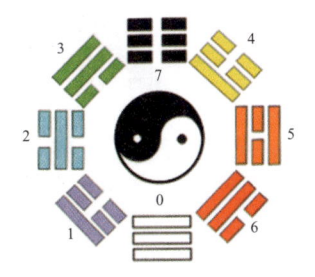

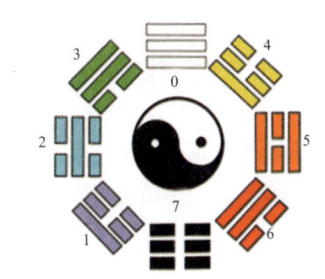

Passo 2

A) Desenvolve-se o espectro do baguá solar formando uma linha de oito trigramas organizados de zero a sete, em que cada trigrama corresponde a uma das oito cores e uma das oito notas musicais emanadas pelo ciclo solar da força binária organizadora.

B) Desenvolve-se o espectro do baguá lunar e se forma uma coluna descendente de oito trigramas organizados de zero a sete, em que cada trigrama corresponde a uma das oito cores e uma das oito notas musicais emanadas pelo ciclo lunar da força binária organizadora.

Esquema do passo 2

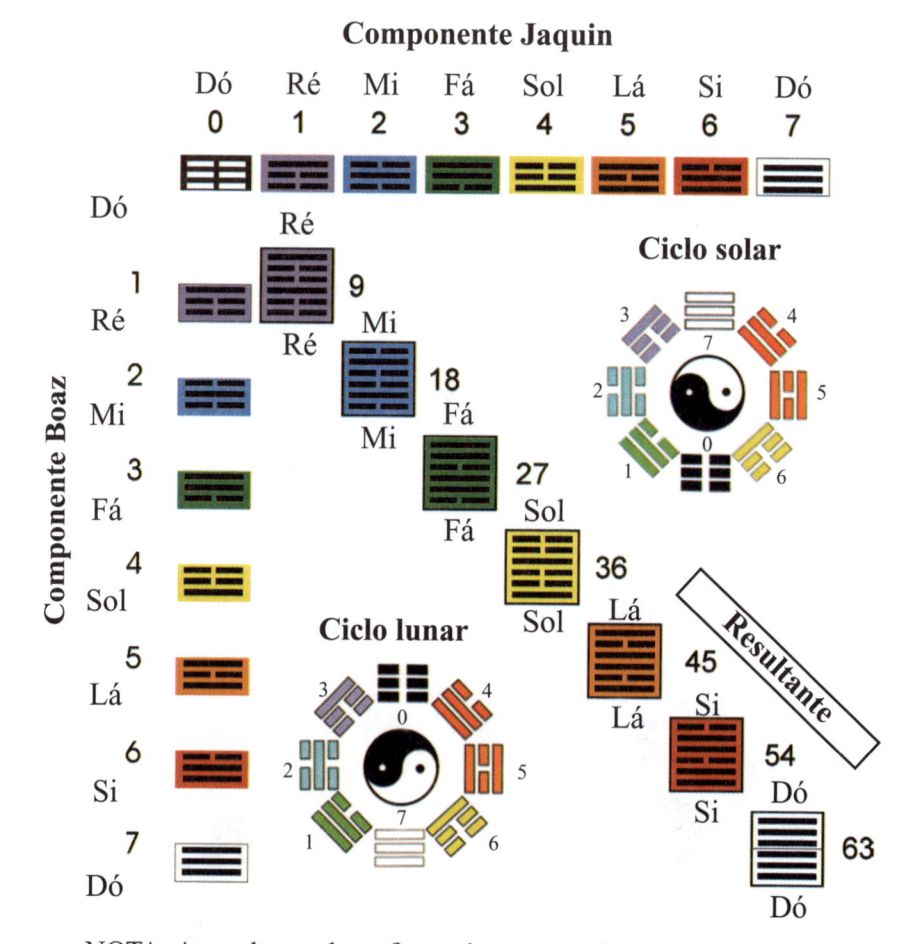

NOTA: A resultante desta figura é a mesma da matriz 8 x 8 formada pela tabela de 64 hexagramas que será construída mais adiante.

Passo 3

A) Aplicando a "Lei das Oitavas", vamos tomar a linha solar de oito trigramas com suas cores e notas musicais emanadas pelo ciclo solar da força binária organizadora e construir uma tabela de oito linhas de trigramas.

Tabela solar de trigramas
(Oito linhas de trigramas)

	Dó	Ré	Mi	Fá	Sol	Lá	Si	Dó
	0	1	2	3	4	5	6	7
F I	000	001	010	011	100	101	110	111
F II								
F III								
F IV								
F V								
F VI								
F VII								
F VIII								

F = Fila

B) Aplicando a "Lei das Oitavas", vamos tomar a coluna lunar de oito trigramas com suas cores e notas musicais emanadas pelo ciclo lunar da força binária organizadora e construir uma tabela de oito colunas de trigramas.

Tabela lunar de trigramas
(Oito colunas de trigramas)

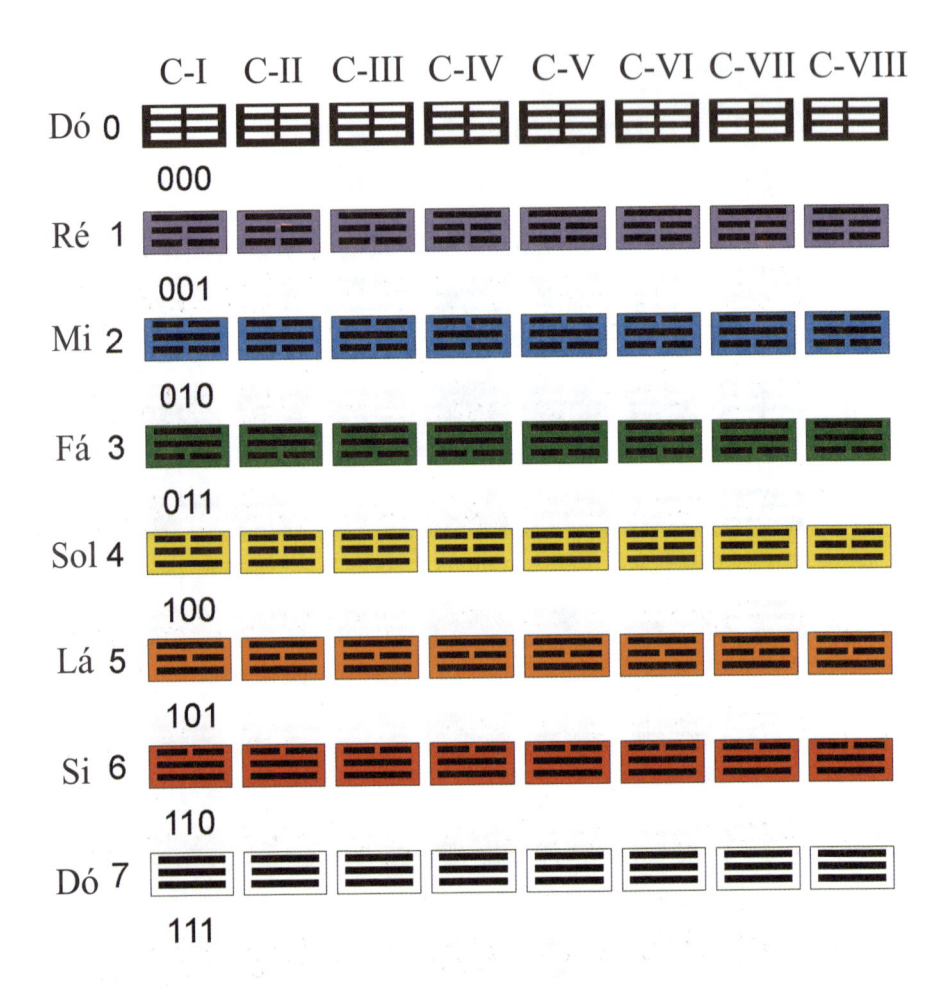

	C-I	C-II	C-III	C-IV	C-V	C-VI	C-VII	C-VIII
Dó 0 000								
Ré 1 001								
Mi 2 010								
Fá 3 011								
Sol 4 100								
Lá 5 101								
Si 6 110								
Dó 7 111								

C = Coluna

Passo 4

Sobrepondo a tabela de trigramas solar sobre a lunar, obtém-se como resultante a tabela de 64 hexagramas do *I-Ching*.

Resultante
Tabela dos 64 hexagramas do I-Ching
(Matriz 8 x 8)

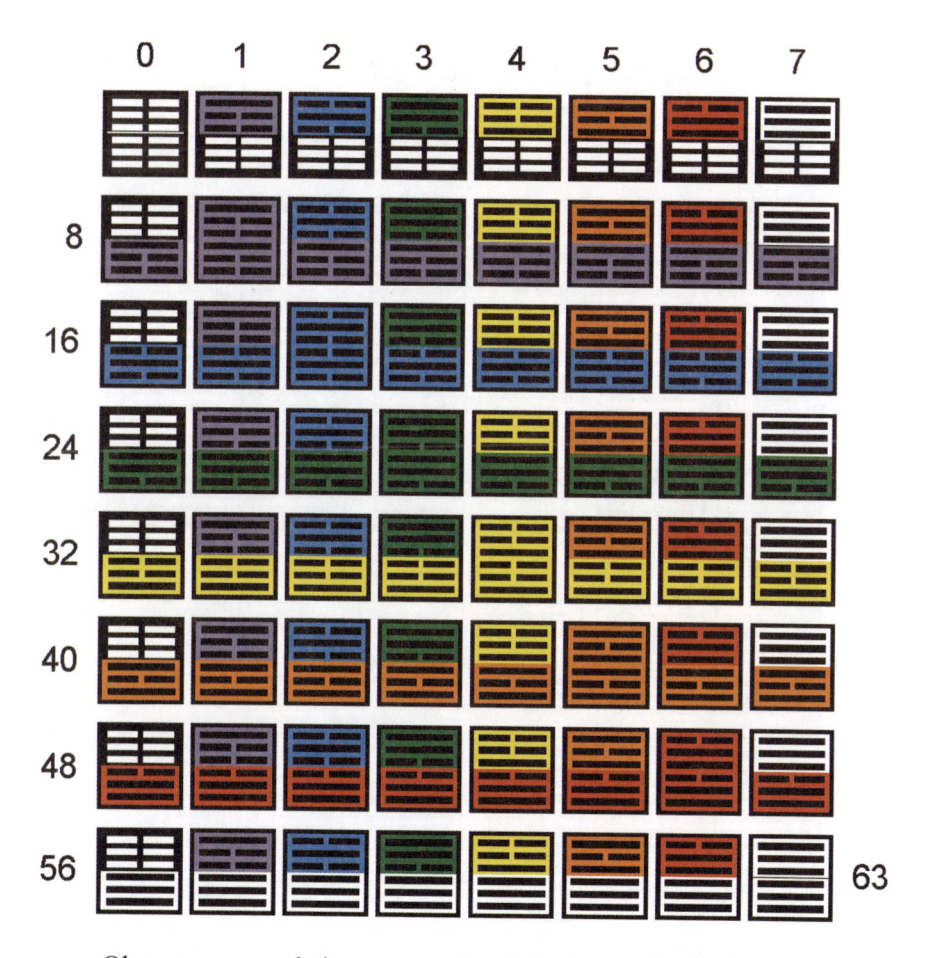

Observar que cada hexagrama da tabela é o resultado de uma combinação binária: um trigrama solar sobre um lunar.

A tabela dos 64 hexagramas do *I-Ching*, a binária de cores e a binária de notas musicais constituem o bloco básico da linguagem do supercomputador. Este bloco compõe a matriz da multimídia.

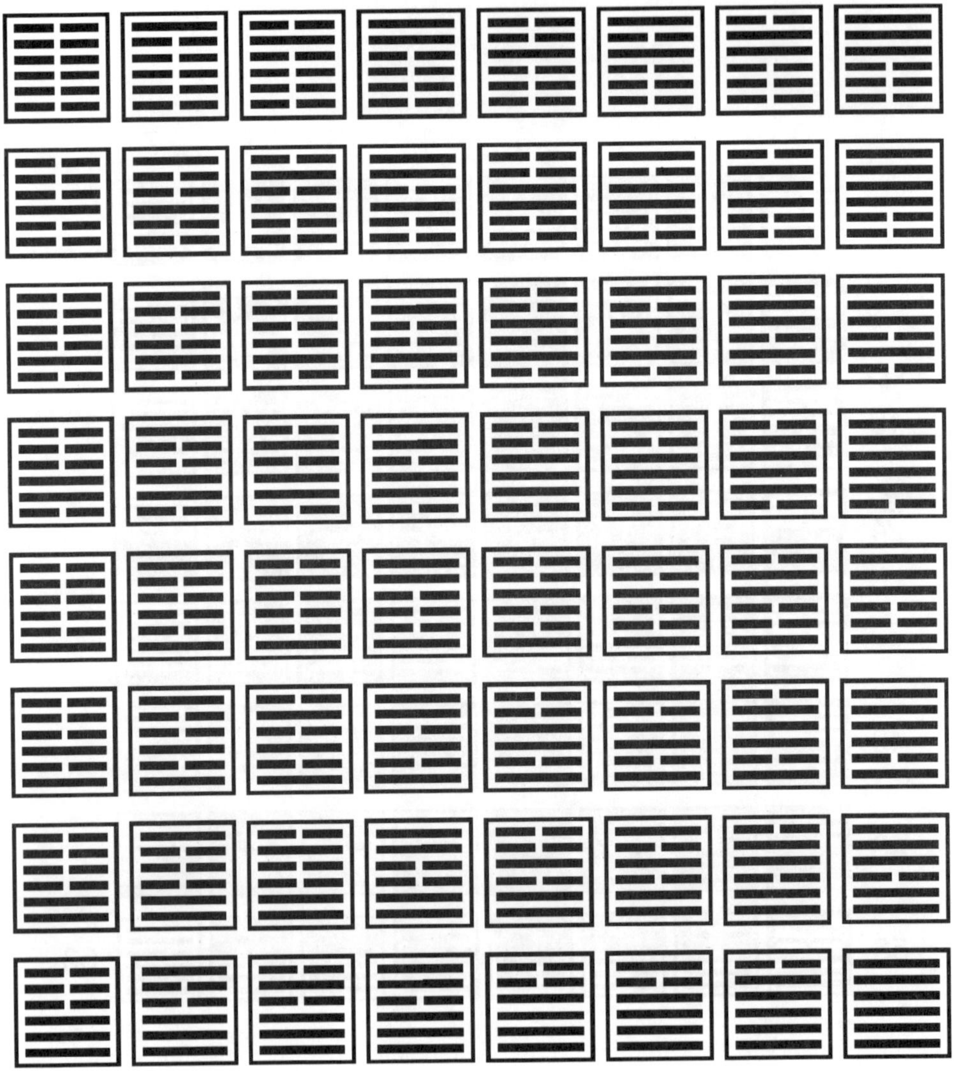

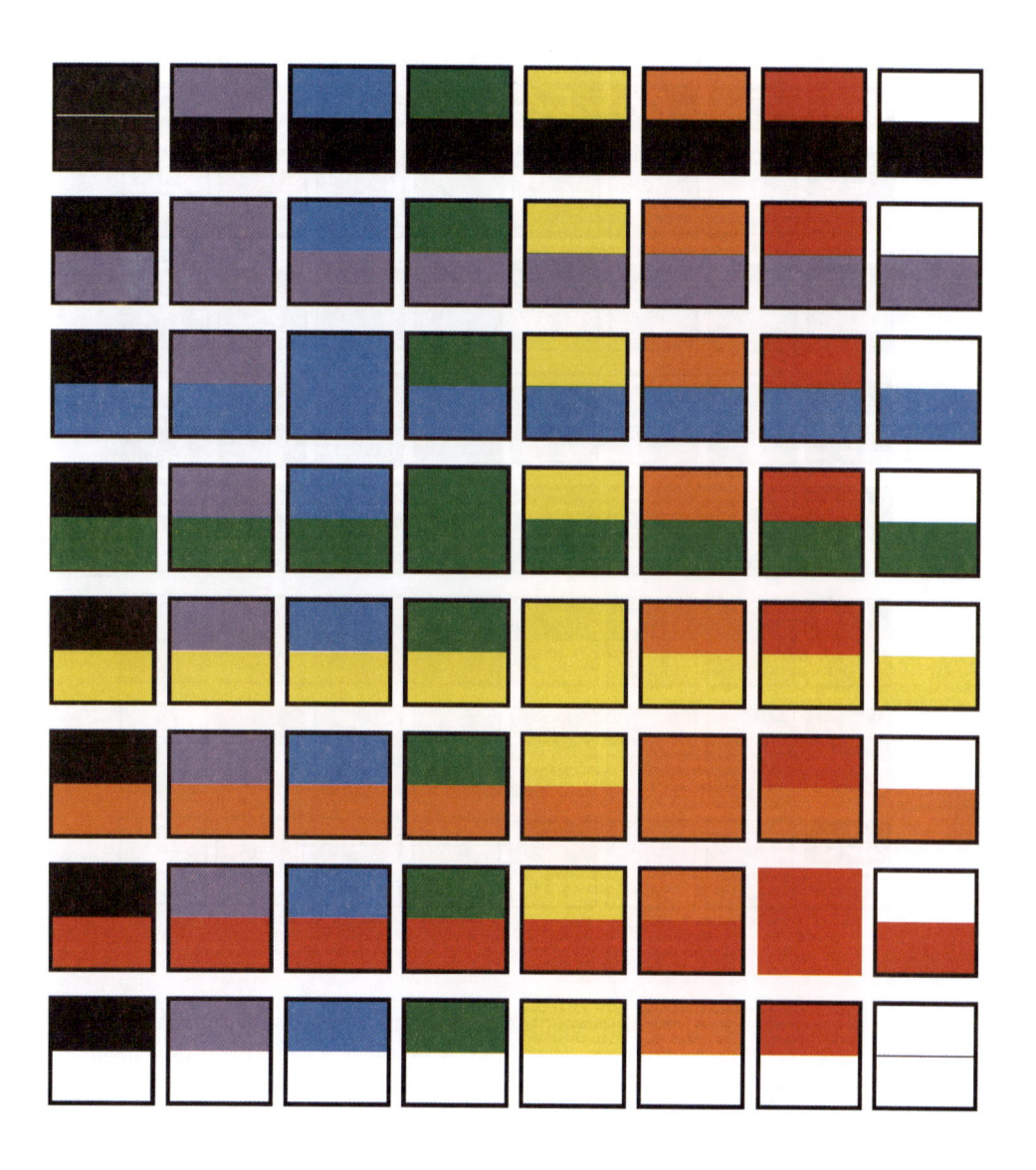

Estrutura do Núcleo e da Memória Cache L1 do Processador do... 117

Tabela harmônica das 64 combinações binárias possíveis das cores e notas musicais

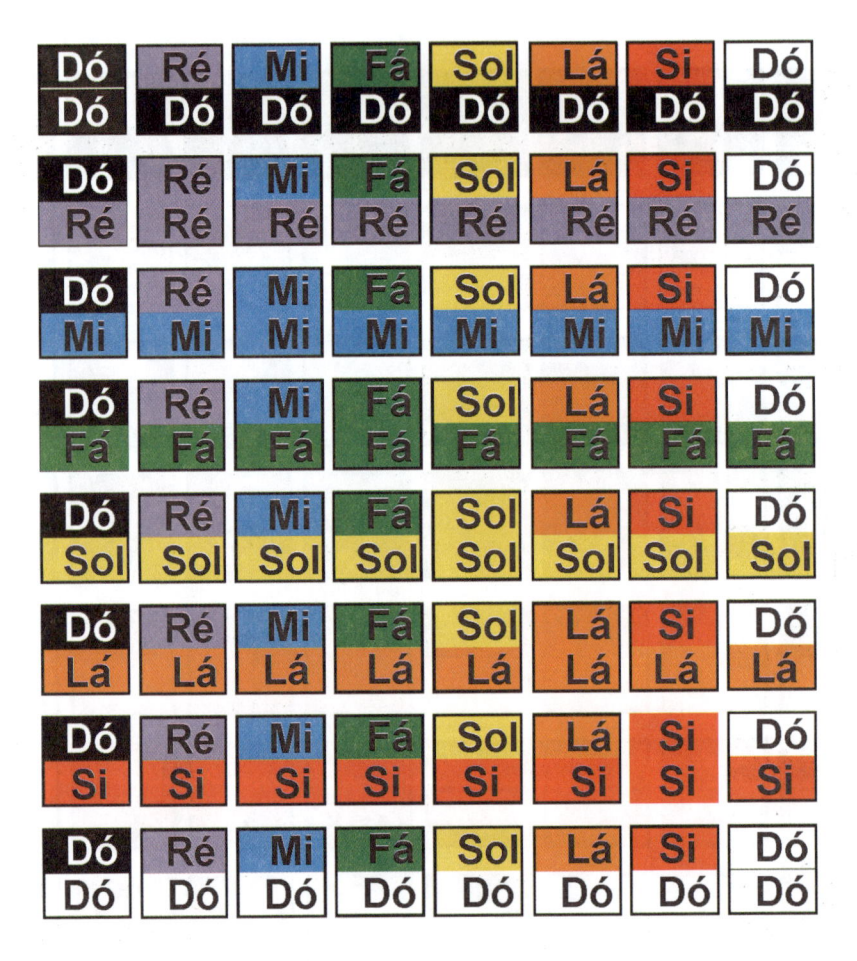

Dó	Ré	Mi	Fá	Sol	Lá	Si	Dó
Dó	Dó	Dó	Dó	Dó	Dó	Dó	Dó
Dó	Ré	Mi	Fá	Sol	Lá	Si	Dó
Ré	Ré	Ré	Ré	Ré	Ré	Ré	Ré
Dó	Ré	Mi	Fá	Sol	Lá	Si	Dó
Mi	Mi	Mi	Mi	Mi	Mi	Mi	Mi
Dó	Ré	Mi	Fá	Sol	Lá	Si	Dó
Fá	Fá	Fá	Fá	Fá	Fá	Fá	Fá
Dó	Ré	Mi	Fá	Sol	Lá	Si	Dó
Sol	Sol	Sol	Sol	Sol	Sol	Sol	Sol
Dó	Ré	Mi	Fá	Sol	Lá	Si	Dó
Lá	Lá	Lá	Lá	Lá	Lá	Lá	Lá
Dó	Ré	Mi	Fá	Sol	Lá	Si	Dó
Si	Si	Si	Si	Si	Si	Si	Si
Dó	Ré	Mi	Fá	Sol	Lá	Si	Dó
Dó	Dó	Dó	Dó	Dó	Dó	Dó	Dó

Assim como dois componentes contêm a força binária organizadora do Universo, também existem duas tabelas de 64 hexagramas no *I-Ching*: uma solar e outra lunar.

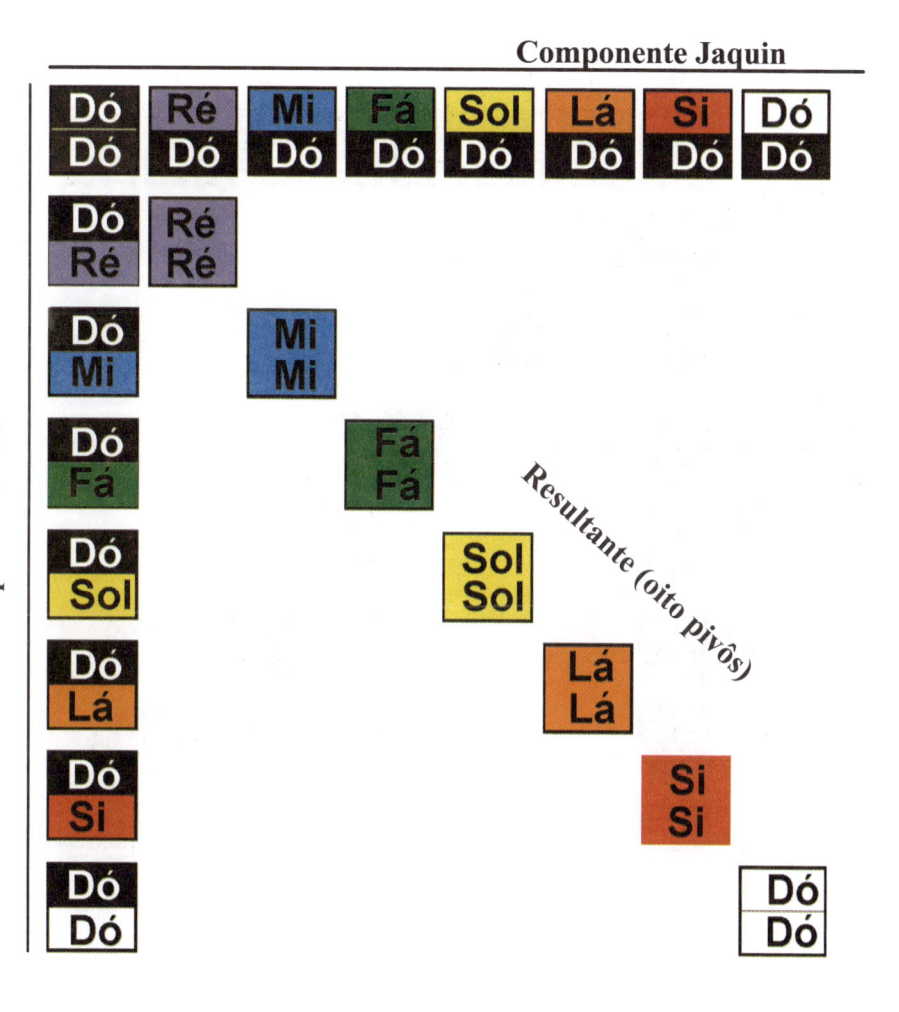

Componente Jaquin

	Dó/Dó	Ré/Dó	Mi/Dó	Fá/Dó	Sol/Dó	Lá/Dó	Si/Dó	Dó/Dó
Componente Boaz								
Dó/Ré	Dó/Ré	Ré/Ré						
Dó/Mi	Dó/Mi		Mi/Mi					
Dó/Fá	Dó/Fá			Fá/Fá				
Dó/Sol	Dó/Sol				Sol/Sol			
Dó/Lá	Dó/Lá					Lá/Lá		
Dó/Si	Dó/Si						Si/Si	
Dó/Dó	Dó/Dó							Dó/Dó

Resultante (oito pivôs)

120   *Túneis no Universo*

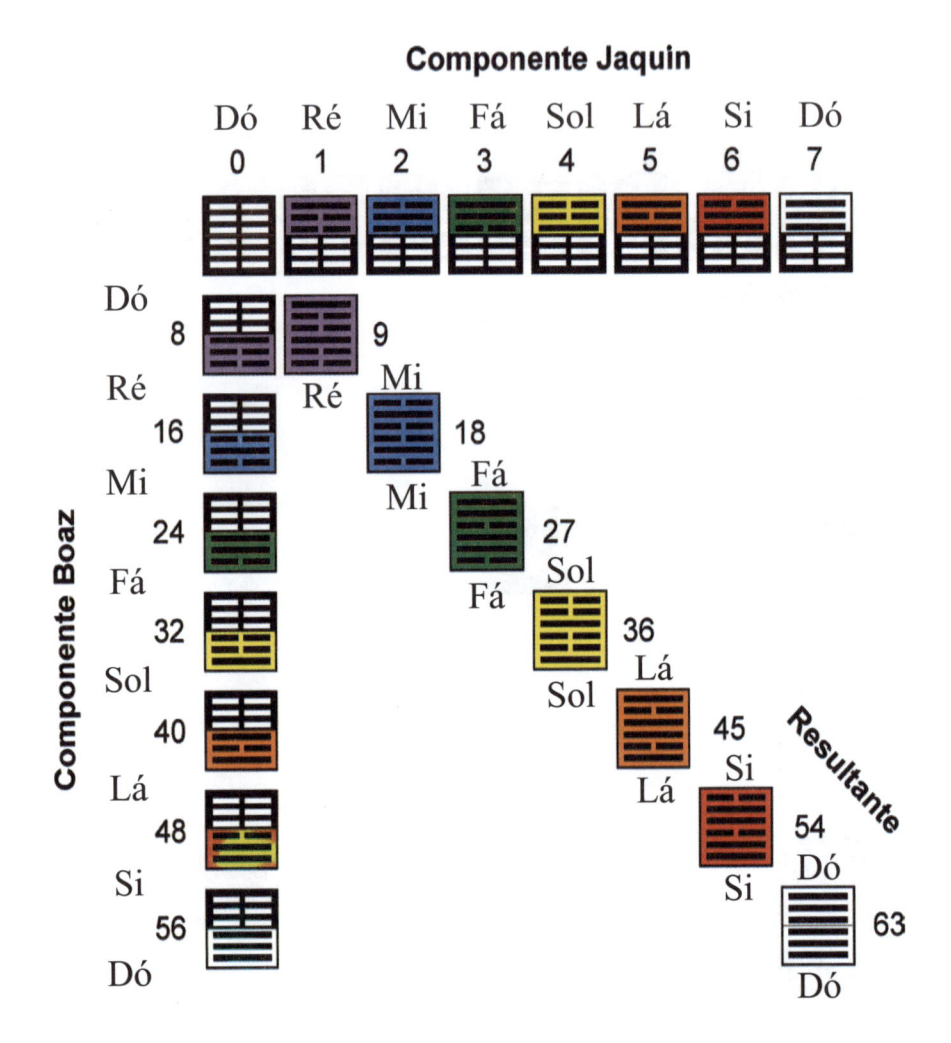

Componente Jaquin

	Dó 0	Ré 1	Mi 2	Fá 3	Sol 4	Lá 5	Si 6	Dó 7

Componente Boaz

- Dó — 8
- Ré — 9, 16
- Mi — 18, 24
- Fá — 27, 32
- Sol — 36, 40
- Lá — 45, 48
- Si — 54, 56
- Dó — 63

Resultante

Estrutura da mente de Deus

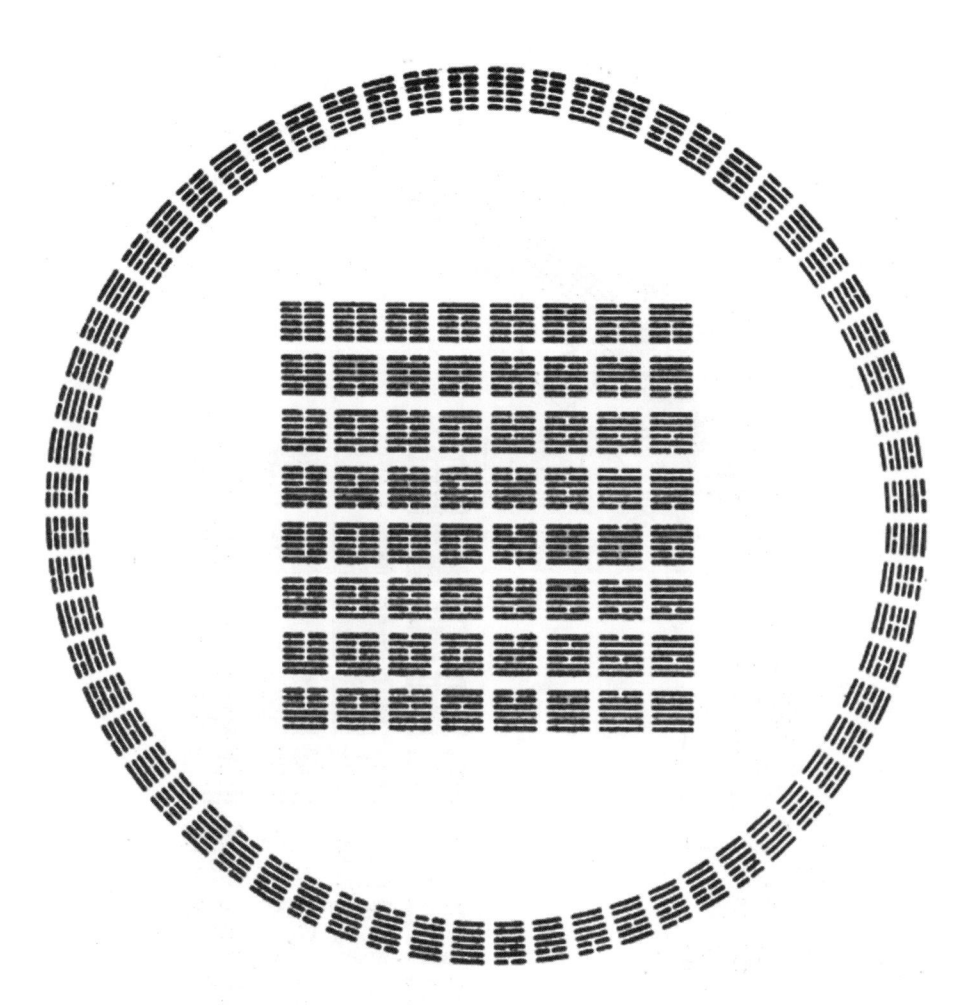

Duas matrizes formam a estrutura da mente de Deus. (Ver figuras a seguir.)

Matriz I da estrutura da mente de Deus

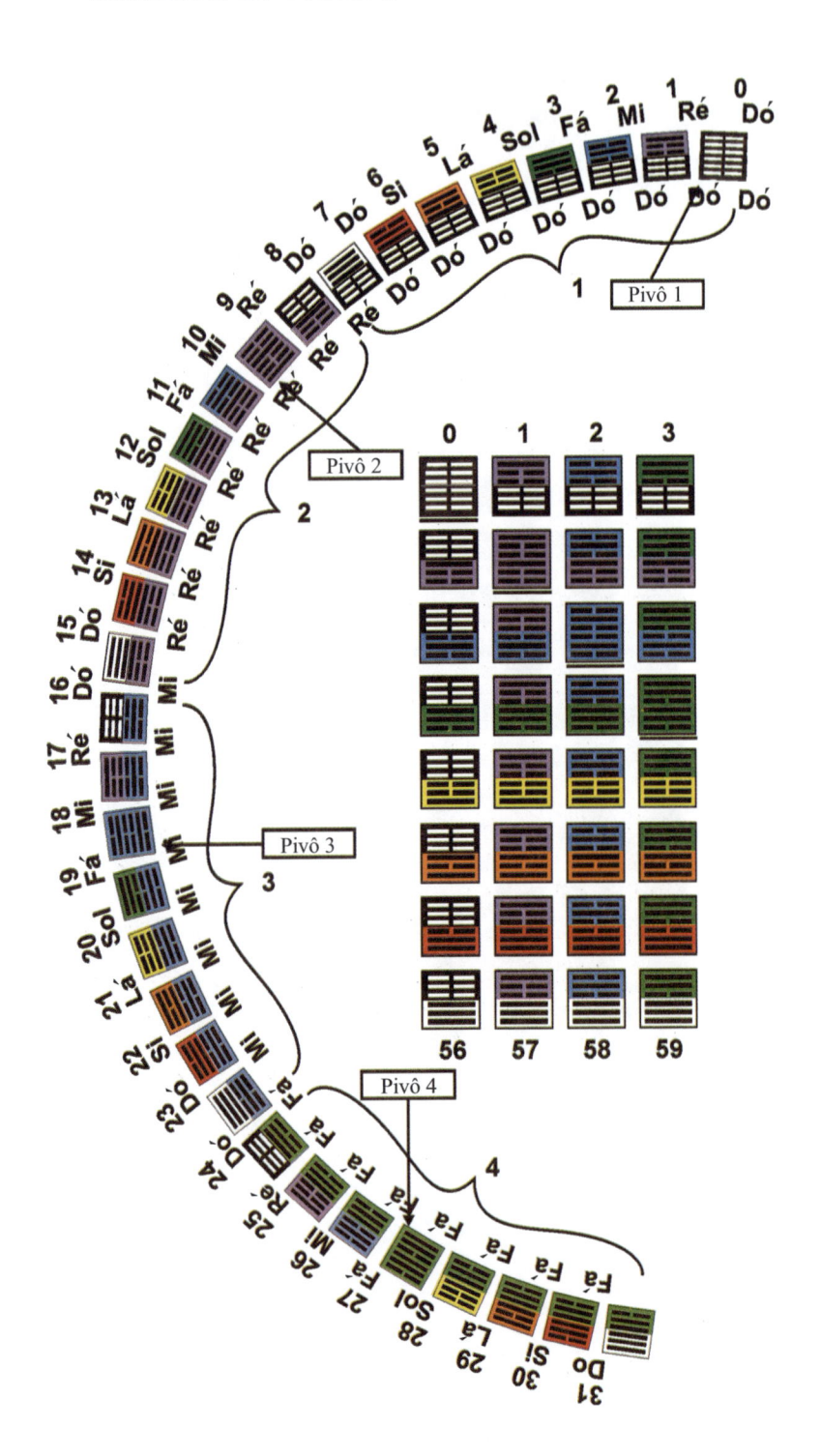

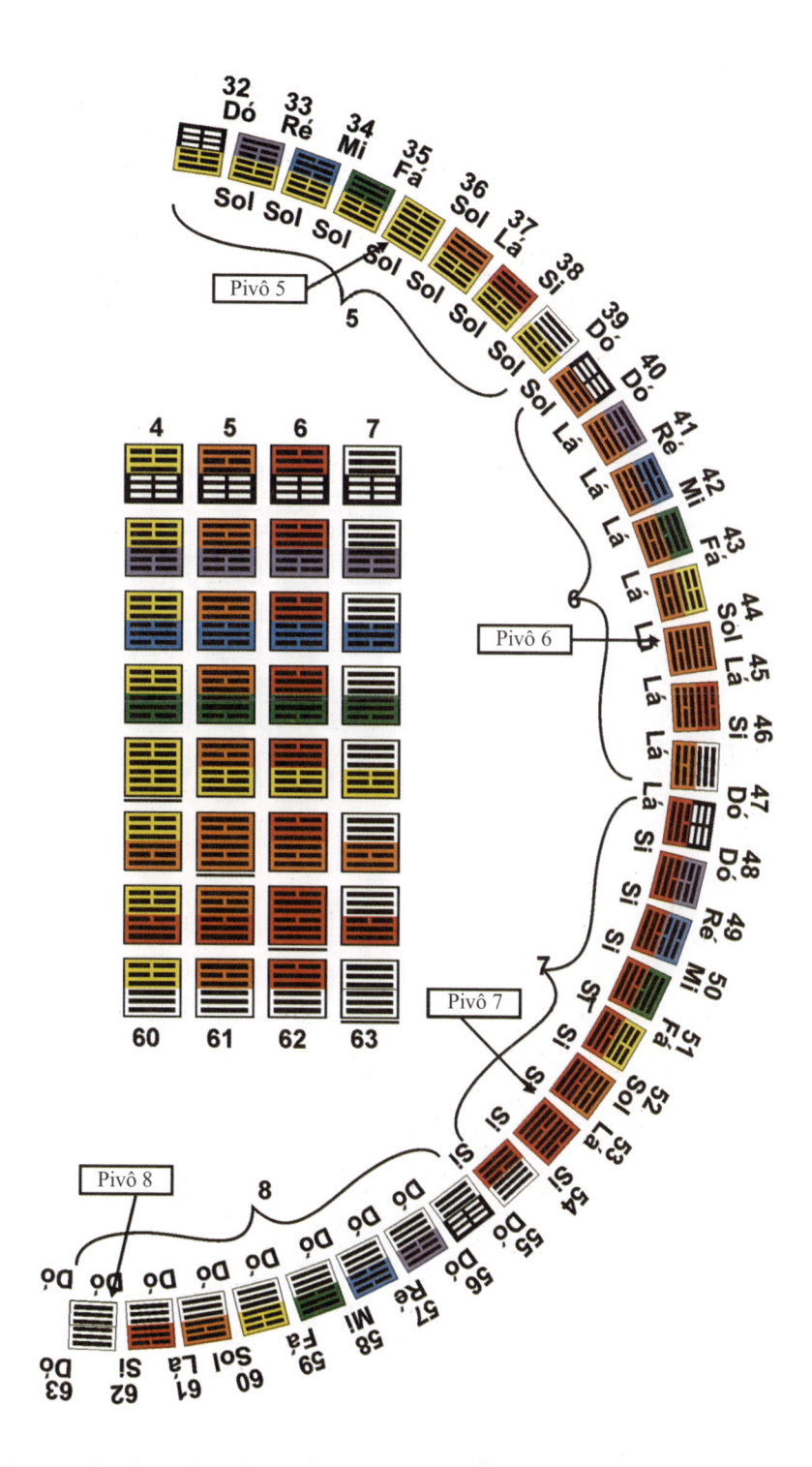

Estrutura do Núcleo e da Memória Cache L1 do Processador do...

Matriz II da estrutura da mente de Deus

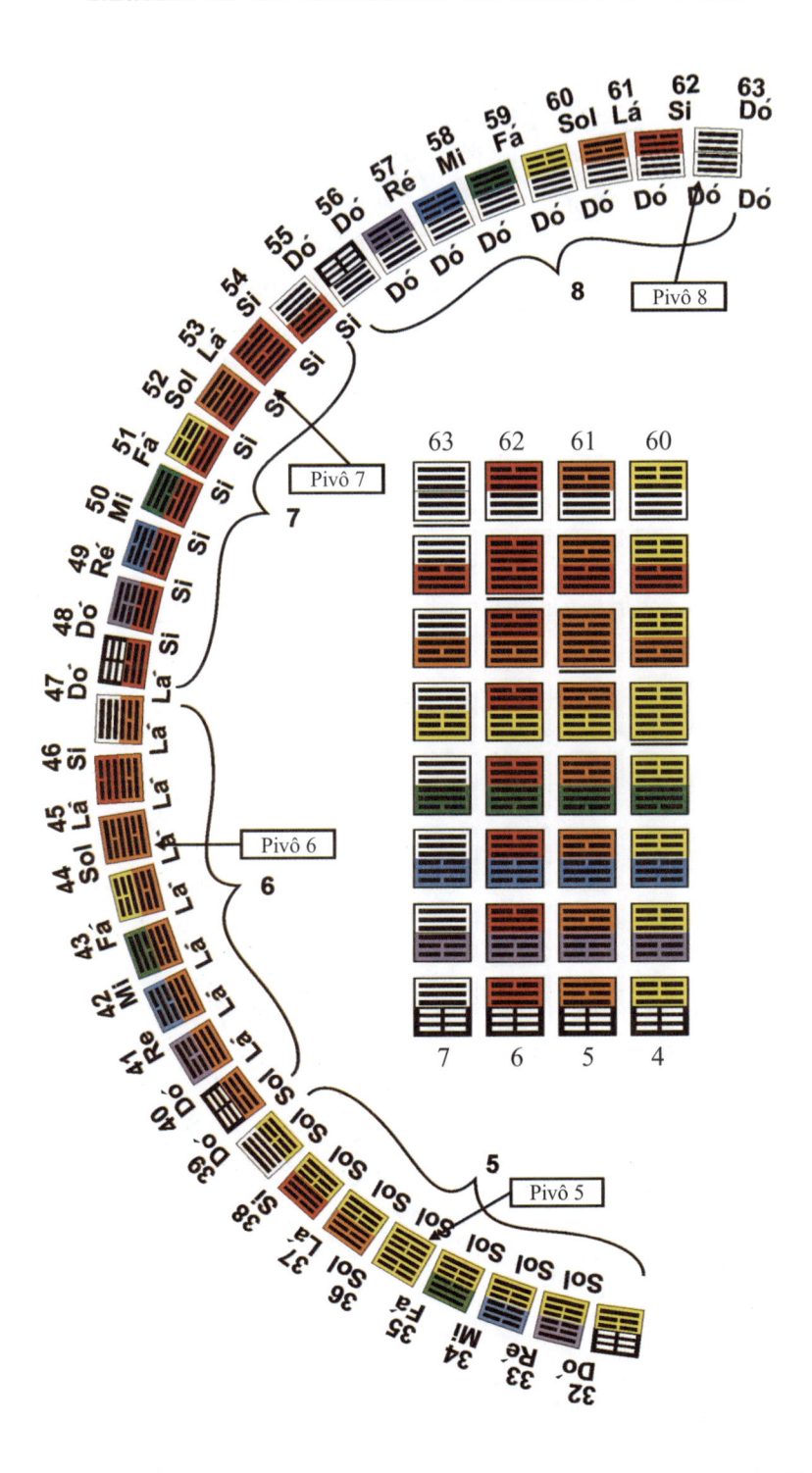

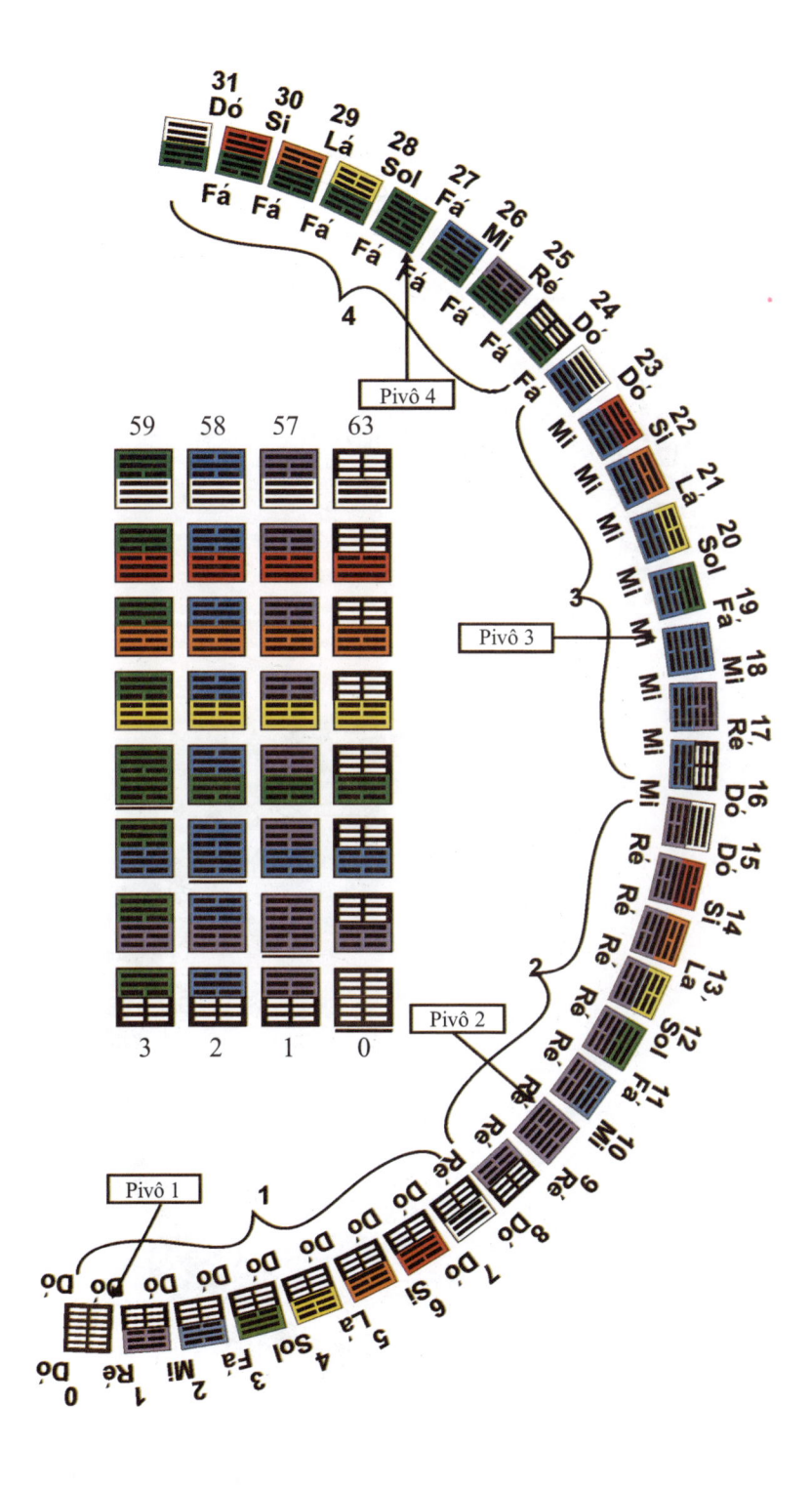

Estrutura do Núcleo e da Memória Cache L1 do Processador do...

Matriz I da mente de Deus

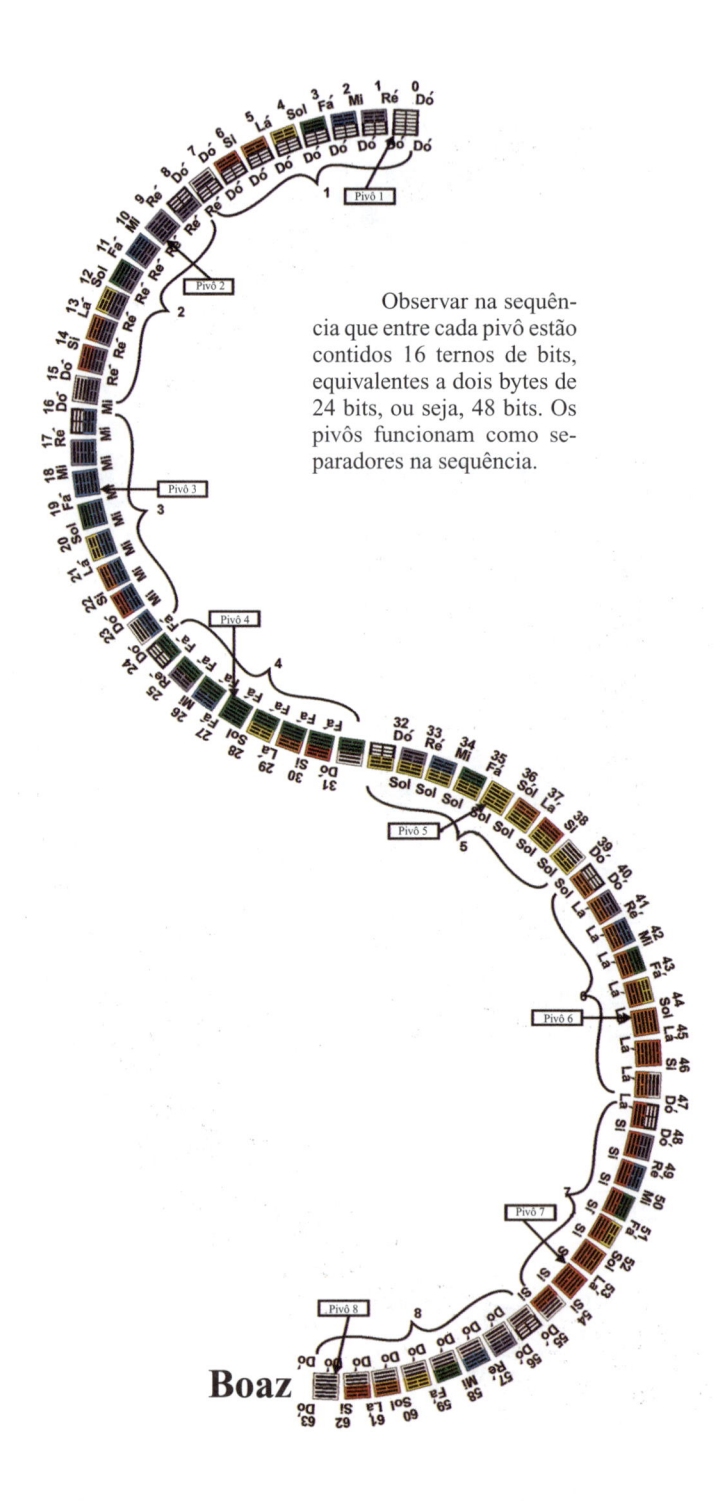

Observar na sequência que entre cada pivô estão contidos 16 ternos de bits, equivalentes a dois bytes de 24 bits, ou seja, 48 bits. Os pivôs funcionam como separadores na sequência.

Boaz

Matriz II da mente de Deus

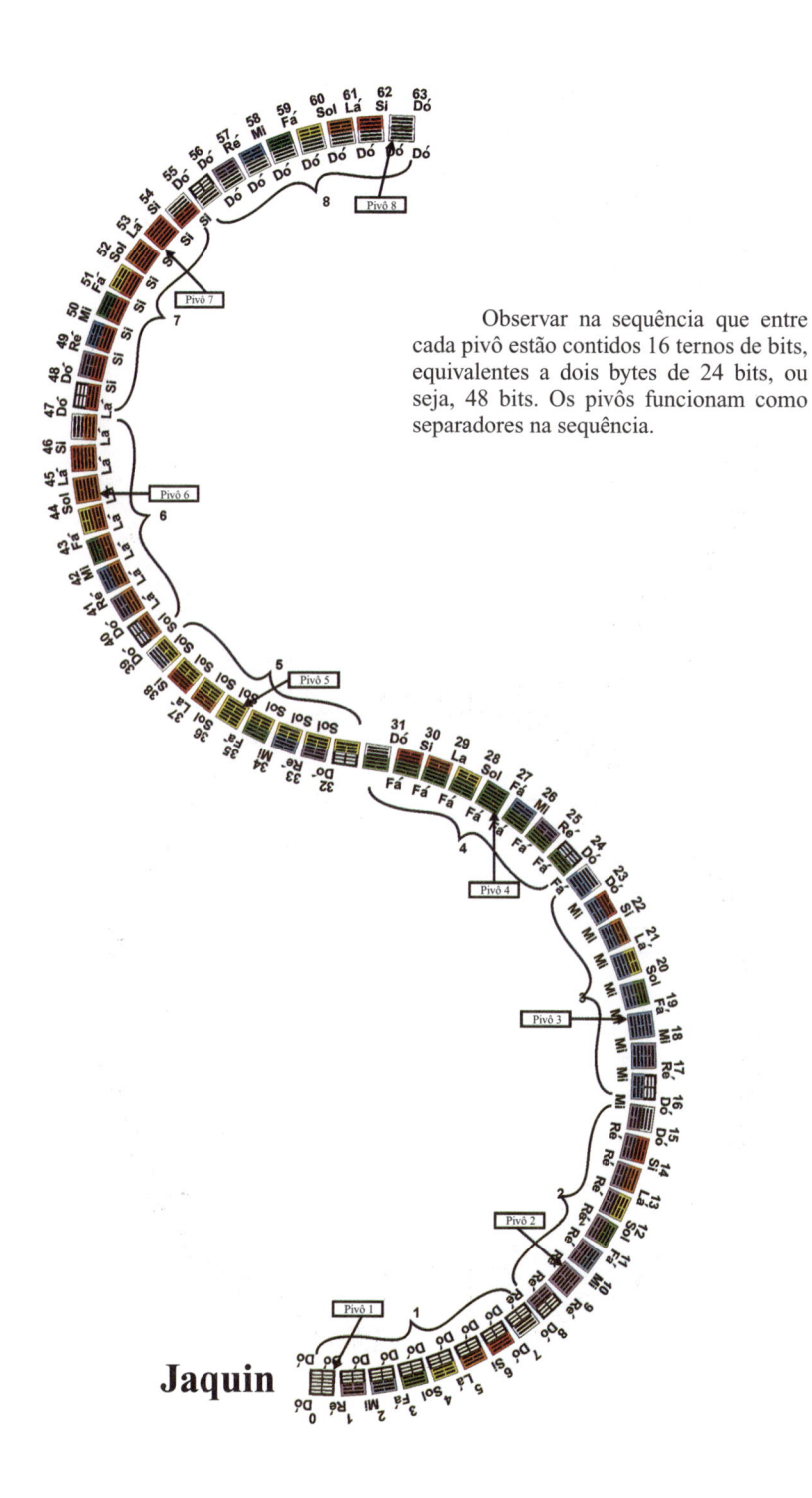

Observar na sequência que entre cada pivô estão contidos 16 ternos de bits, equivalentes a dois bytes de 24 bits, ou seja, 48 bits. Os pivôs funcionam como separadores na sequência.

Jaquin

O 8 sagrado da vida

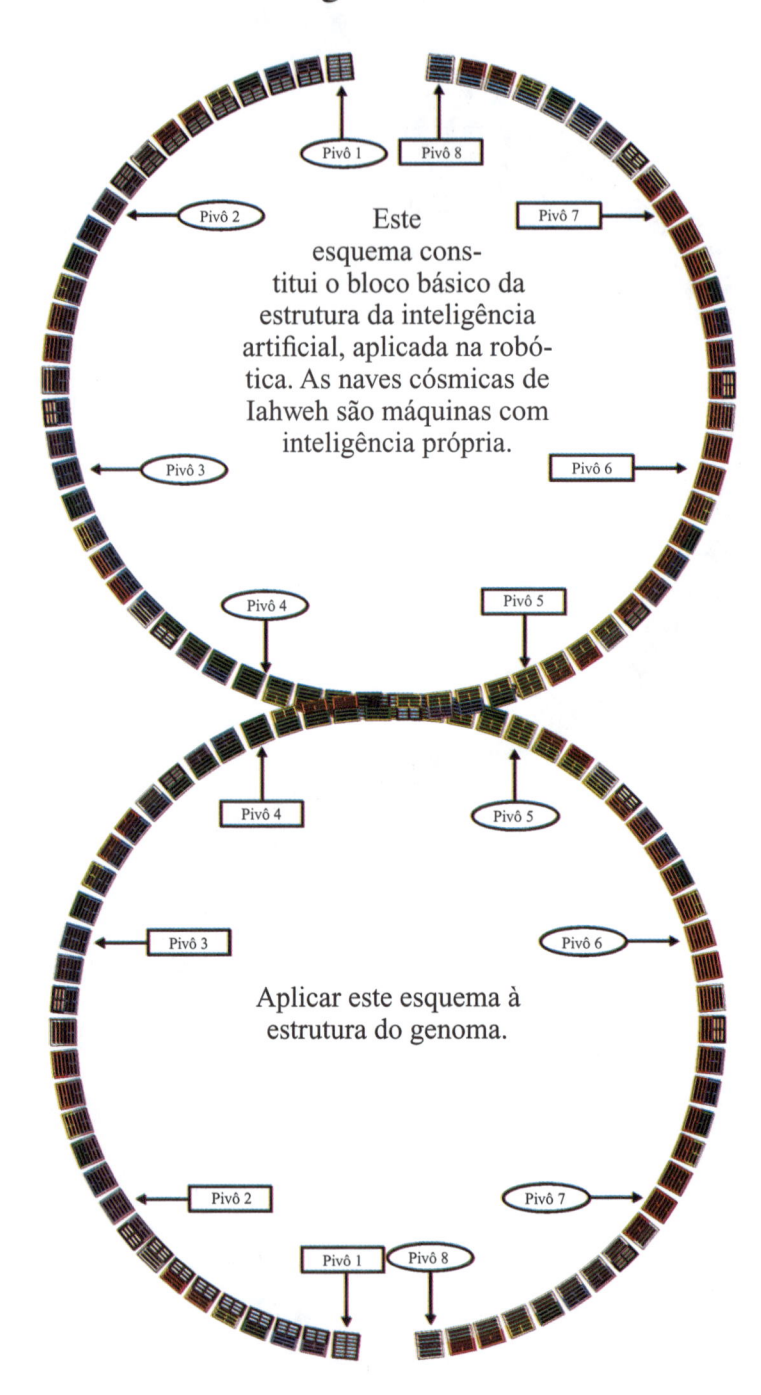

Pivô 1
Pivô 8
Pivô 2
Pivô 7

Este esquema constitui o bloco básico da estrutura da inteligência artificial, aplicada na robótica. As naves cósmicas de Iahweh são máquinas com inteligência própria.

Pivô 3
Pivô 6
Pivô 4
Pivô 5

Pivô 4
Pivô 5
Pivô 3
Pivô 6

Aplicar este esquema à estrutura do genoma.

Pivô 2
Pivô 7
Pivô 1
Pivô 8

O código cósmico na estrutura do núcleo do superprocessador

Esquema lógico da posição de transistores nos chips

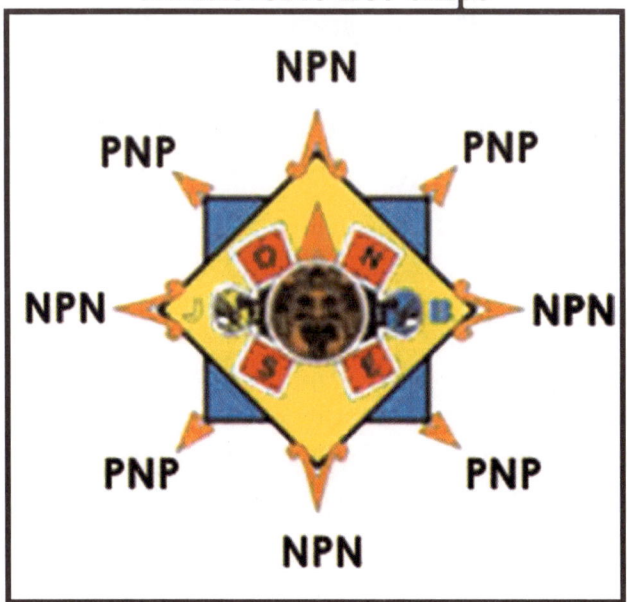

Esquema de um núcleo de 8 bits e memória cache L1 de 64 bits

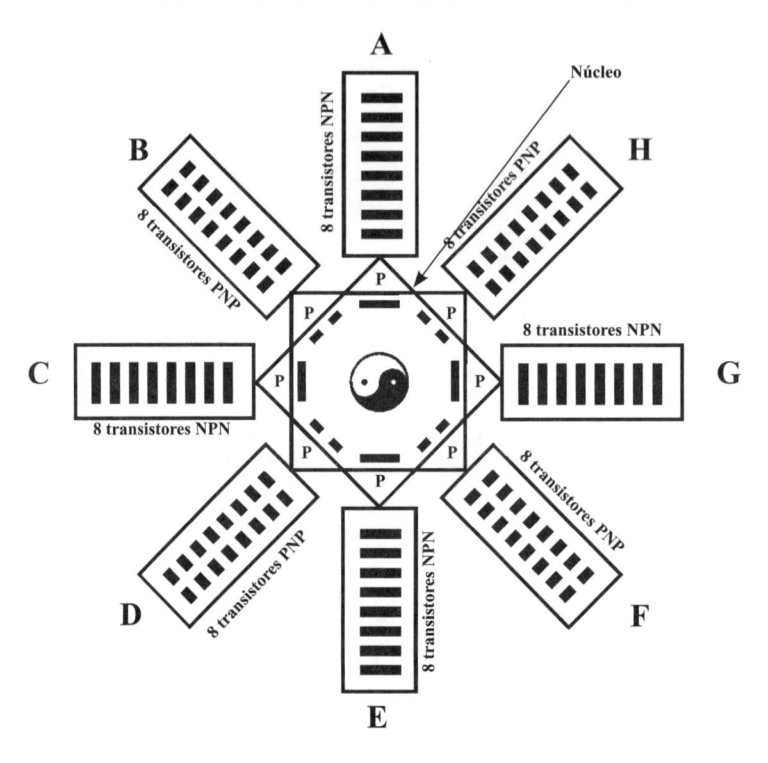

P = Porta de entrada e saída de informações entre o núcleo e a memória cache L1

Informação armazenada na memória cache L1

	A	B	C	D	E	F	G	H
I	1	0	1	0	1	0	1	0
II	1	0	1	0	1	0	1	0
III	1	0	1	0	1	0	1	0
IV	1	0	1	0	1	0	1	0
V	1	0	1	0	1	0	1	0
VI	1	0	1	0	1	0	1	0
VII	1	0	1	0	1	0	1	0
VIII	1	0	1	0	1	0	1	0

O processador de 64 bits é capaz de processar 8 bytes ao mesmo tempo.

Para carregar a memória cache L1 do processador de 64 bits são necessários oito ciclos do seu núcleo, e em cada ciclo o núcleo recolhe e transfere oito bits para tal memória, distribuídos e organizados segundo os pontos cardeais, tal como mostra a figura. Assim como oito ciclos do núcleo são necessários para carregar a memória cache L1, também oito são os ciclos para descarregá-la.

Esquemas de armazenamento de bytes na memória cache L1

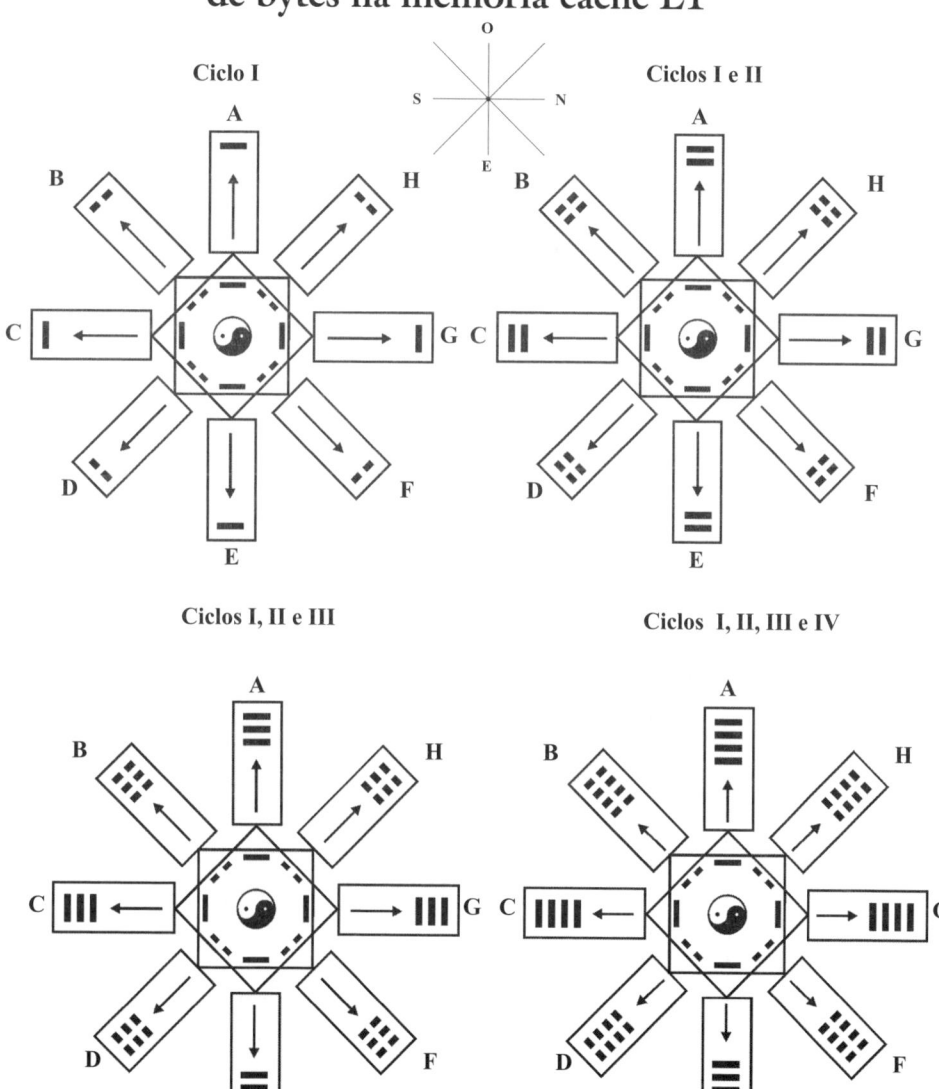

Ciclo I

Ciclos I e II

Ciclos I, II e III

Ciclos I, II, III e IV

Esquema de dois núcleos em série de 4 bits cada e memória cache L1 de 64 bits

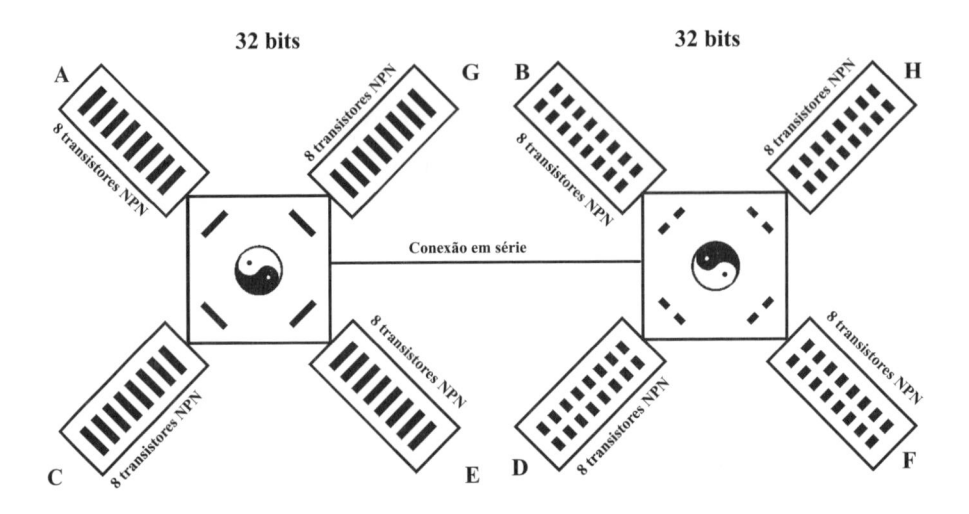

Para carregar a memória cache L1 deste processador dual são necessários oito ciclos em cada um de seus núcleos. Os dois núcleos produzem seus oito ciclos ao mesmo tempo.

O que é a memória cache?

A memória cache é de tipo estático (SRAM), rápida, e se situa entre o processador e a memória principal do computador.

Ela se divide em: memória cache L1 de primeiro nível (L1 = *level one*) e memória cache de segundo nível (L2 = *level two*). A cache L1 está integrada – fixa – ao núcleo do processador, e sua capacidade é medida em bits. A cache L2 é aquela à qual nos referimos dizendo que um equipamento tem tantos quilobytes de memória cache.

Poderíamos comparar o conjunto do núcleo e da memória cache L1 do processador com o funcionário de um pequeno armazém que dispõe de um carrinho de supermercado para buscar os pedidos no depósito e trazê-los à prateleira para entregá-los aos clientes. Ele também utiliza-o para transportar os produtos que chegam para ser colocados no depósito.

Esquema de núcleo de 8 bits e memória cache L1 de 128 bits

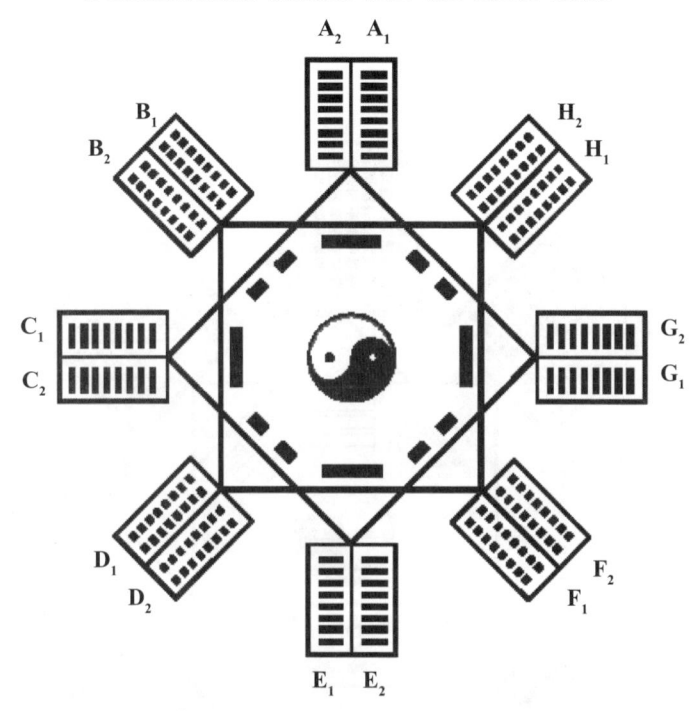

O equipamento de 128 bits é capaz de processar 16 bytes ao mesmo tempo.

Para carregar a memória cache L1 deste processador são necessários dez e seis ciclos do seu núcleo.

Primeiros oito ciclos
Informação armazenada

A_1	B_1	C_1	D_1	E_1	F_1	G_1	H_1
1	0	1	0	1	0	1	0
1	0	1	0	1	0	1	0
1	0	1	0	1	0	1	0
1	0	1	0	1	0	1	0
1	0	1	0	1	0	1	0
1	0	1	0	1	0	1	0
1	0	1	0	1	0	1	0
1	0	1	0	1	0	1	0

Segundos oito ciclos
Informação armazenada

A_2	B_2	C_2	D_2	E_2	F_2	G_2	H_2
1	0	1	0	1	0	1	0
1	0	1	0	1	0	1	0
1	0	1	0	1	0	1	0
1	0	1	0	1	0	1	0
1	0	1	0	1	0	1	0
1	0	1	0	1	0	1	0
1	0	1	0	1	0	1	0
1	0	1	0	1	0	1	0

Esquema das estruturas do núcleo e memória cache L1 do superprocessador
(Núcleo de 24 bits e memória CL1 de 3.072 bits)

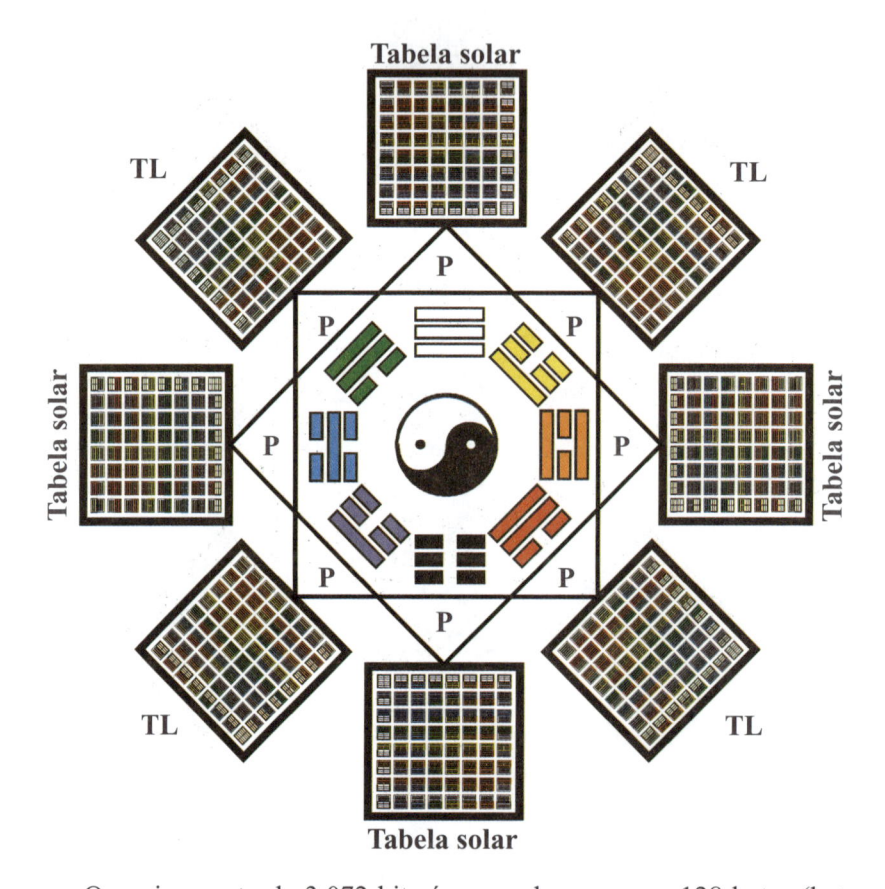

O equipamento de 3.072 bits é capaz de processar 128 bytes (bytes de 24 bits) ao mesmo tempo. Isto equivale a 384 bytes de 8 bits ao mesmo tempo.

Para carregar a memória cache L1 deste superprocessador são necessários 128 ciclos no seu núcleo.

Assim como oito transistores (4 NPN + 4 PNP) são necessários para conduzir o espectro da força binária, na unidade básica de chip, também oito tabelas transistoras (quatro solares + quatro lunares) são indispensáveis para conduzir o espectro da força binária organizadora no superprocessador.

Software básico das oito notas musicais e das oito cores no superprocessador

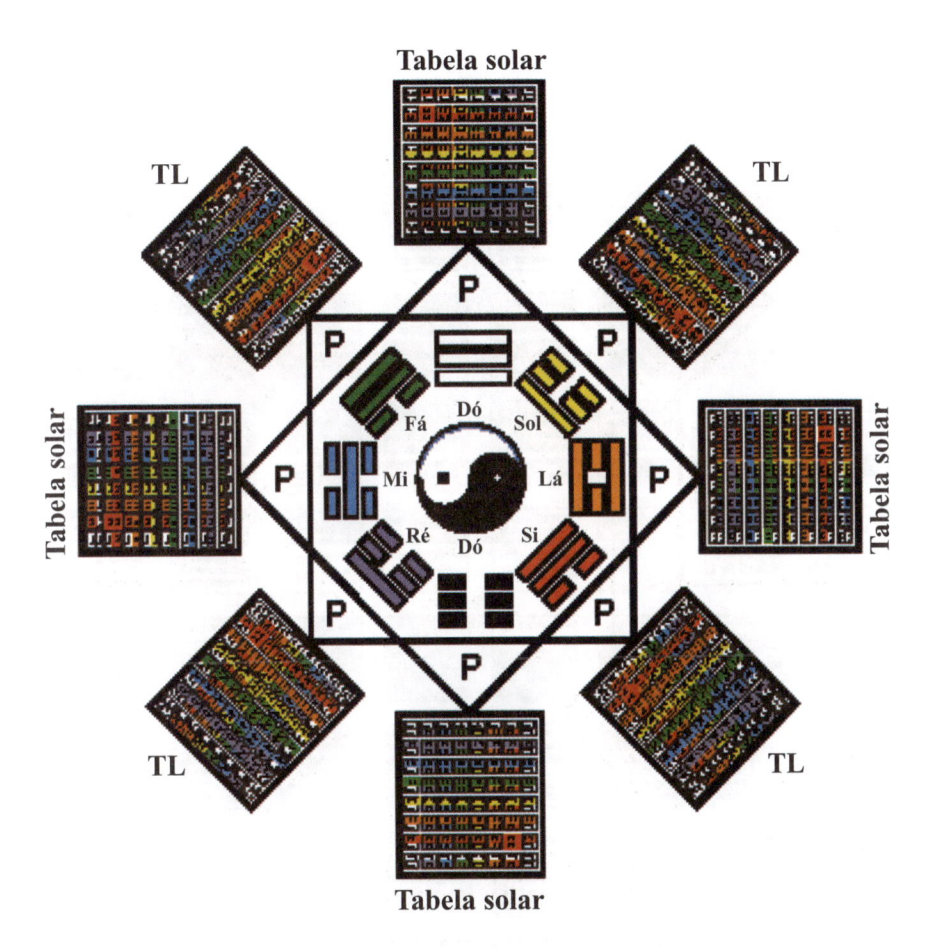

É importante notar que a forma como estão distribuídos os bancos de transistores da memória cache L1 no desenho do superprocessador permite uma grande eficiência ao seu sistema de resfriamento.

Esquema ampliado da tabela solar básica correspondente à memória cache L1 do superprocessador

É de extrema importância saber que as duas tabelas de hexagramas representam dois bancos de transistores, um solar e outro lunar. Cada banco é formado por 384 transistores mais 384 condensadores. Também estas tabelas representam a base do *Software* da memória do supercomputador.

Esquema ampliado da tabela lunar básica correspondente à memória cache L1 do superprocessador

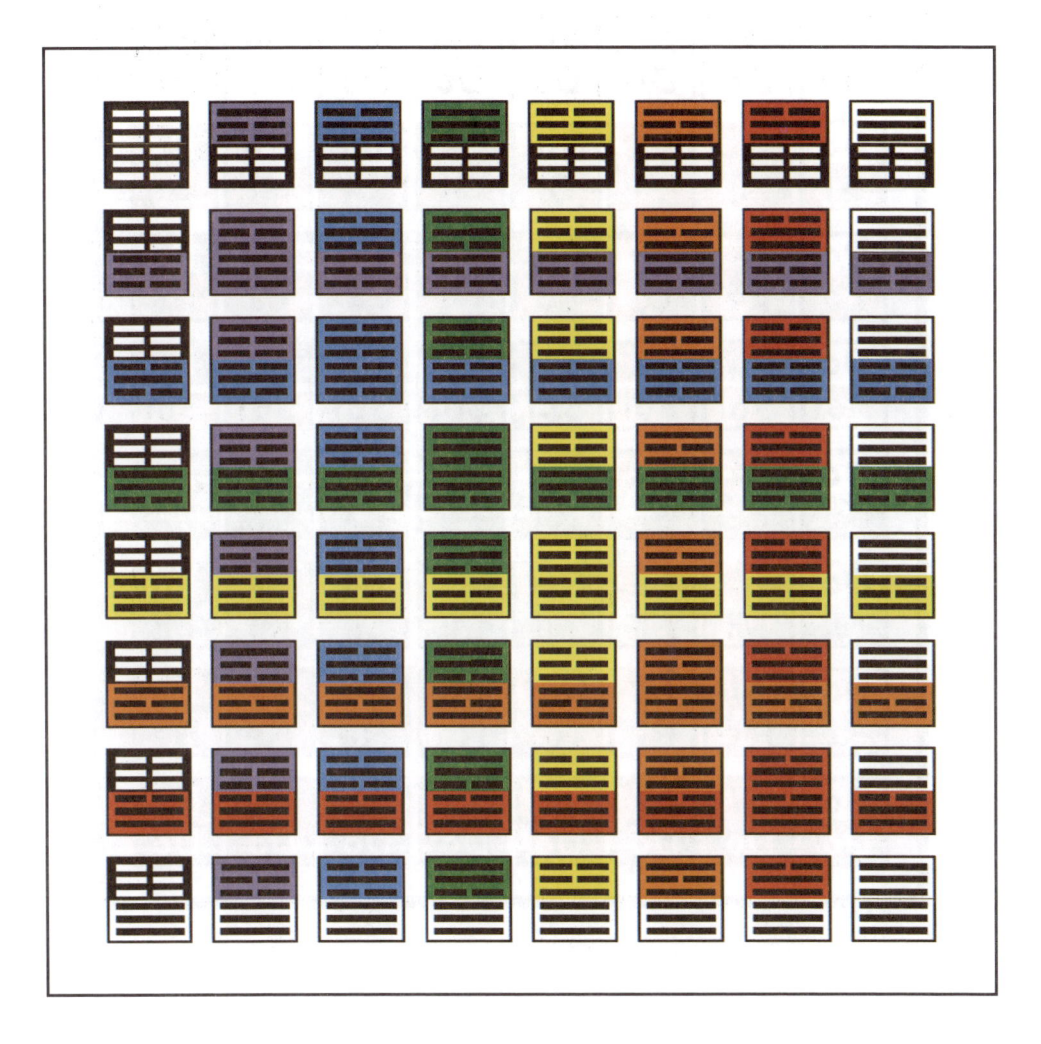

Tabela solar básica de notas musicais e cores

Dó/Dó	Si/Dó	Lá/Dó	Sol/Dó	Fá/Dó	Mi/Dó	Ré/Dó	Dó/Dó
Dó/Si	Si/Si	Lá/Si	Sol/Si	Fá/Si	Mi/Si	Ré/Si	Dó/Si
Dó/Lá	Si/Lá	Lá/Lá	Sol/Lá	Fá/Lá	Mi/Lá	Ré/Lá	Dó/Lá
Dó/Sol	Si/Sol	Lá/Sol	Sol/Sol	Fá/Sol	Mi/Sol	Ré/Sol	Dó/Sol
Dó/Fá	Si/Fá	Lá/Fá	Sol/Fá	Fá/Fá	Mi/Fá	Ré/Fá	Dó/Fá
Dó/Mi	Si/Mi	Lá/Mi	Sol/Mi	Fá/Mi	Mi/Mi	Ré/Mi	Dó/Mi
Dó/Ré	Si/Ré	Lá/Ré	Sol/Ré	Fá/Ré	Mi/Ré	Ré/Ré	Dó/Ré
Dó/Dó	Si/Dó	Lá/Dó	Sol/Dó	Fá/Dó	Mi/Dó	Ré/Dó	Dó/Dó

Tabela lunar básica de notas musicais e cores

Dó/Dó	Ré/Dó	Mi/Dó	Fá/Dó	Sol/Dó	Lá/Dó	Si/Dó	Dó/Dó
Dó/Ré	Ré/Ré	Mi/Ré	Fá/Ré	Sol/Ré	Lá/Ré	Si/Ré	Dó/Ré
Dó/Mi	Ré/Mi	Mi/Mi	Fá/Mi	Sol/Mi	Lá/Mi	Si/Mi	Dó/Mi
Dó/Fá	Ré/Fá	Mi/Fá	Fá/Fá	Sol/Fá	Lá/Fá	Si/Fá	Dó/Fá
Dó/Sol	Ré/Sol	Mi/Sol	Fá/Sol	Sol/Sol	Lá/Sol	Si/Sol	Dó/Sol
Dó/Lá	Ré/Lá	Mi/Lá	Fá/Lá	Sol/Lá	Lá/Lá	Si/Lá	Dó/Lá
Dó/Si	Ré/Si	Mi/Si	Fá/Si	Sol/Si	Lá/Si	Si/Si	Dó/Si
Dó/Dó	Ré/Dó	Mi/Dó	Fá/Dó	Sol/Dó	Lá/Dó	Si/Dó	Dó/Dó

Transferência de um byte desde o núcleo do superprocessador até a memória cache L1

Oito portas de entrada e saída estão conectadas ao núcleo do superprocessador, pelas quais passam somente três bits por porta por ciclo.

Observar que o núcleo do superprocessador é desenhado para conduzir 24 bits de informação por ciclo.

Esquema de um ciclo do núcleo do superprocessador

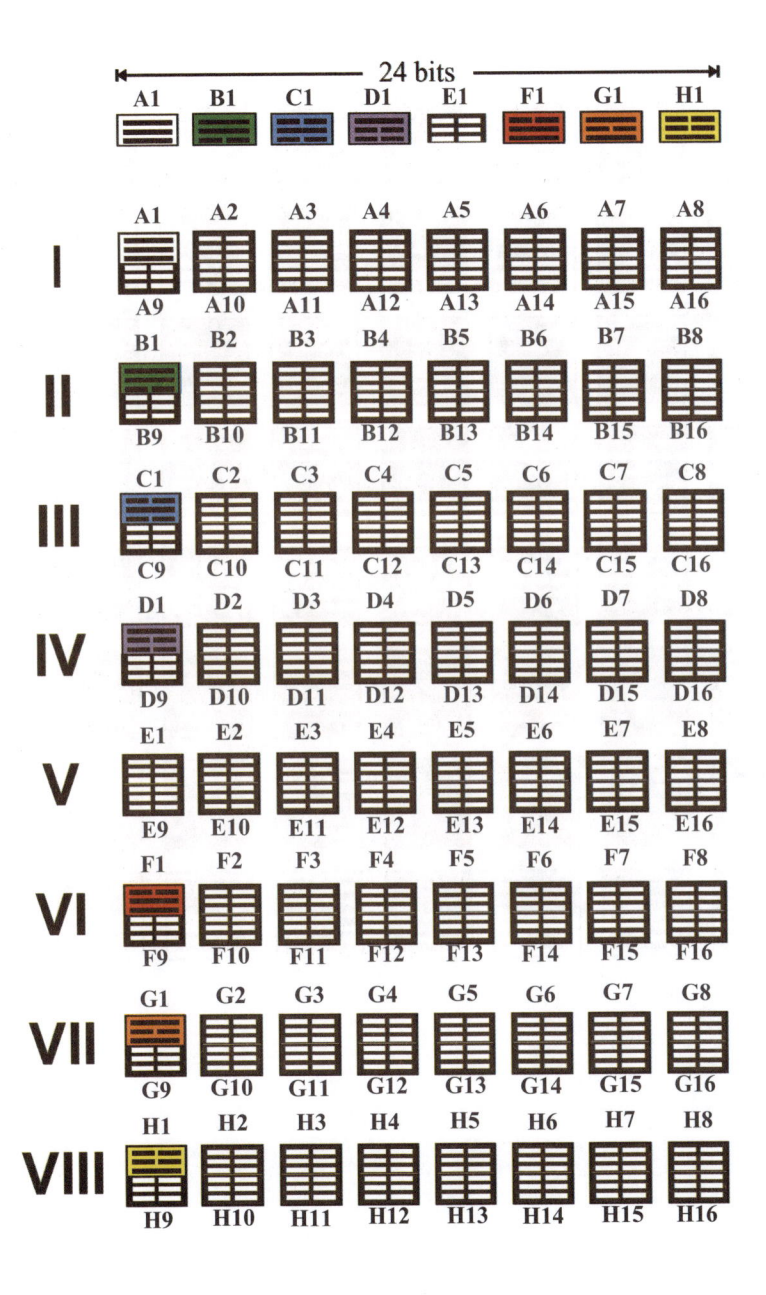

Combinações de tabelas de hexagramas que representam os números em bytes de 12 bits

Tabela principal (TP)

Tabela 0
(T0)

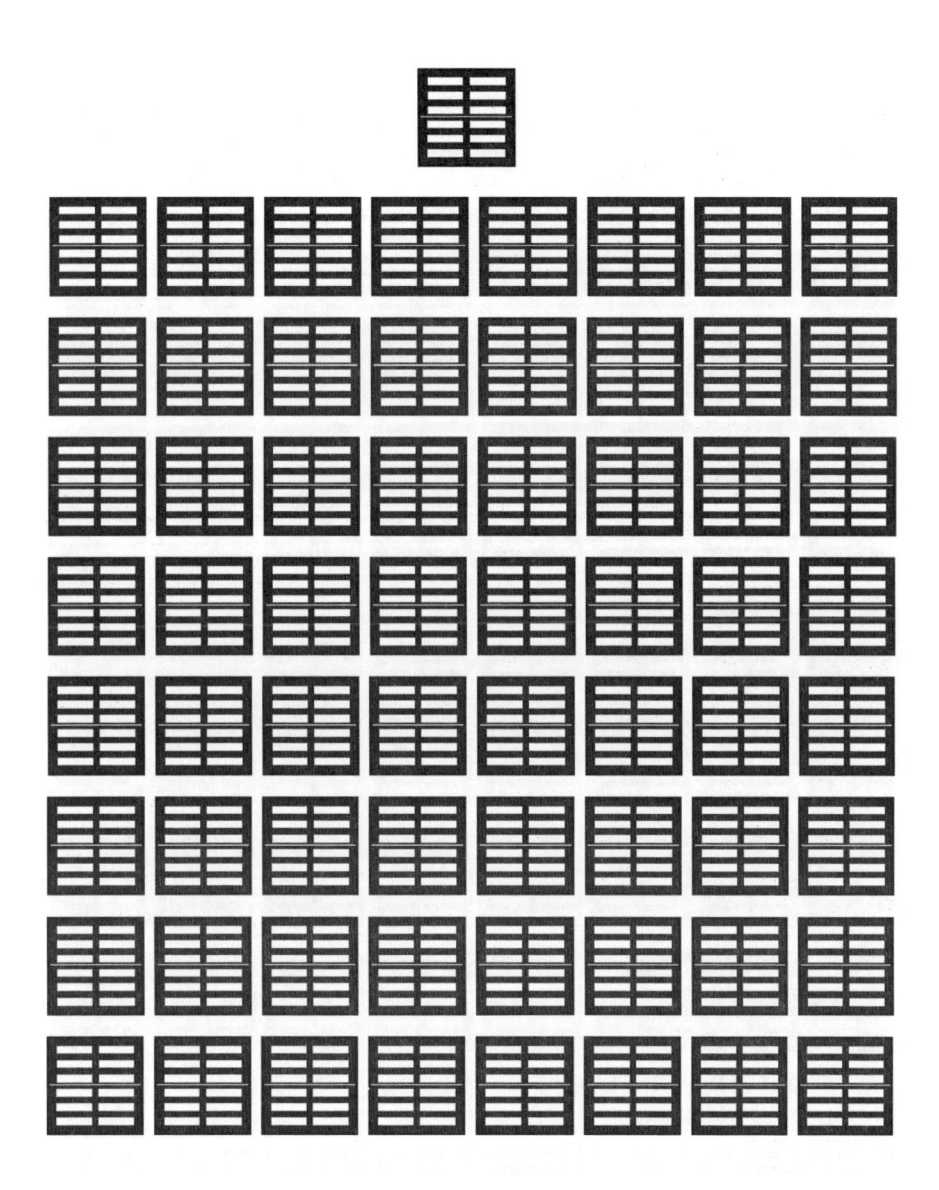

Tabela 1
(T1)

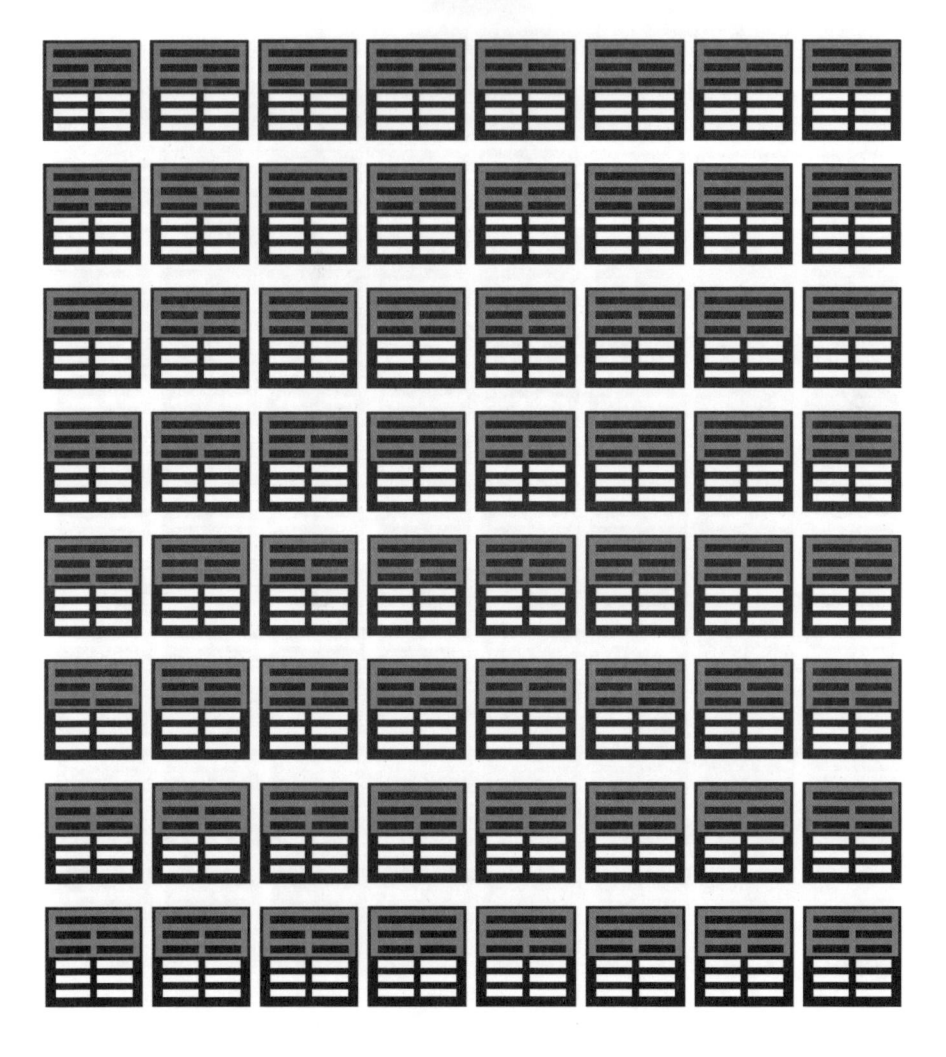

Tabela 2
(T2)

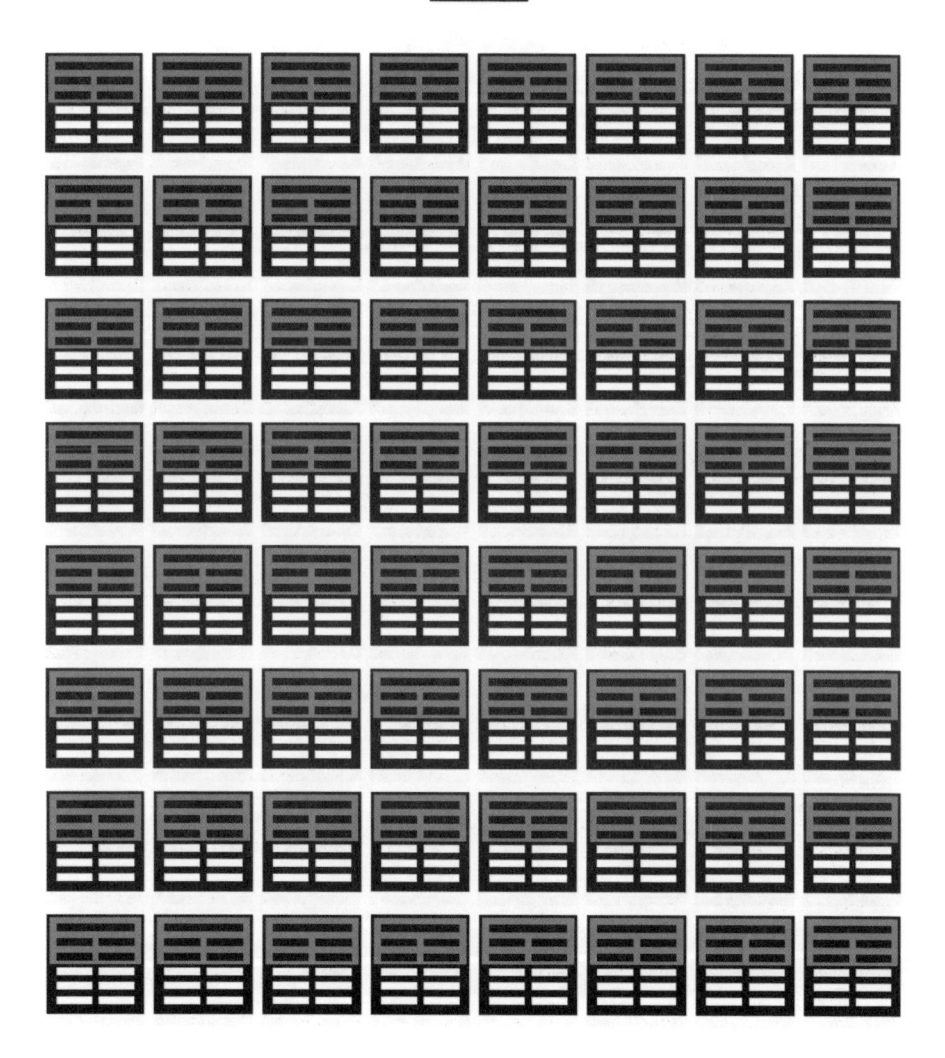

Tabela 3
(T3)

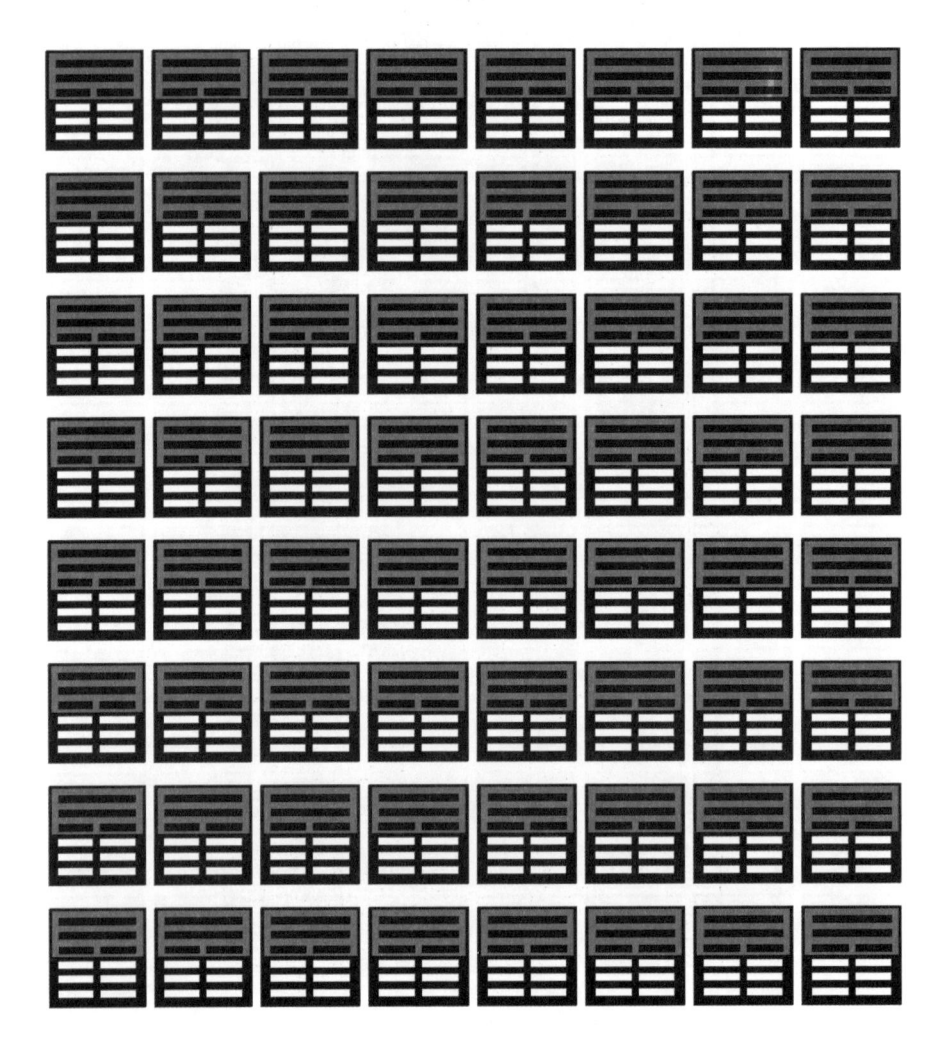

Combinação T0 – TP

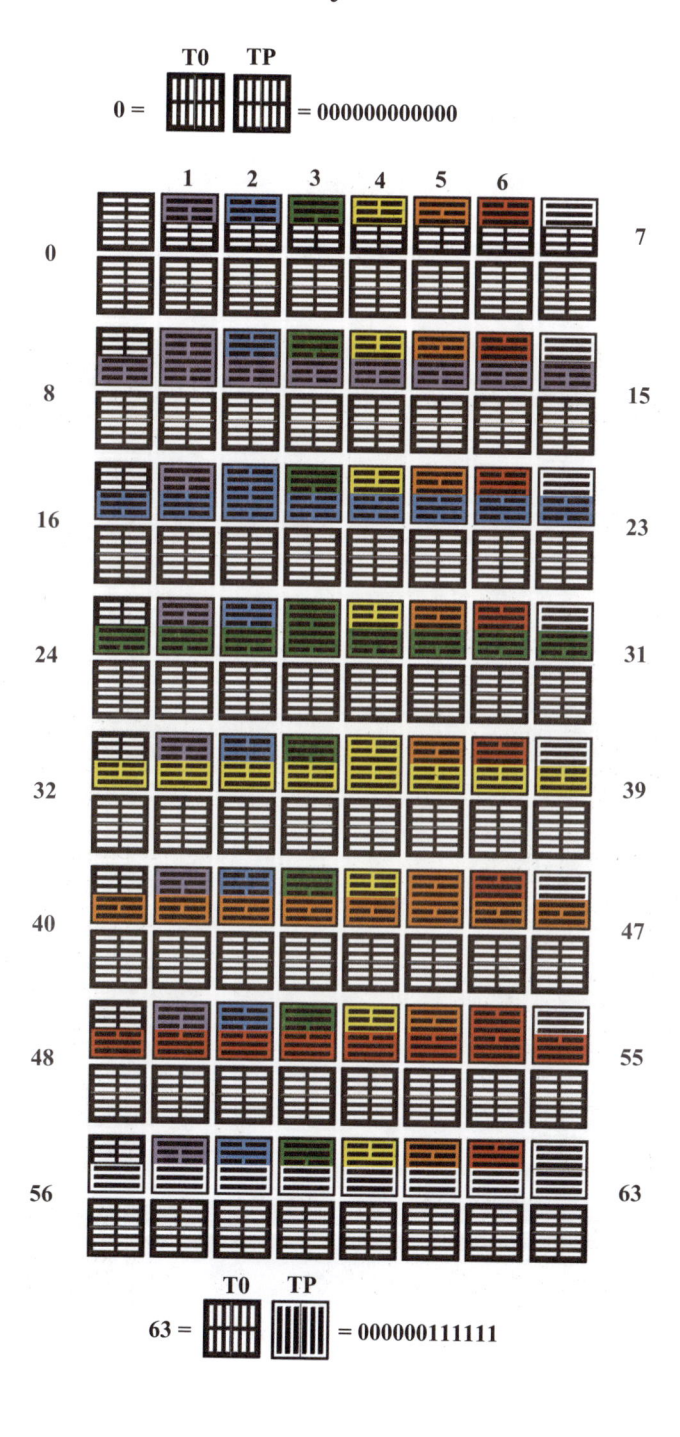

0 = T0 TP = 000000000000

63 = T0 TP = 000000111111

Combinação T1 – TP

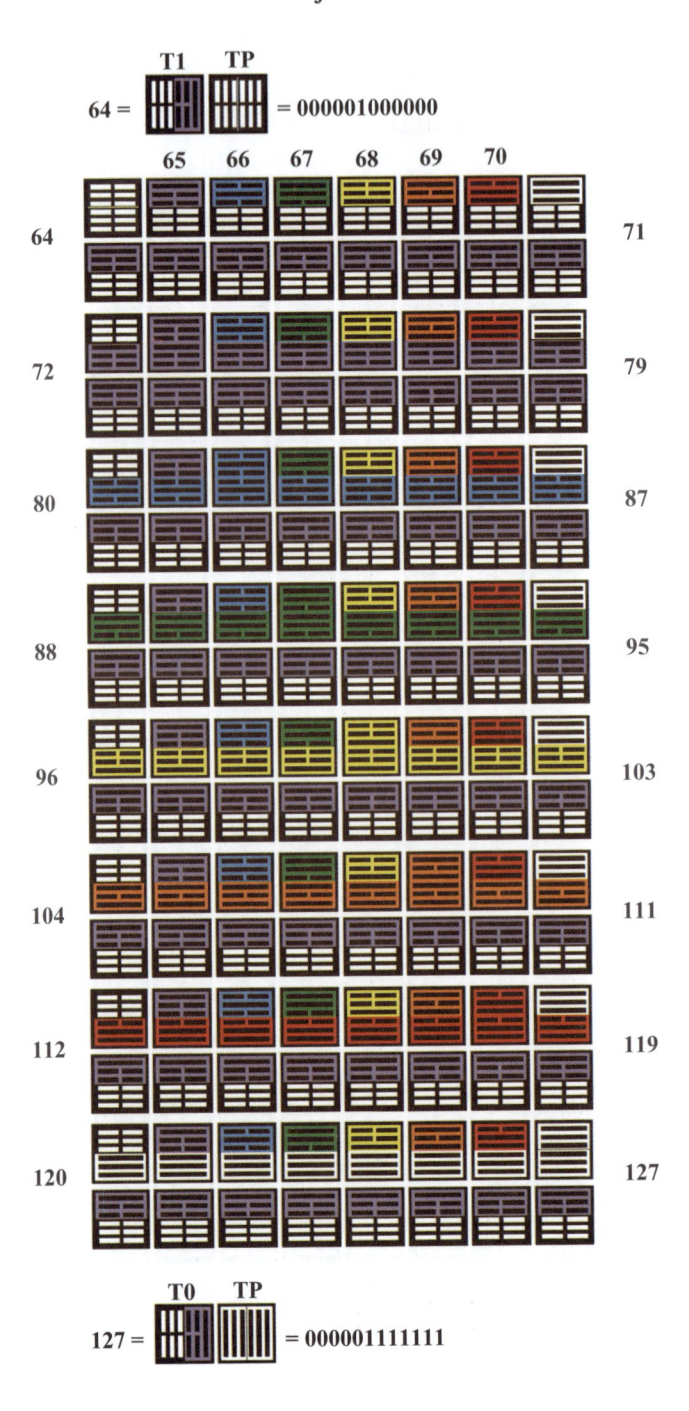

$64 =$ T1 TP $= 000001000000$

$127 =$ T0 TP $= 000001111111$

Combinação T2 – TP

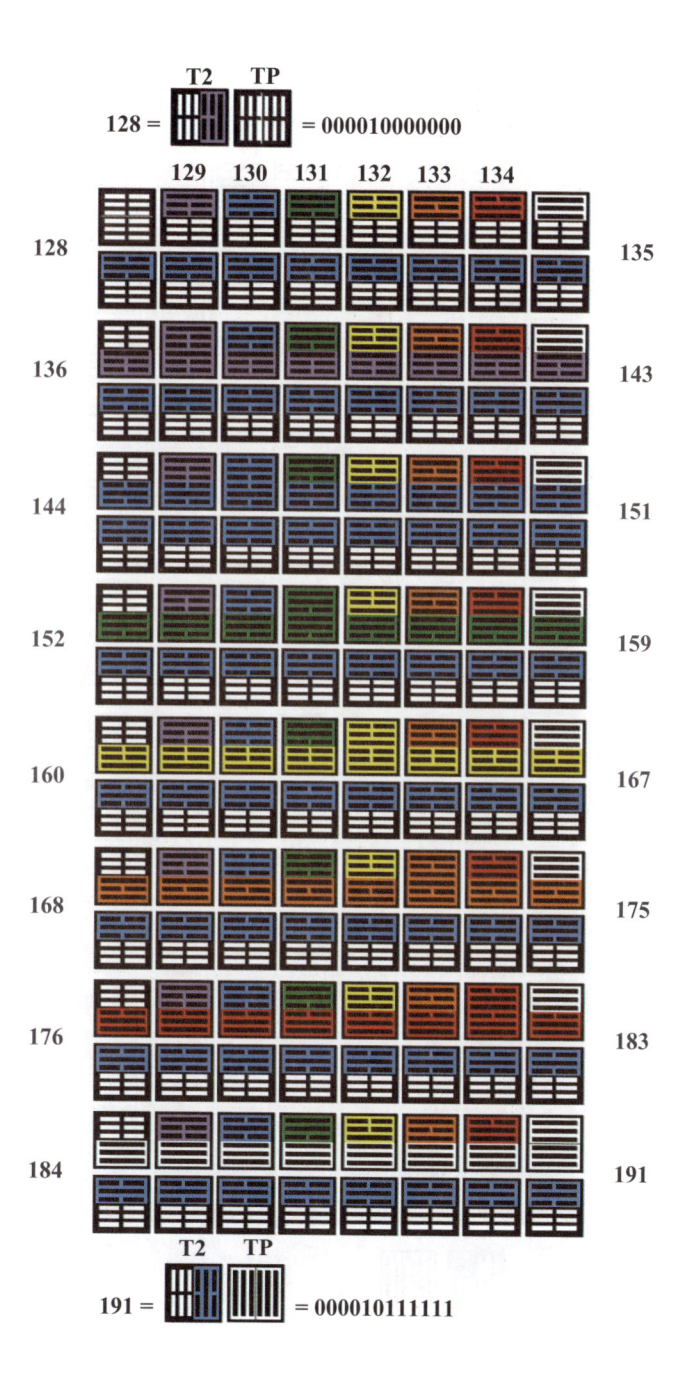

128 = [T2][TP] = 000010000000

191 = [T2][TP] = 000010111111

Combinação T3 – TP

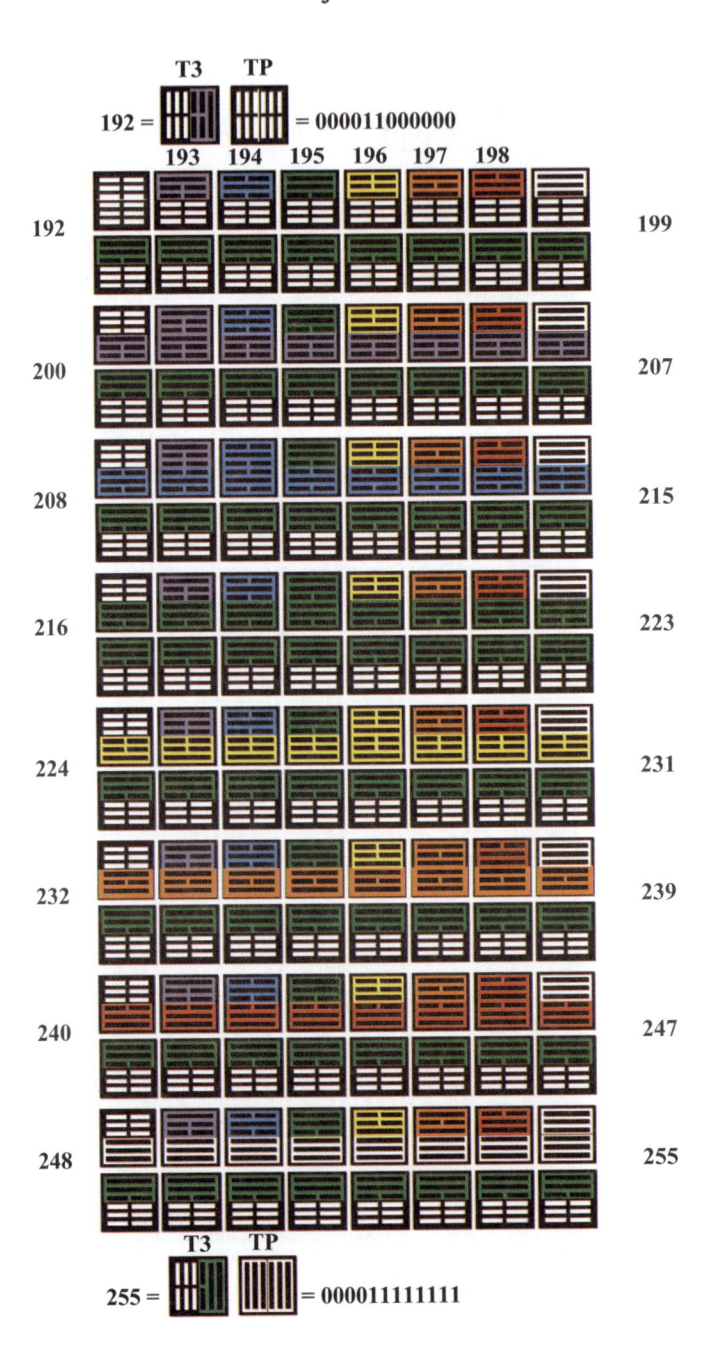

192 = T3 TP = 000011000000

Capítulo IX

O Código Cósmico na Estrutura do Genoma

O **princípio da criação de toda criatura perfeita é o ovo. Deus colocou no ovo a imagem de Seu trono.** O trono de Deus está organizado de acordo com o princípio do candelabro e dos dois testemunhos. **No ovo, Deus pôs a essência de Sua sabedoria.**
O ovo é um livro escrito em códigos no qual está contido o grande mistério da criação.

O trono de Deus é formado pelo candelabro e os dois testemunhos; cada testemunho é um querubim, e cada querubim tem quatro caras. Ao redor do trono há 24 tronos.

O corpo humano se origina de um ovo que se forma e incuba no ventre de uma mãe.

O computador biológico que constrói o indivíduo no ovo é o genoma. O genoma dirige o desenvolvimento do ser até a vida adulta.

O genoma é o livro em que Deus escreve qual indivíduo há de surgir do ovo, seja um inseto, uma ave, um homem, etc. A Bíblia faz menção a esse livro quando, referindo-se ao Espírito Santo de Iahweh, diz:

Pois possuíste os meus rins; cobriste-me no ventre de minha mãe.
(Sl. 139:13)

> *Os teus olhos viram o meu corpo ainda informe; e no teu livro todas estas coisas foram escritas; as quais em continuação foram formadas, quando nem ainda uma delas havia.*
> (Sl. 139:16)

Cada célula do indivíduo tem o genoma completo. Poder-se-ia dizer que o indivíduo é como um holograma formado por milhões de pequenas partes, que cada uma delas é uma cópia ou imagem, em estado latente, do indivíduo completo.

O genoma é desenhado de acordo com o princípio do candelabro e dos dois testemunhos; ou seja, com base no princípio do trono de Iahweh e de sua corte.

O candelabro e os dois testemunhos são a chave que decifra a estrutura e o comportamento do genoma; a chave para entender como se relacionam e se comunicam os milhares de genes que o indivíduo carrega.

Assim como quatro elementos (leão, bezerro, homem e águia) são a base do trono de Iahweh, também quatro são os elementos que formam a base do trono da vida: carbono, hidrogênio, oxigênio e nitrogênio. O CHON é a base do trono da vida.

Assim como dois querubins (Jaquin e Boaz) estão contidos no trono de Iahweh (Ex. 25:22), também dois testemunhos se encontram no genoma; esses dois testemunhos são: o DNA e o RNA.

Assim como cada querubim tem quatro rostos, também quatro bases possuem o DNA e o RNA.

O Genoma no Trono de Iahweh

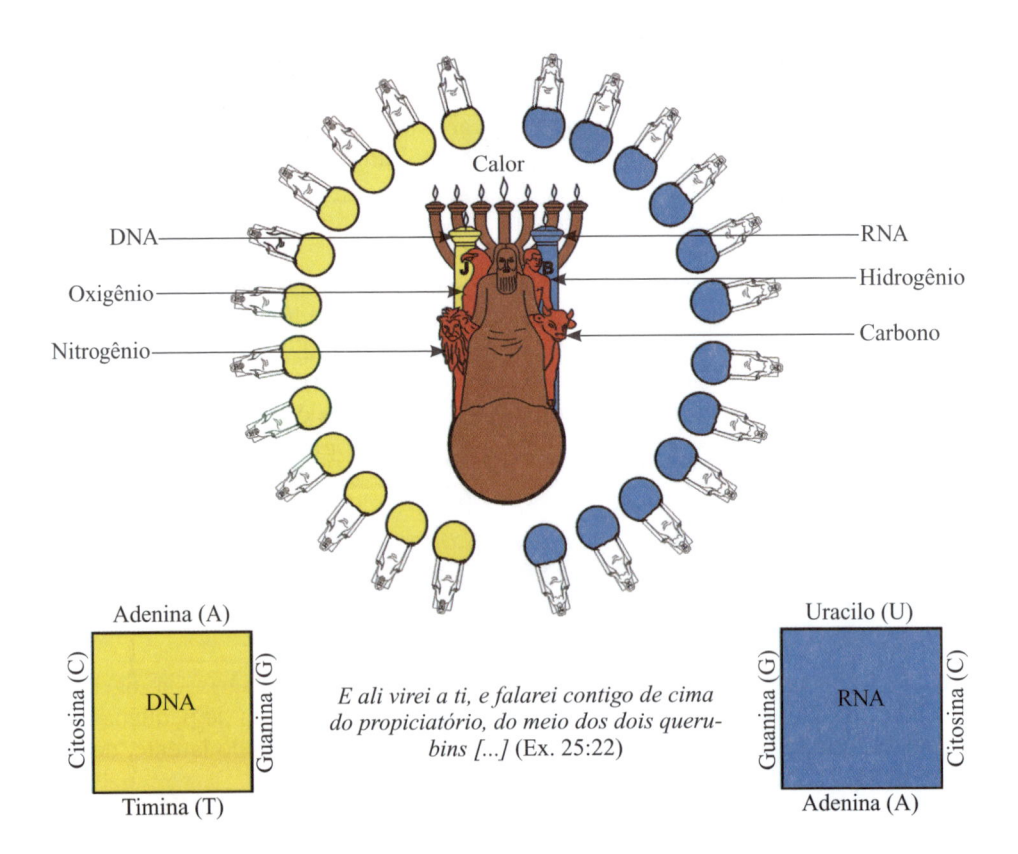

E ali virei a ti, e falarei contigo de cima do propiciatório, do meio dos dois querubins [...] (Ex. 25:22)

Cinco são as letras que, no genoma, formam o alfabeto da vida. São elas: A, C, G, T, U. Com essas letras (entendam-se bases químicas: adenina, citosina, guanina, timina e uracilo) são formados os aminoácidos que constituem as bases das proteínas.

Esquema da estrutura do genoma

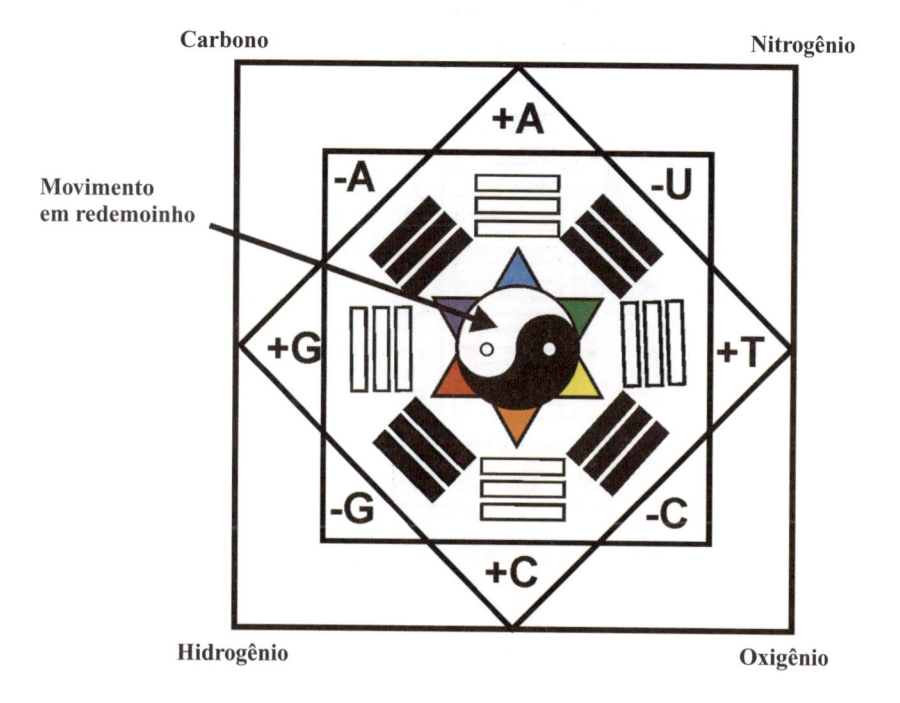

Carbono — *Nitrogênio*
Movimento em redemoinho
Hidrogênio — *Oxigênio*

Quatro trios de transistores biológicos NPN

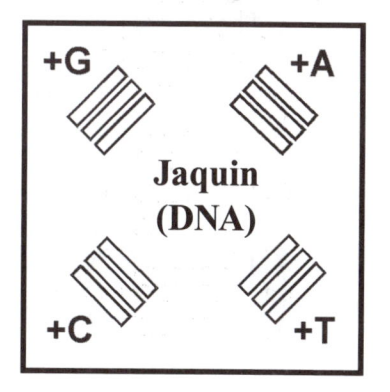

Jaquin
(DNA)

Quatro trios de transistores biológicos PNP

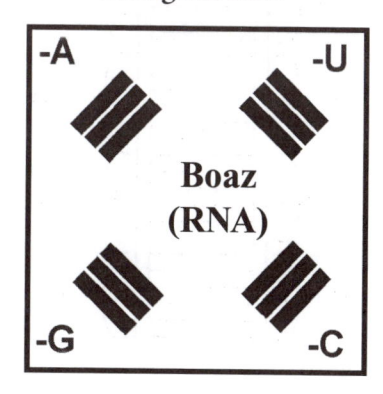

Boaz
(RNA)

As ligações entre DNA e RNA se organizam em oito grupos de três, formando uma escada de 12 degraus.

Esquema da unidade básica do holograma que forma o chip biológico

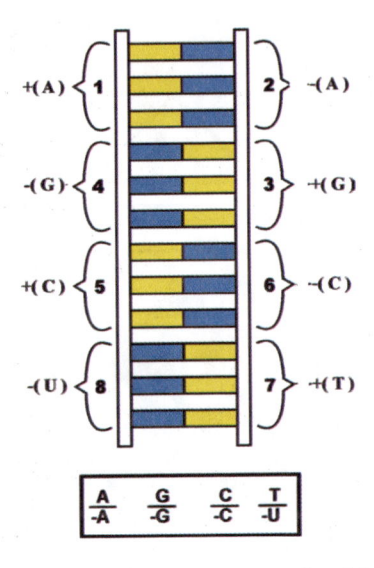

É importante saber que a unidade básica do chip biológico é formada por 24 transistores.

Dois ciclos do núcleo do processador do genoma formam dois grupos de oito trios de bits, que, ao ligarem-se, formam oito hexagramas.

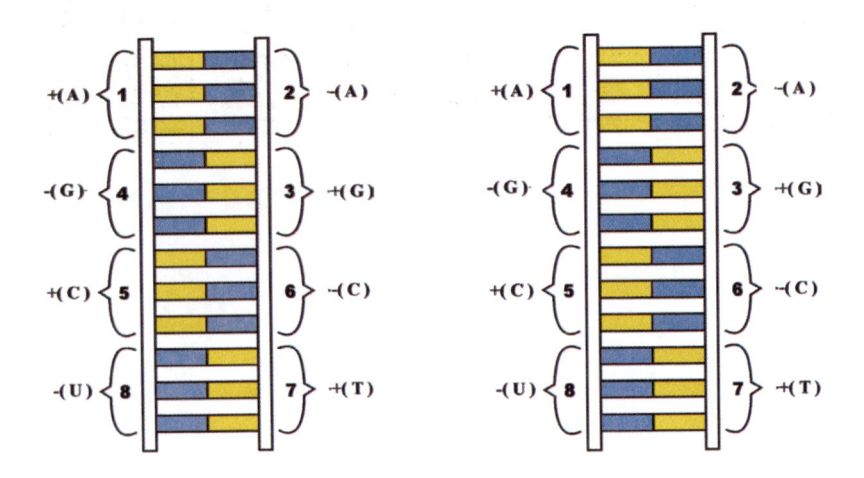

O dicionário do genoma

Na tabela dos 64 hexagramas do *I-Ching* (tabela de 64 sílabas biológicas) está a resposta ao dicionário do idioma da vida.

Observar que cada hexagrama é formado pela união de dois trios de bets, equivalentes à união de duas bases químicas do genoma.

Software
Tabela solar das 64 combinações binárias das cinco bases químicas do genoma

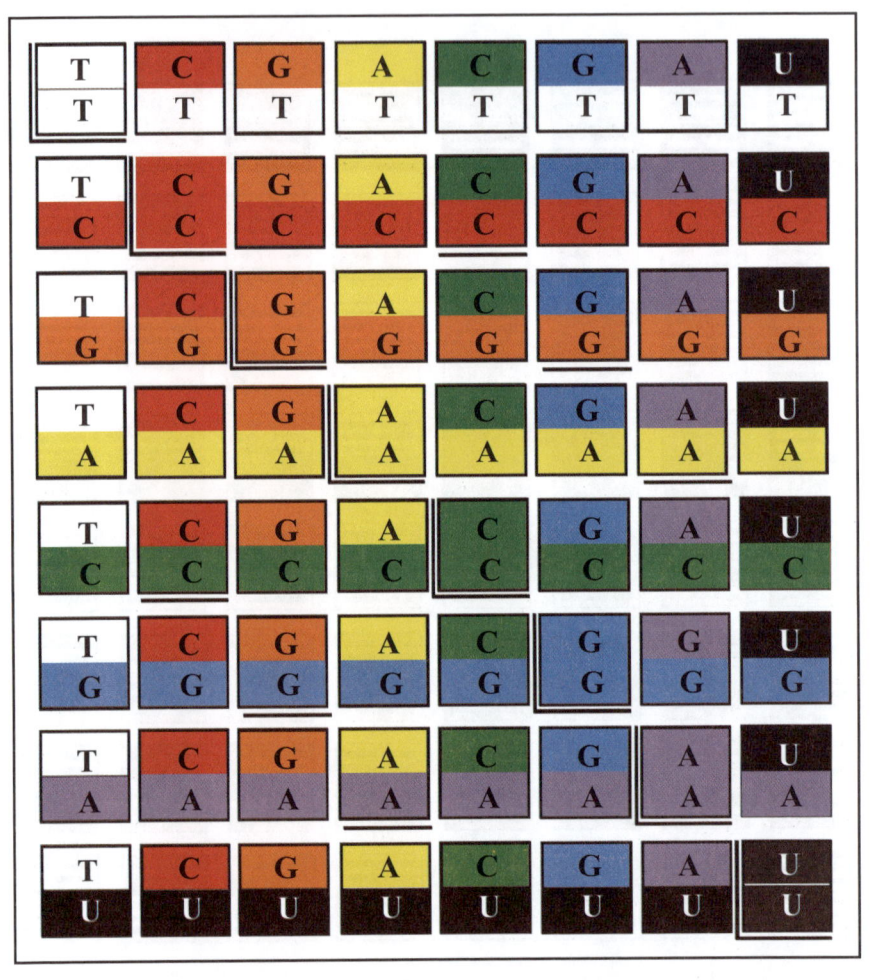

T/T	C/T	G/T	A/T	C/T	G/T	A/T	U/T
T/C	C/C	G/C	A/C	C/C	G/C	A/C	U/C
T/G	C/G	G/G	A/G	C/G	G/G	A/G	U/G
T/A	C/A	G/A	A/A	C/A	G/A	A/A	U/A
T/C	C/C	G/C	A/C	C/C	G/C	A/C	U/C
T/G	C/G	G/G	A/G	C/G	G/G	G/G	U/G
T/A	C/A	G/A	A/A	C/A	G/A	A/A	U/A
T/U	C/U	G/U	A/U	C/U	G/U	A/U	U/U

Resultante da matriz (oito pivôs)

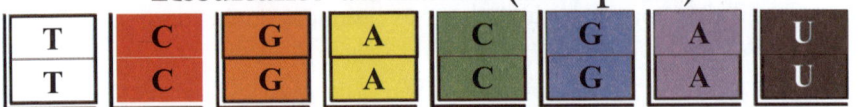

T/T	C/C	G/G	A/A	C/C	G/G	A/A	U/U

Falsos pivôs da matriz

C/C	G/G	A/A		C/C	G/G	A/A

O Código Cósmico na Estrutura do Genoma 157

Sequência solar das 64 combinações binárias das cinco bases químicas do genoma

Falsos pivôs

Falsos pivôs

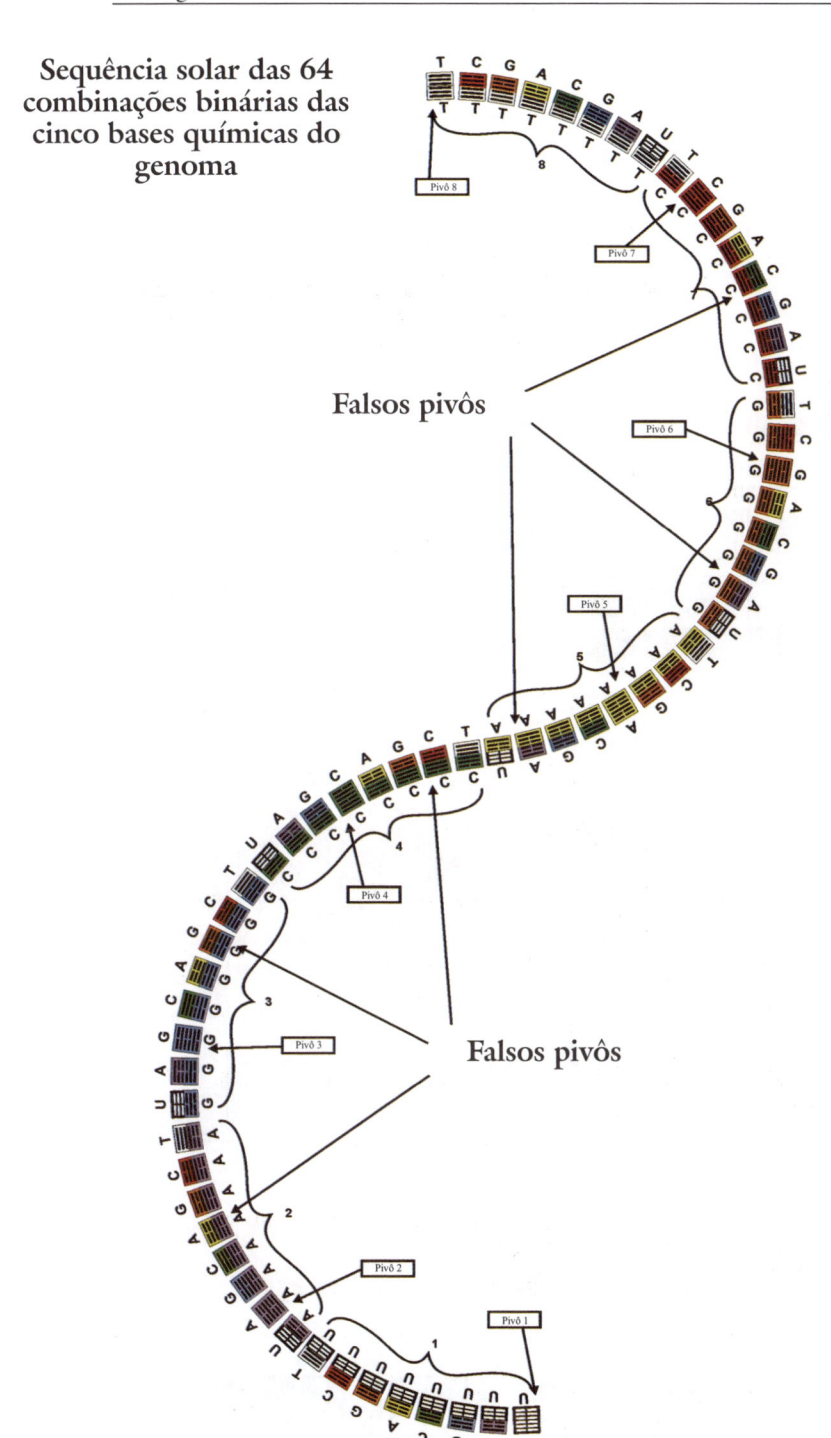

Software
Tabela lunar das 64 combinações binárias das cinco bases químicas do genoma

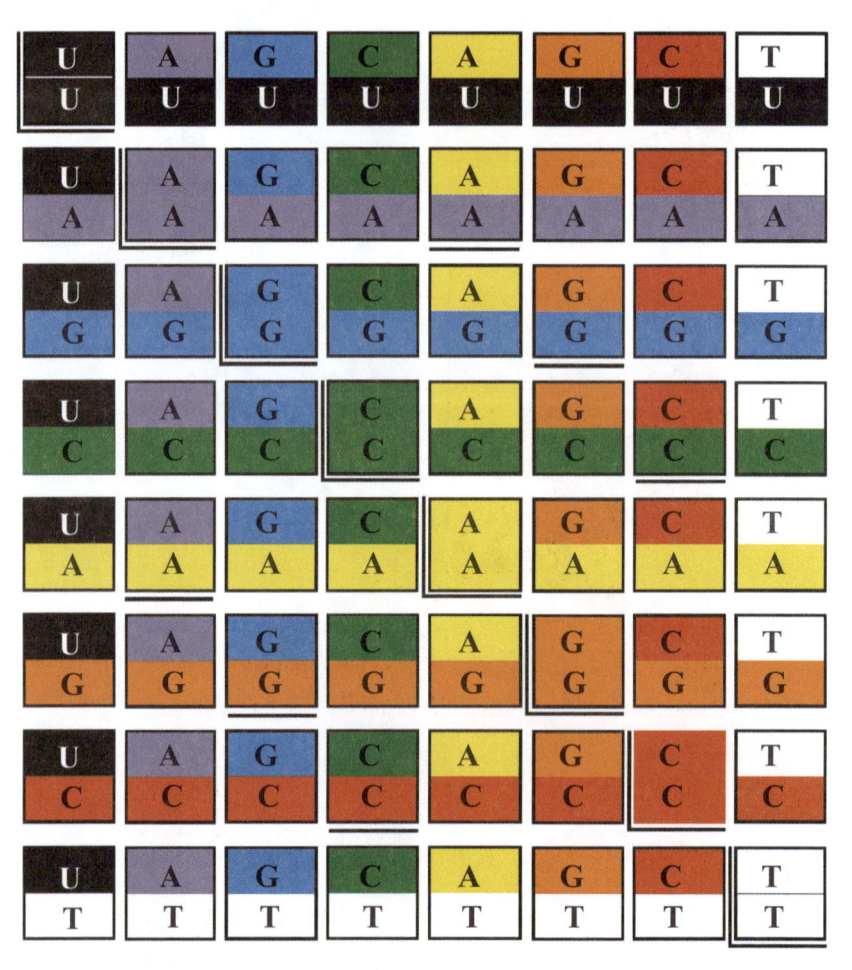

U/U	A/U	G/U	C/U	A/U	G/U	C/U	T/U
U/A	A/A	G/A	C/A	A/A	G/A	C/A	T/A
U/G	A/G	G/G	C/G	A/G	G/G	C/G	T/G
U/C	A/C	G/C	C/C	A/C	G/C	C/C	T/C
U/A	A/A	G/A	C/A	A/A	G/A	C/A	T/A
U/G	A/G	G/G	C/G	A/G	G/G	C/G	T/G
U/C	A/C	G/C	C/C	A/C	G/C	C/C	T/C
U/T	A/T	G/T	C/T	A/T	G/T	C/T	T/T

Resultante da matriz (oito pivôs)

U/U	A/A	G/G	C/C	A/A	G/G	C/C	T/T

Falsos pivôs da matriz

A/A	G/G	C/C		A/A	G/G	C/C

O Código Cósmico na Estrutura do Genoma 159

Falsos pivôs

Sequência lunar das 64 combinações binárias das cinco bases químicas do genoma

Falsos pivôs

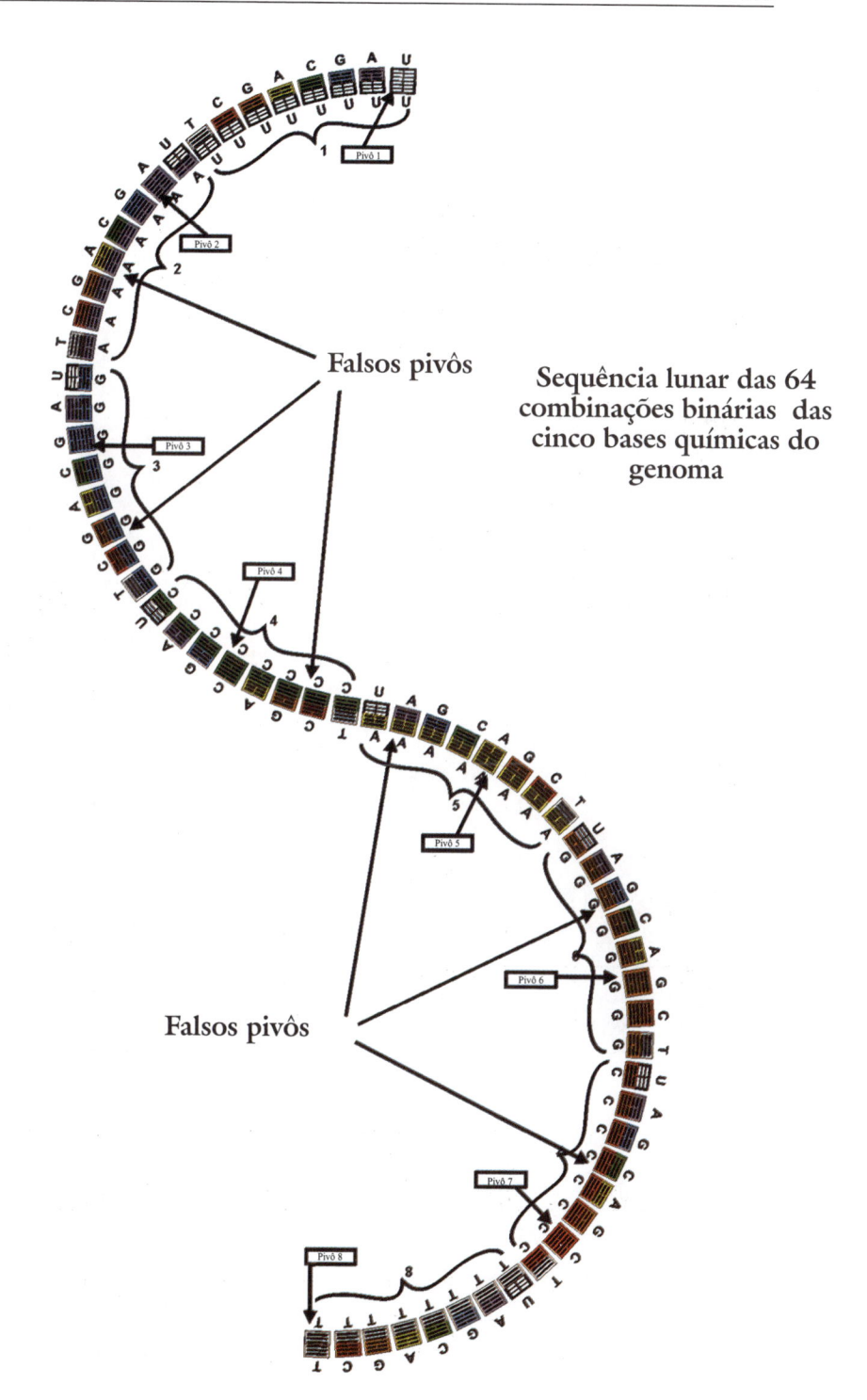

Software
Esquema do núcleo e memória cache L1 do processador do genoma

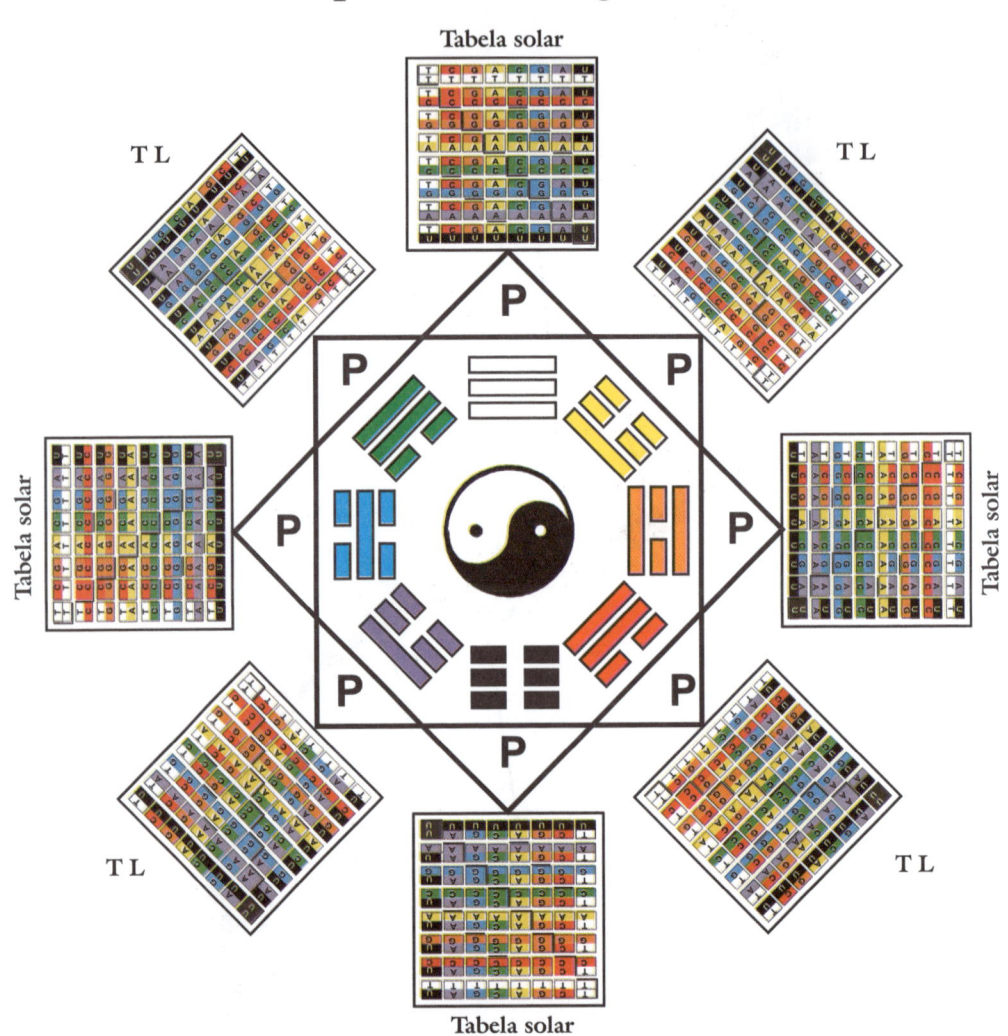

Tabela solar

T L

T L

Tabela solar

Tabela solar

P

P P

P P

P P

P

T L

T L

Tabela solar

Esta figura também representa a memória básica do genoma.

O *Código Cósmico na Estrutura do Genoma* 161

O 8 sagrado da vida

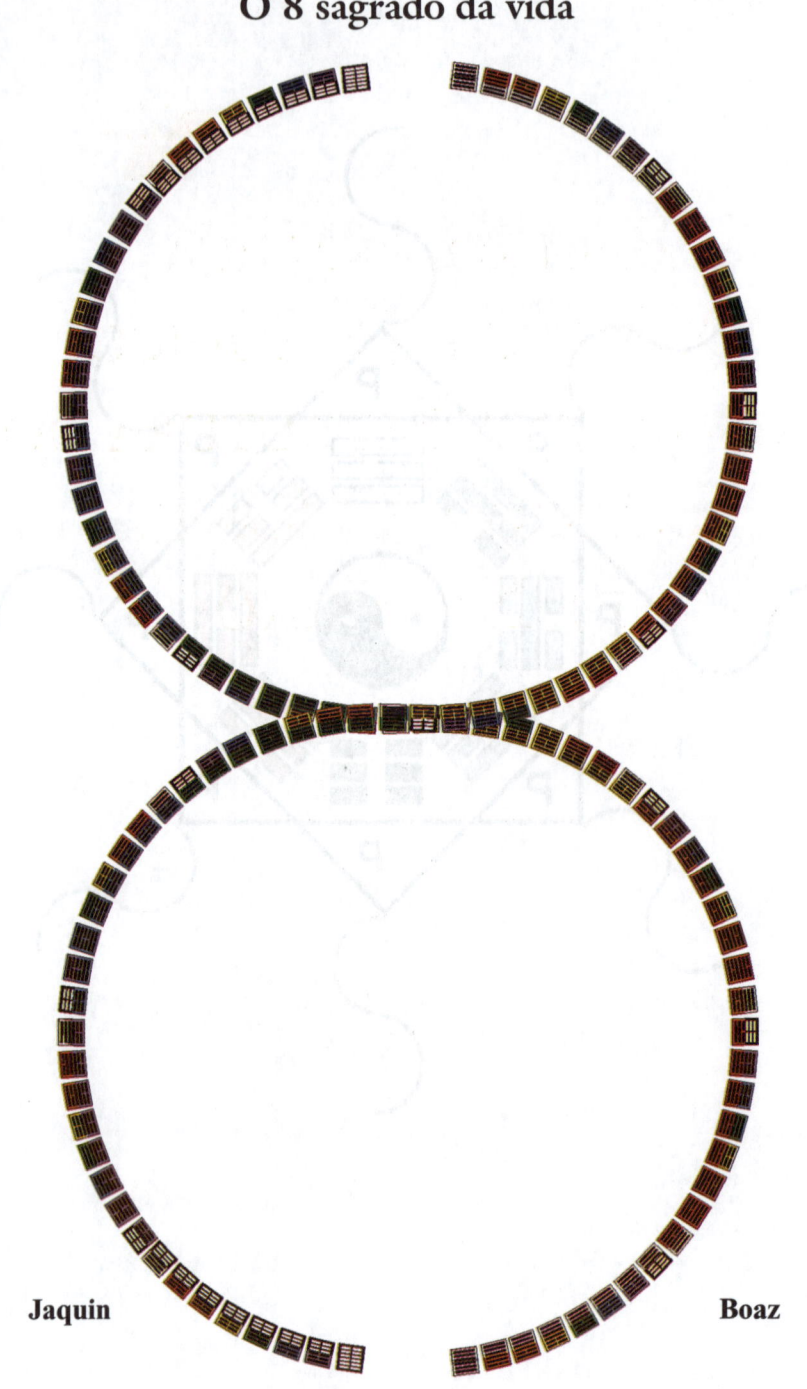

Jaquin　　　　　　　　　　　　　　**Boaz**

Capítulo X

Eletrodinâmica Quântica. O Código Cósmico na Estrutura do Hádron. O Laser de Neutrino

Cristo, o Espírito Santo, Consciência Universal e centro de comando do Universo, é energia eletromagnética.

O Universo é a substância de Cristo condensada em matéria.
A Bíblia, em Col. 3:11, confirma isso quando diz: "Cristo é tudo em todos".

A matéria é energia eletromagnética condensada. E pode ser transformada em energia eletromagnética e vice-versa.

Ela é formada por átomos, e estes, por sua vez, são constituídos de quatro partículas: próton, nêutron, elétron e fóton.

Embora o fóton seja uma partícula livre que vive saltando entre átomos, deve ser considerado parte do átomo. Com seus saltos, os fótons funcionam como separadores dos elétrons dos átomos dentro da molécula, não deixando os elétrons colidirem.

Os prótons, nêutrons, elétrons e fótons, cada um deles, são formados pelo agrupamento de hádrons.

O hádron é formado pelo agrupamento de um bárion mais um méson e um antibárion.

O bárion é formado por três quarks (cor verde); o antibárion, por três antiquarks (cor azul); e o méson, por um quark mais um antiquark e um neutrino (cor vermelha).

Representação simbólica dos tipos de quarks que forman a matéria

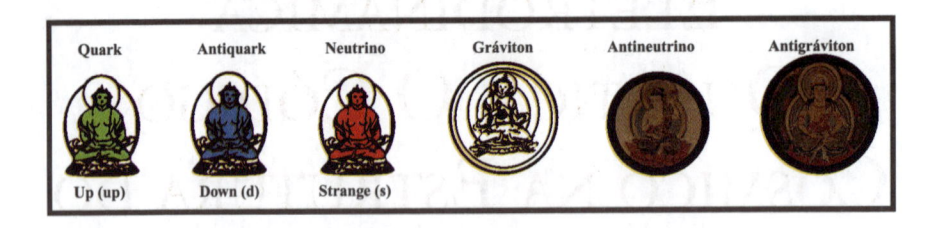

Quark	Antiquark	Neutrino	Gráviton	Antineutrino	Antigráviton
Up (up)	Down (d)	Strange (s)			

Estrutura do hádron

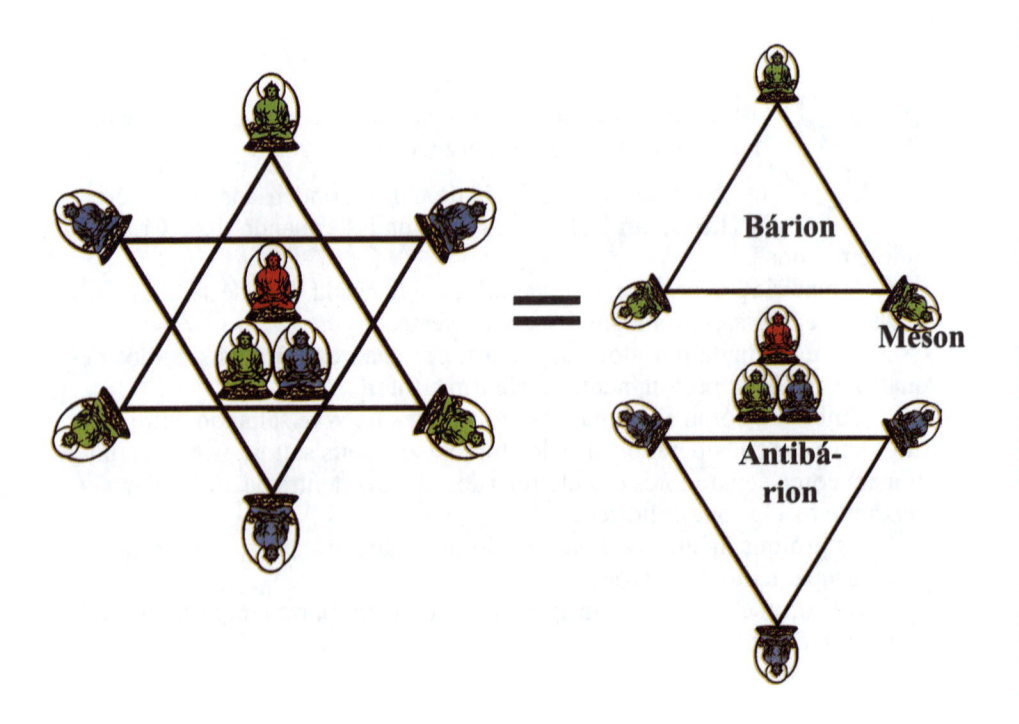

O elétron
O elétron é formado por dois hádrons armazenados.

Os quarks são o exército de criaturas vivas que formam o plasma universal. Elas obedecem ao mandato de Iahweh e se organizam para formar a matéria.

Disse o Senhor Iahweh sobre os exércitos:

> *Eu sou o Senhor, e não há outro; fora de mim não há Deus [...]* (Is. 45:5)

> *Para que se saiba desde o nascente do sol, e desde o poente, que fora de mim não há outro; eu sou o Senhor, e não há outro. Eu formo a luz, e crio as trevas; eu faço a paz, e crio o mal; eu, o Senhor, faço todas estas coisas.* (Is. 45:6-7)

> *Eu fiz a terra, e criei nela o homem; eu o fiz; as minhas mãos estenderam os céus, e a todos os seus exércitos dei as minhas ordens.* (Is. 45:12)

Essas partículas constituem o plasma éter ou *chi* da filosofia chinesa, substância presente em todo o Universo a partir da qual o Altíssimo, por meio de Iahweh, cria os hádrons, elétrons, fótons, prótons e nêutrons, os quais são as partes constituintes dos átomos. Os átomos são os blocos que constroem a matéria.

O plasma universal é de natureza magnética, forma um oceano universal magnético que se comporta como líquido sutil invisível, mas detectável nos campos produzidos por estrelas e planetas. Eis a razão pela qual a Bíblia diz:

> *Eles voluntariamente ignoram isto, que pela palavra de Deus já desde a Antiguidade existiram os céus, e a terra, que foi tirada da água e no meio da água subsiste.* (II Pd. 3:5)

*Pela fé entendemos que os mundos pela palavra de
Deus foram criados; de maneira que aquilo que se vê não foi
feito do que é aparente.* (Hb. 11:3)

Iteração dos hádrons

A seguir, veja a organização, de modo ascendente segundo seus estados energéticos, das quatro partículas básicas que formam o átomo.

Elétron, Fóton, Próton e Nêutron

Como cada partícula é formada pelo agrupamento de hádrons e só existe um hádron básico, então consideraremos cada uma delas como um só em diferentes estados energéticos; isto é, como se fosse um ser chamado Hádron que também se alimenta de hádrons e tem diferentes tamanhos, de acordo com a idade, e continua sempre se chamando hádron. Isto quer dizer que o elétron, o fóton, o próton e o nêutron também são um hádron.

Partículas e subpartículas que formam o átomo

Nome	Símbolo	Massa (U.M.A)	Carga relativa
Próton	p^+	1.00728	+1
Nêutron	n^o	1.00867	0
Fóton	f^o	0.001130555	0
Elétron	e^-	0.00055	1
Hádron	h	0.000274995	
Quark	q^+	0.000030555	
Antiquark	q^-	0.000030555	
Neutrino	q^o	0.000030555	
Gráviton	g	0.000030555	

*U.M.A.= Unidade de Massa Atômica = 1/12 massa de
um átomo de carbono 12*

A Matriz-S

Na tabela dos 64 hexagramas do *I-Ching* (tabela de matrizes) encontra-se a resposta à linguagem quântica, em que os hexagramas estão relacionados com a resultante do ciclo da corrente alternada que se manifesta em forma de partícula, a qual o cientista terrestre chama de hádron (unidade de subpartículas básicas organizadas na estrutura da matéria). Nela está a resposta à Matriz-S buscada pelos cientistas, a qual é a coleção de probabilidades para todas as reações possíveis do hádron ordenadas em série.

Deus se expressa na estrutura da matéria em linguagem hadrônica. Poder-se-ia dizer que a tabela dos 64 hexagramas do *I-Ching* é o dicionário hadrônico da linguagem material de Deus, dicionário de 64 palavras quânticas expressas em hádrons.

A Matriz-S ou "Matriz de Dispersão" se refere aos processos de colisão e desintegração de partículas como o próton, o nêutron, o elétron e o fóton. Por exemplo, a colisão de alta energia (alta velocidade) entre dois prótons faz com que estes se desintegrem momentaneamente em: bárions, antibárions e mésons, e estes grupos de subpartículas por sua vez, quase imediatamente, se organizam em hádrons. Isso mostra que o hádron é realmente a estrutura básica da matéria. A união das subpartículas (quarks) que formam o hádron é extremamente forte; nesta união armazena-se uma grande energia. Assim como o Candelabro de Deus tem dois testemunhos, também duas são as maneiras como pode ser desintegrado o hádron:

1 – Mediante processo eletrônico.

2 – Mediante bombardeio do seu núcleo com neutrinos de quarks de alta energia.

Cromomusicodinâmica quântica: No átomo, tanto o elétron quanto o fóton, o próton e o nêutron correspondem, de forma individual, a um conjunto de combinações binárias de notas musicais. Poder-se-ia dizer que todo átomo canta em coro sua própria canção; quanto maior o tamanho do átomo, maior é o coro musical de partículas. Isso quer dizer que o som ou a palavra podem influenciar a matéria.

Eu lhe disse, irmão, que a matéria é energia eletromagnética condensada. Também lhe disse que ela pode ser transformada em energia elétrica.

Assim como os dois componentes (Jaquin e Boaz) estão contidos na força binária organizadora do Universo, também sob dois componentes se manifesta a energia eletromagnética; em forma de corrente alternada e de corrente direta, as quais têm relação com o hádron.

O hádron resultante da corrente alternada

O hádron é a unidade de corrente alternada expressa em forma de partícula. Ele é igual a um ciclo de corrente alternada. Este é formado pelo agrupamento de um bárion, um méson e um antibárion. O bárion é formado por três quarks (cor verde); o méson é estruturado por um quark mais um antiquark e um neutrino (cor vermelha); um antibárion é constituído por três antiquarks (cor azul).

Dois componentes com seu espectro e uma resultante em forma de estrela de Davi estão contidos na estrutura do código cósmico. A estrutura da resultante do código cósmico e as estruturas do hádron são uma só.

Resultante do código cósmico

Estrutura do hádron

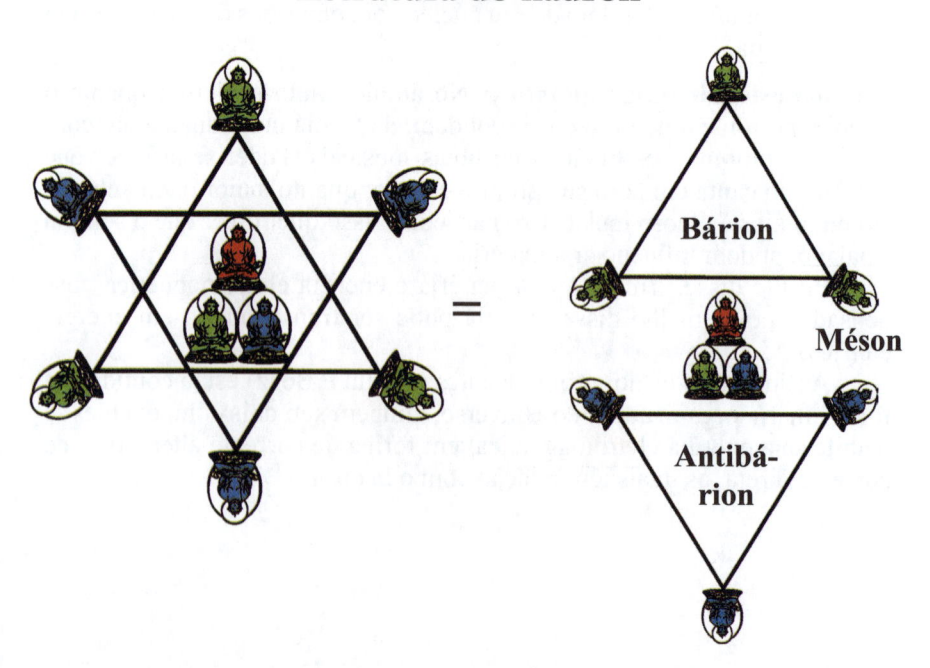

Estrutura da corrente alternada

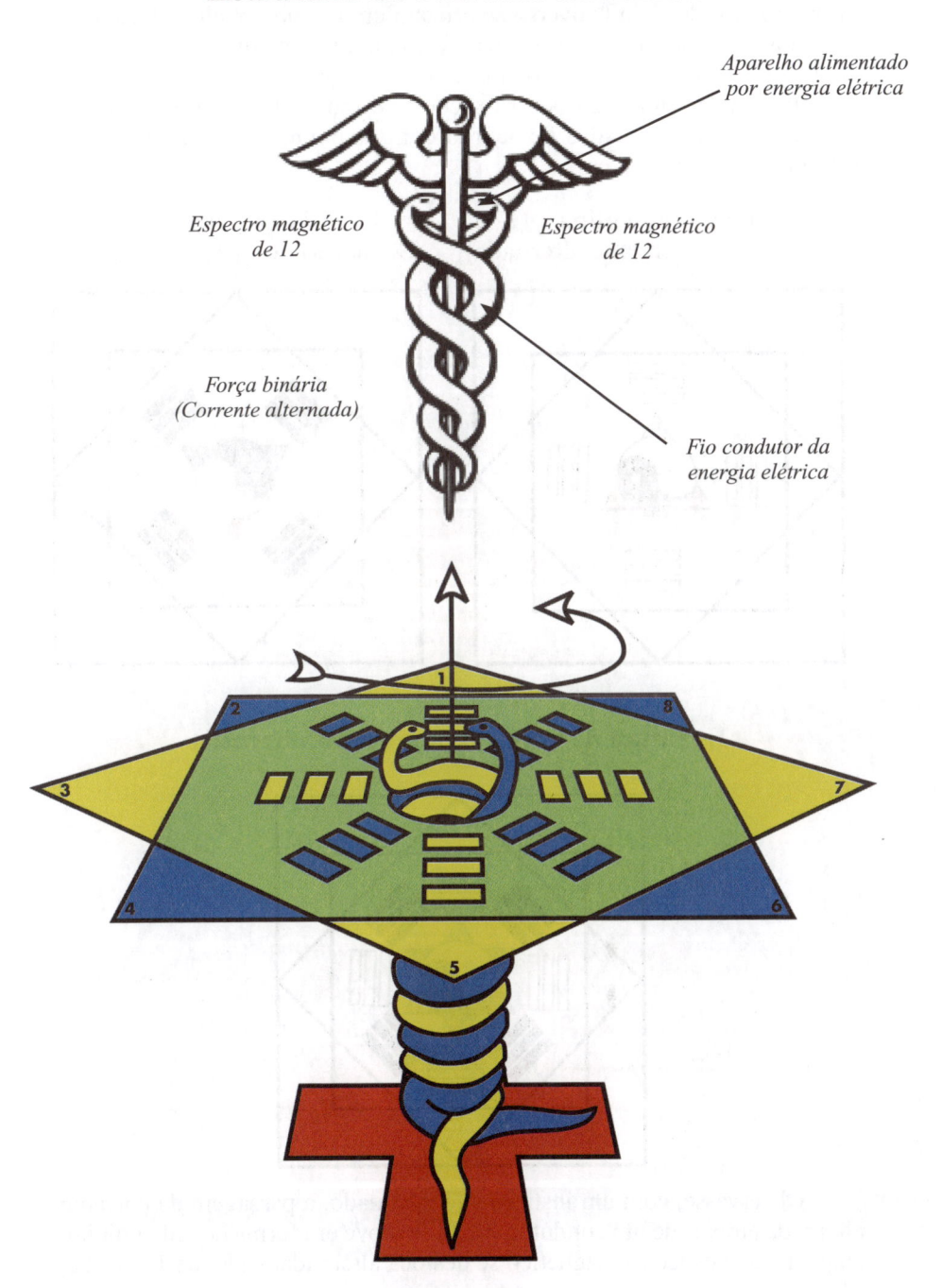

Aparelho alimentado por energia elétrica

Espectro magnético de 12

Espectro magnético de 12

Força binária (Corrente alternada)

Fio condutor da energia elétrica

Quando as forças masculina e feminina que constituem a força binária organizadora do Universo se cruzam em um ponto, ali se forma um redemoinho sobre o qual estas duas forças mudam de direção e se deslocam entrelaçadas, perseguindo uma a outra, de tal forma que o espectro de cada uma delas (formado por 12 seções) se mova organizado em quatro grupos de três, orientados de acordo com os pontos cardeais (somando oito grupos no total).

Força masculina
(Semiciclo de corrente alternada)

Força feminina
(Semiciclo de corrente alternada)

Estrutura de um ciclo de corrente alternada

Observa-se, com um instrumento adequado, a passagem da corrente alternada através de um condutor, e esta se move em forma de redemoinho, enquanto seu espectro magnético se desloca alternadamente, de 12 em 12, mantendo sempre a mesma posição. Embora a força binária se desloque girando, seu espectro mantém sempre a mesma direção.

Para analisar um ciclo de corrente alternada é preciso dividi-lo em quatro seções: no primeiro quarto do ciclo, o espectro da força binária não está ativado; no segundo, a força masculina ocupa a posição superior (acima) e seu espectro magnético está ativado.

No terceiro quarto do ciclo, o espectro da força binária não está ativado; no último, a força feminina ocupa a posição superior e seu espectro magnético está ativado. Observar que os dois componentes da força binária ocupam de forma alternada a posição superior do ciclo. Por isso, vemos troca de polaridade no movimento da corrente alternada.

Primeiro quarto do ciclo

Segundo quarto do ciclo

Terceiro quarto do ciclo

Último quarto do ciclo

Esquema da estrutura da resultante da corrente alternada

Componente Jaquin **Resultante** **Componente Boaz**

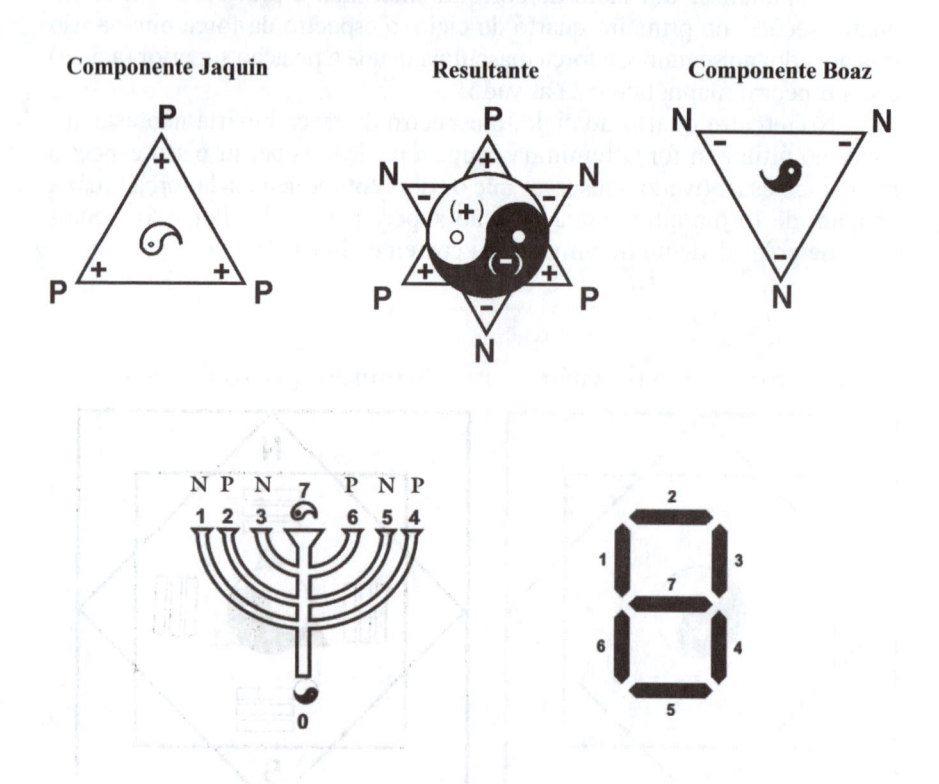

Partículas contidas na resultante da corrente alternada

Quark Antiquark Neutrino

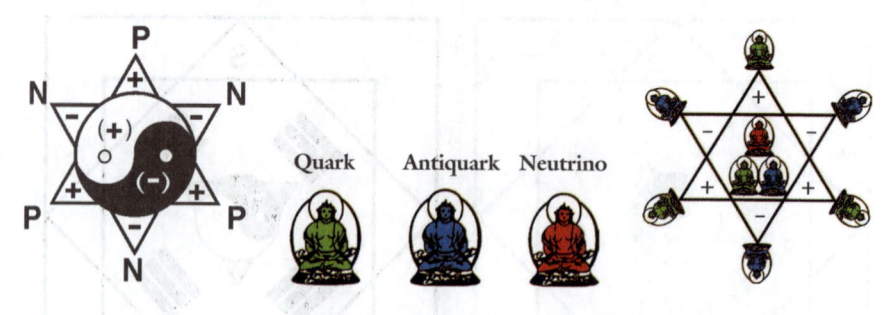

    O hádron é a resultante de um ciclo de corrente alternada em forma de subpartículas organizadas simetricamente. Em última instância, pode-se dizer que a corrente alternada é formada pelo fluxo de quarks.

Origem da porta de entrada e saída de corrente alternada no inversor

O inversor é um aparelho utilizado para transformar a corrente alternada em direta, para ser armazenada em baterias, com a finalidade de utilizá-la mais tarde invertendo o processo, e transformando-a de novo em alternada.

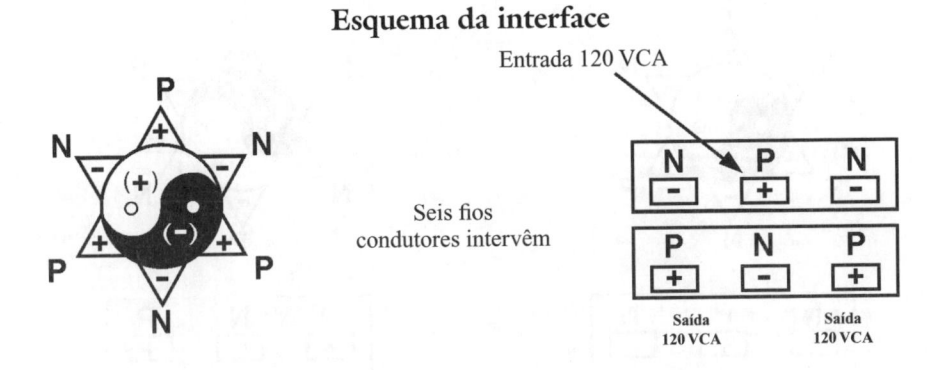

Esquema da interface

Entrada 120 VCA

Seis fios condutores intervêm

Saída 120 VCA   Saída 120 VCA

Eletrônica digital

Origem da existência dos transistores NPN e PNP

Dois testemunhos

Transistor NPN (base positiva)

Transistor PNP (base negativa)

Exemplo de conexão de chip de memória de telefone celular

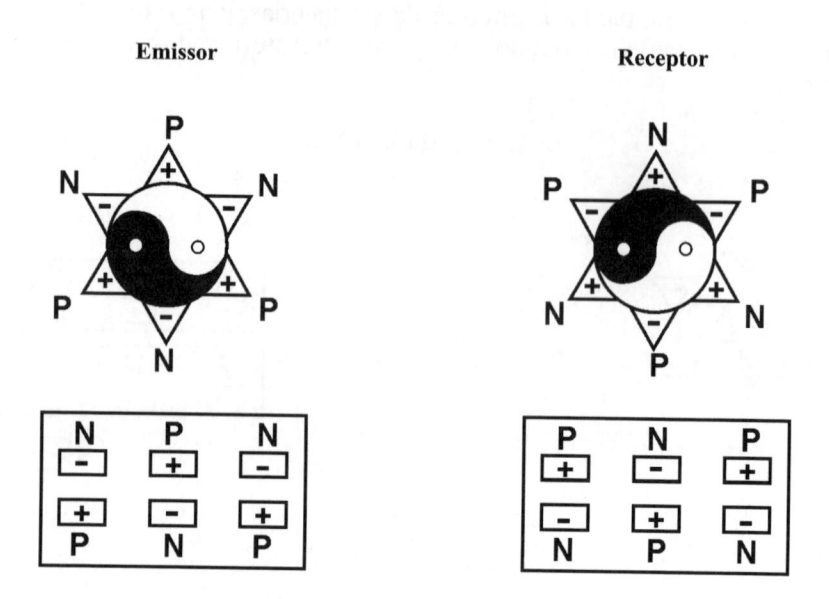

Emissor

Receptor

NOTA: Observar pontos de conexão do chip em telefone celular

Processo eletrônico para desintegrar o hádron

O hádron atua como uma espécie de pinça capaz de segurar o neutrino.

1 Hádron = 1/2 Elétron = Cycle AC

A principal utilidade da desintegração do hádron mediante processo eletrônico tem a finalidade de liberar o neutrino para com ele bater no núcleo do fóton para fazê-lo detonar dentro do motor de fótons. Para isso, aceleram-se dois elétrons mediante processo eletromagnético e são enviados por dois condutores conectados a uma ponte de quatro diodos conectados a um condensador, que por sua vez está ligado a um dispositivo que atua de forma inversa à ponte de diodos; os elétrons recebidos na ponte de diodos são divididos na sua entrada, liberando entre os dois um bárion, um méson e um antibárion, que ficam retidos na ponte de diodos e em seguida são transferidos em forma de hádron para um condensador, e por sua vez tal hádron é transferido ao dispositivo inverso à ponte de diodos e desintegrado ali, deixando livre o neutrino pelo centro do aparelho e os oito quarks restantes pela periferia do aparelho.

Esquema de uma ponte de diodos

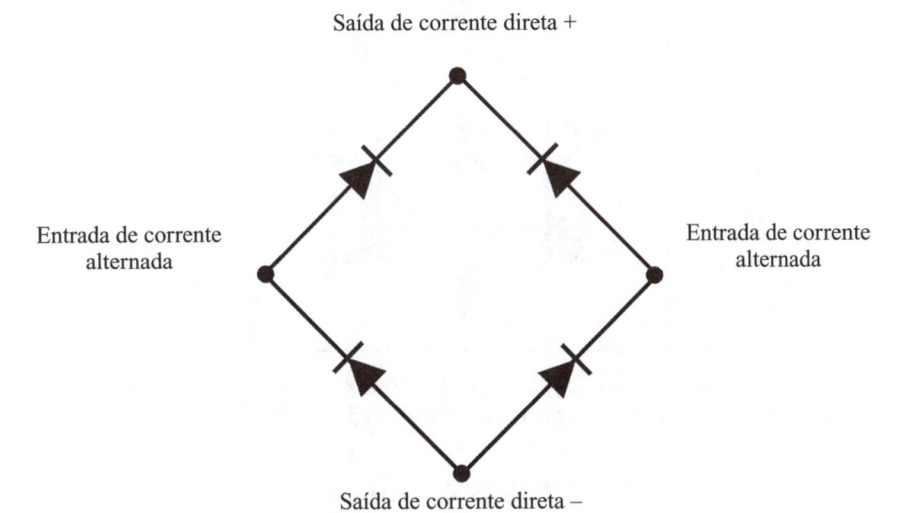

Saída de corrente direta +

Entrada de corrente alternada

Entrada de corrente alternada

Saída de corrente direta –

Esquemas da estrutura do condensador

A estrutura do condensador e a do código cósmico são uma só.

Placa metálica positiva

Placa metálica negativa

Hádron (A estrela)

Conector positivo

Conector negativo

Placa metálica dielétrica

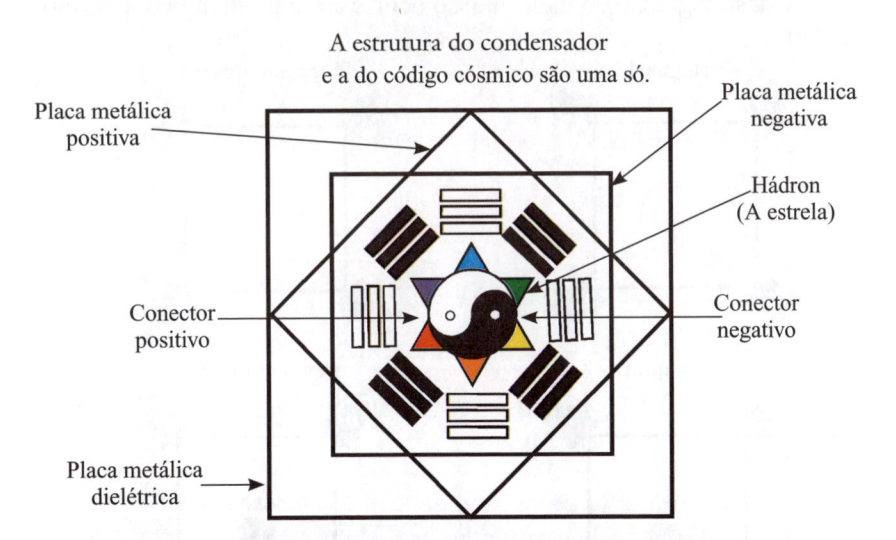

Um condensador é um dispositivo capaz de armazenar energia em forma de campo elétrico. É formado por duas placas metálicas paralelas (geralmente de alumínio) separadas por uma placa dielétrica.

Esquema de um hádron desintegrado de forma eletrônica

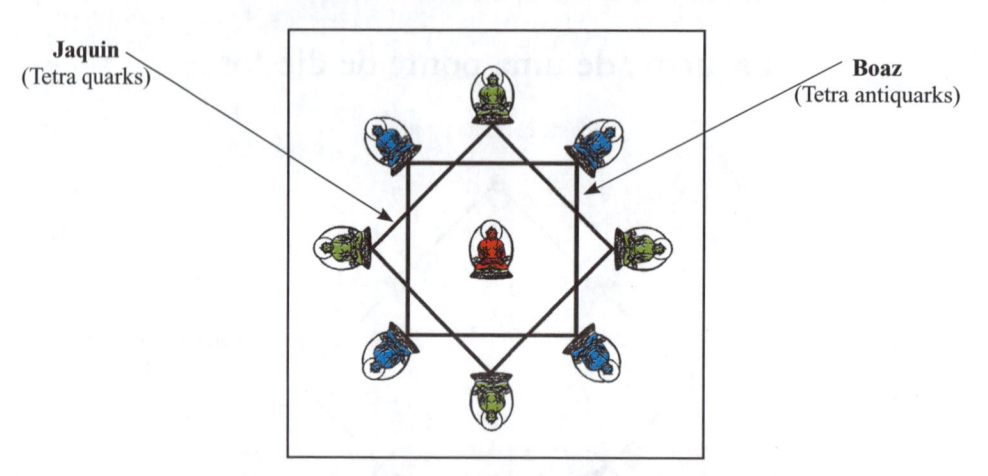

Jaquin
(Tetra quarks)

Boaz
(Tetra antiquarks)

Observar que são oito quarks, organizados em dois grupos de quatro, que rodeiam o neutrino. Eis aqui outra execução da "Lei das Oitavas"

Mésons exóticos

Os mésons exóticos se formam momentaneamente no processo eletrônico de desintegração do hádron. Isso ocorre ao redor do único neutrino do hádron.

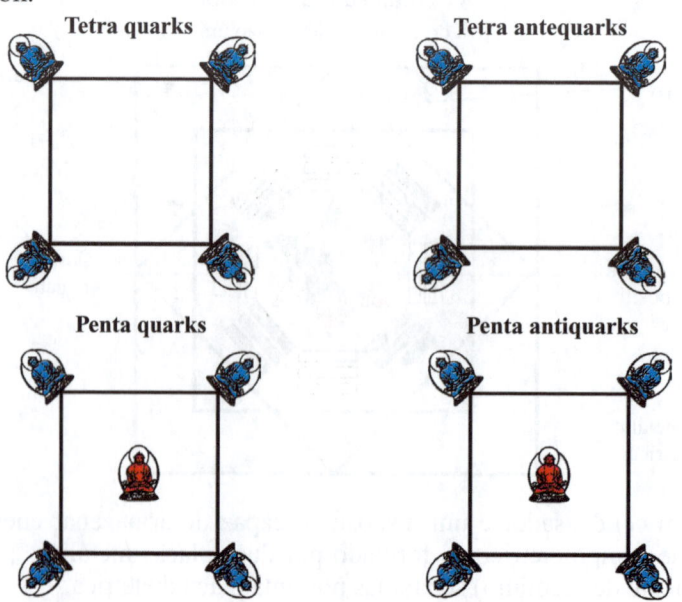

Tetra quarks

Tetra antequarks

Penta quarks

Penta antiquarks

Esquemas em sequência do processo de desintegração do hádron dentro do condensador combinado com o dispositivo inverso à ponte de diodos

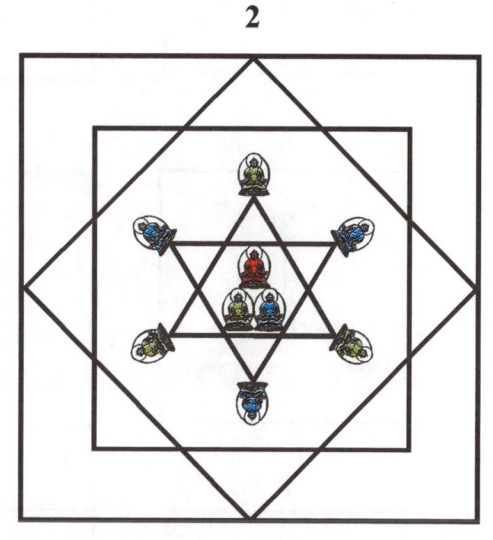

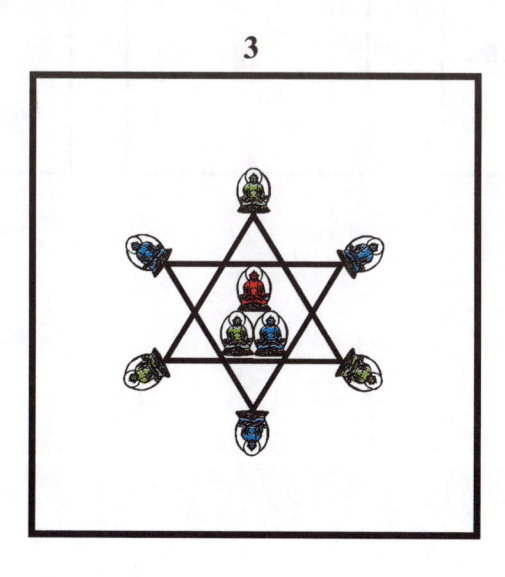

1

2

3

4

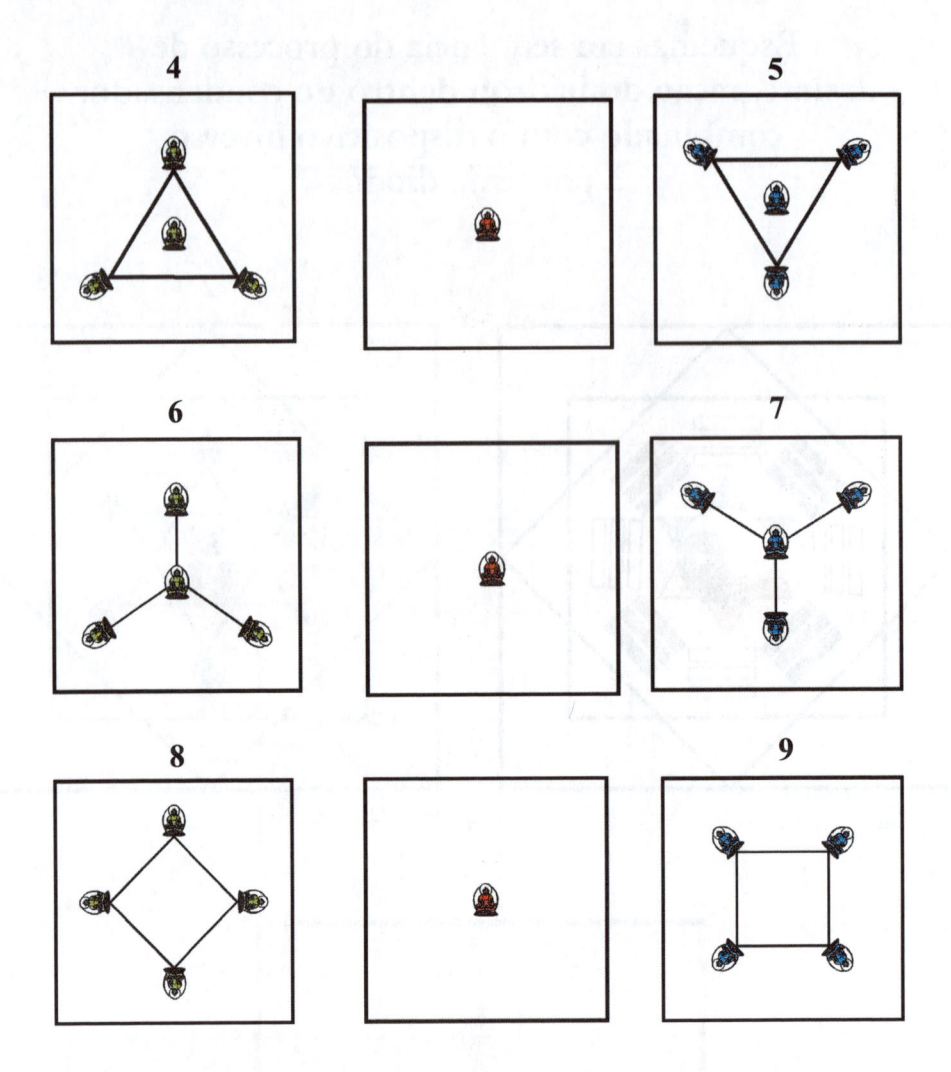

5

6

7

8

9

Hádron desintegrado

10

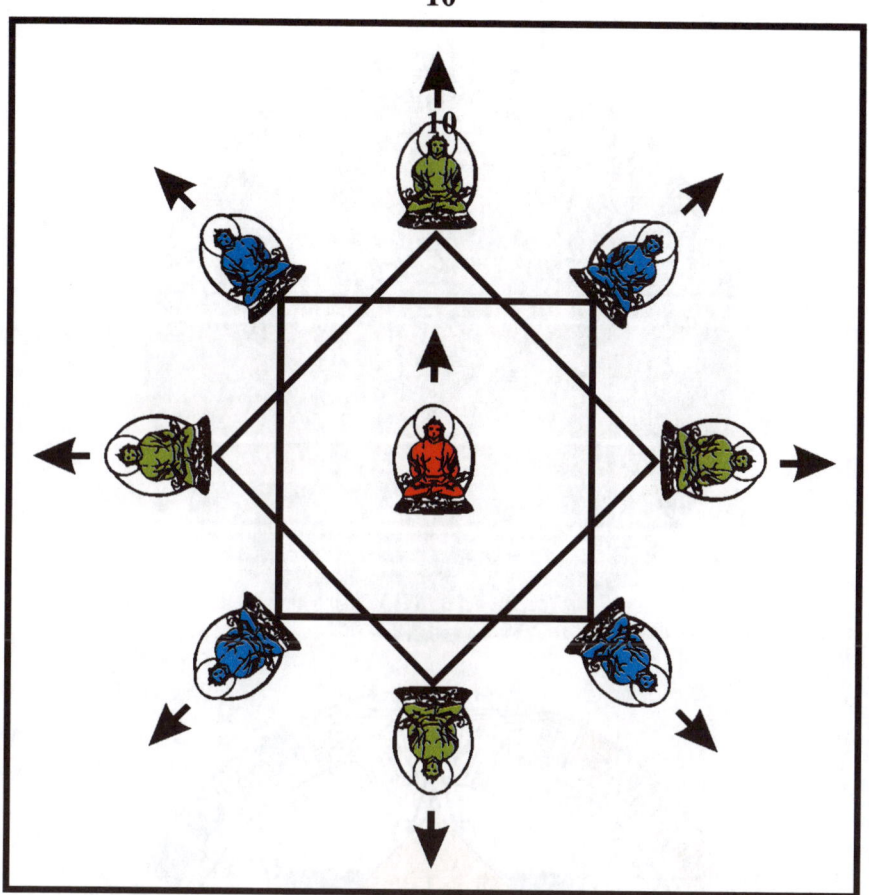

O neutrino sai disparado pelo centro, e os quarks e antiquarks pela periferia.

Esquema do aparelho eletrônico desintegrador de hádron e liberador de neutrino

Capítulo XI

Eletrodinâmica Quântica. O Código Cósmico na Estrutura do Fóton. O Motor de Fótons

A Biblia diz: "Deus é luz". Como Deus é luz, e a luz é formada por fótons, então, na estrutura do trono de Deus e sua corte está a resposta à estrutura do fóton.

Mandala de Durgatiparisodhana
(Esquema da estrutura do fóton)

O acontecimento científico mais importante do princípio deste século XXI está neste livro, ao ser demonstrada a de mandala **Durgatiparisodhana** (figura tibetana de origem extraterrestre), que, além de ser uma das figuras mais antigas que representam a estrutura do código cósmico, também simboliza a estrutura do fóton, que é a unidade da energia eletromagnética em forma de partícula. Aqui se demonstra que o fóton é formado por quatro hádrons mais um gráviton contidos em um só grupo. O hádron (toma forma de estrela de Davi) é formado pelo agrupamento de um bárion mais um antibárion mais um méson. O bárion é formado por três quarks; o antibárion, por três antiquarks; e o méson, por um quark mais um antiquark mais um neutrino.

Se um fóton é desintegrado, levado à sua mínima expressão, o seguinte número de subpartículas será liberado:

1 gráviton (sem cor) + 4 neutrinos (cor vermelha) + 16 quarks (cor verde) + 16 antiquarks (cor azul) = 37 subpartículas.

De duas maneiras pode-se desintegrar o fóton:

1 – Mediante processo eletrônico.

Aplicação: Produção de corrente alternada.

2 – Mediante bombardeio de seu núcleo com neutrinos de quarks de alta energia.

Aplicação: Combustível em motor de fótons.

De duas maneiras pode-se construir o fóton:

1 – Mediante processo eletrônico.

2 – Mediante o choque de um elétron e um pósitron (elétron positivo). Ao chocar um elétron com um pósitron, eles retêm um gráviton circundante e fundem-se em um só, formando um fóton.

Assim como o pórtico do Templo de Salomão é constituído de duas colunas e cada coluna (I Rs. 7:15) mede 18 côvados de altura, também dois elétrons contêm o fóton, e cada elétron possui 18 subpartículas.

Aquele que tiver ouvidos para ouvir que ouça, e aquele que tiver entendimento para entender entenda: na estrutura do fóton está a resposta para a unificação da gravidade e do eletromagnetismo. Este enunciado cria a base para transformar a força eletromagnética em força de gravidade.

O antifóton Mandala de Mahavairocana
(Estrutura do antifóton)

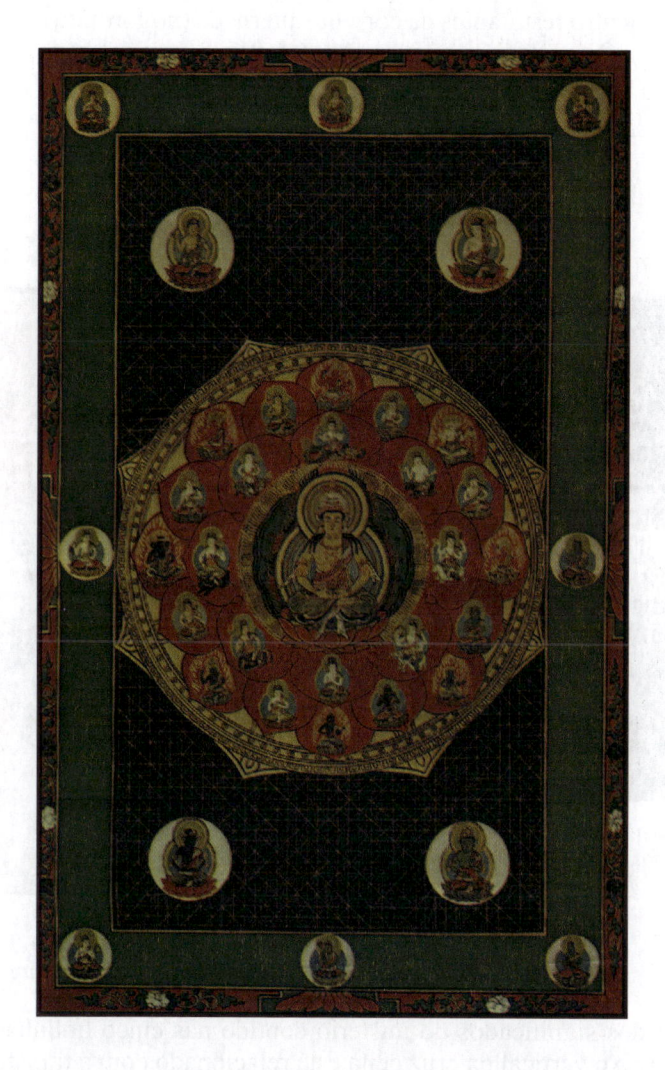

O gráviton é o centro do fóton, enquanto o antigráviton é o centro do antifóton. No fóton existem quatro neutrinos; no antifóton, quatro antineutrinos. Assim como quatro mésons estão no fóton; também quatro antimésons se encontram no antifóton. Observar, nas figuras, que as 24 subpartículas correspondentes ao campo magnético do fóton estão ao redor do grupo de mésons; enquanto as 24 subpartículas do campo do antifóton estão armazenadas dentro do grupo de antimésons.

A corrente direta

Um ciclo da corrente direta equivale a quatro ciclos da corrente alternada. A resultante da corrente direta (em forma de estrela de oito pontas) equivale a quatro resultantes da corrente alternada (no formato de estrela de seis pontas). Os quatro seres vivos (Ap. 6:6-8) ao redor do trono de Iahweh, tendo cada um deles seis asas e 24 olhos, são símbolos das resultantes com seus espectros magnéticos dos quatro ciclos da corrente alternada.

Os quatro seres vivos

Cruz celta

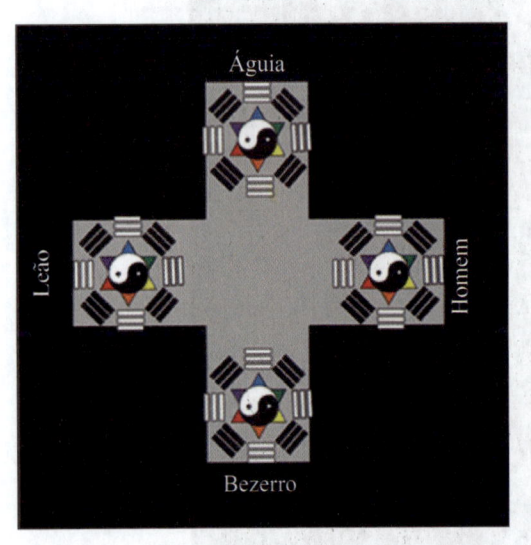

E os quatro animais tinham, cada um de per si, seis asas, e ao redor, e por dentro, estavam cheios de olhos [...] (Ap. 4:8)

A cruz celta é tão antiga quanto as pirâmides; nela está representado um ciclo da corrente direta.

Um dos significados do mistério contido nas cinco bolinhas enquadradas no eixo vertical da cruz celta está relacionado com a transformação da corrente direta. Quatro das bolinhas correspondem aos quatro ciclos da corrente alternada, e a última (ao centro) refere-se ao salto dos quatro ciclos de tal corrente comprimidos em um só grupo.

O salto dos quatro ciclos de corrente alternada armazenados se chama ciclo de corrente direta e é como o disparo de uma mola de quatro espirais comprimidos que carrega uma energia potencial; isto é, energia dinâmica que transporta energia potencial armazenada.

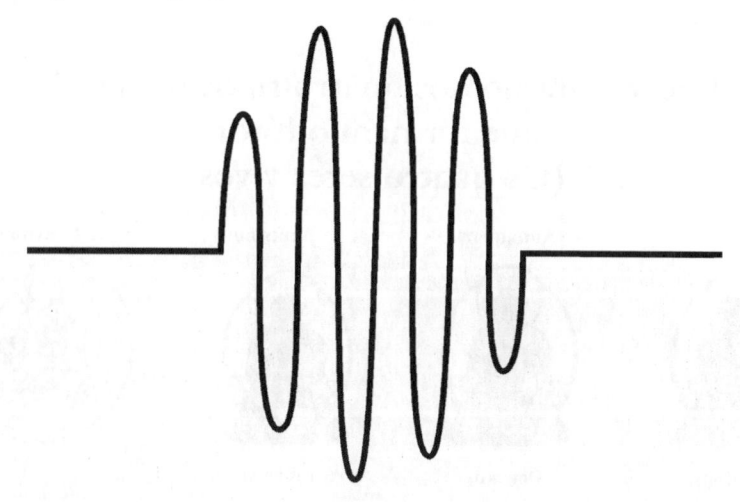

Podemos chamar os quatro ciclos da corrente alternada armazenada de "um *quantum* de energia". Os cientistas terrestres chamam o fóton de *quantum*, partícula que transporta um campo elétrico e magnético. As células fotovoltaicas que retêm as partículas de luz (fótons) irradiadas pelo Sol transferem a energia destes para o acumulador em forma de corrente direta. Poder-se-ia dizer que a corrente direta é o espírito ou essência do fóton e que tal espírito é formado por quatro unidades de corrente alternada. Assim como o código cósmico tem dois testemunhos, também dois volts de corrente direta produzem uma célula fotovoltaica.

O fóton
(Onda – partícula)

Reitero: O fóton é uma manifestação das ondas eletromagnéticas agrupadas formando uma partícula, a qual se define como "campo quântico", ou seja, um campo que toma a forma de partícula. Este é formado por quatro subpartículas básicas, as quais os cientistas terrestres chamam de quarks.

Representação dos quatro tipos de quarks que formam o fóton
(Os quatro seres vivos)

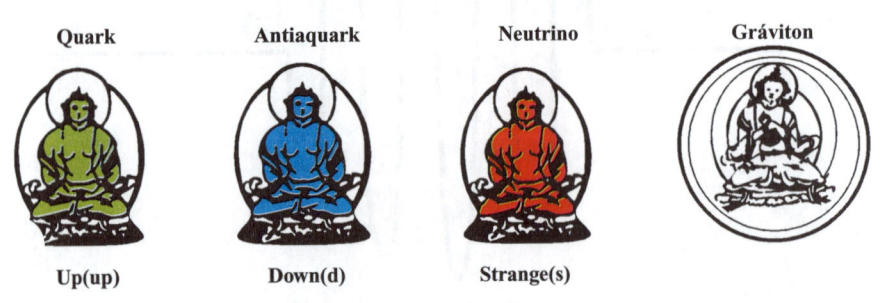

Quark	Antiaquark	Neutrino	Gráviton
Up(up)	Down(d)	Strange(s)	

Distribuição e posição dos quarks dentro do fóton

Separação do fóton

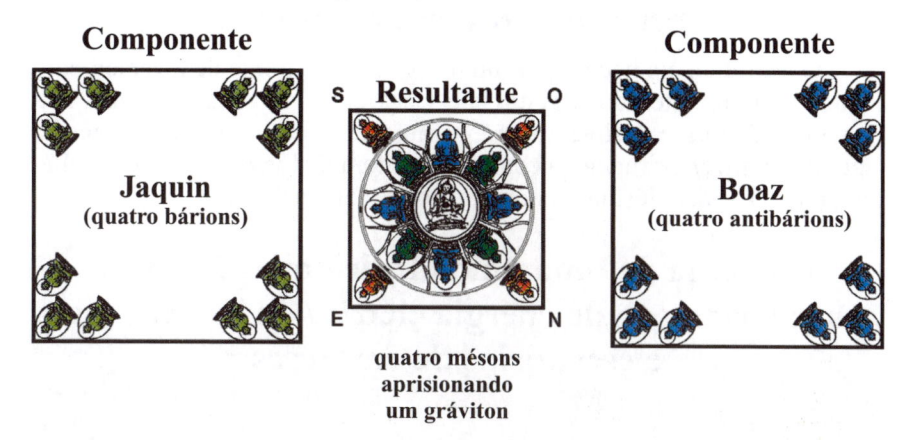

Componente

Jaquin
(quatro bárions)

Resultante

S O
E N

quatro mésons
aprisionando
um gráviton

Componente

Boaz
(quatro antibárions)

4 bárions + 4 mésons + 4 antibárions = 12 elementos

Fóton desintegrado

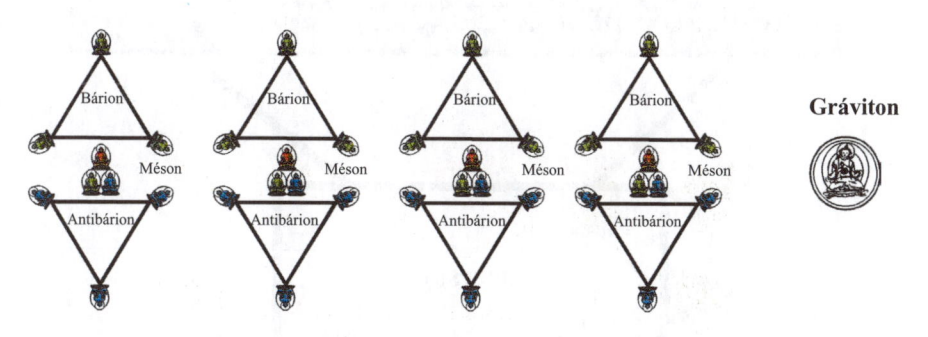

Bárion — Méson — Antibárion   Gráviton

Se um fóton é desintegrado, os bárions, mésons e antibarions automaticamente se organizam em hádrons, deixando o gráviton livre

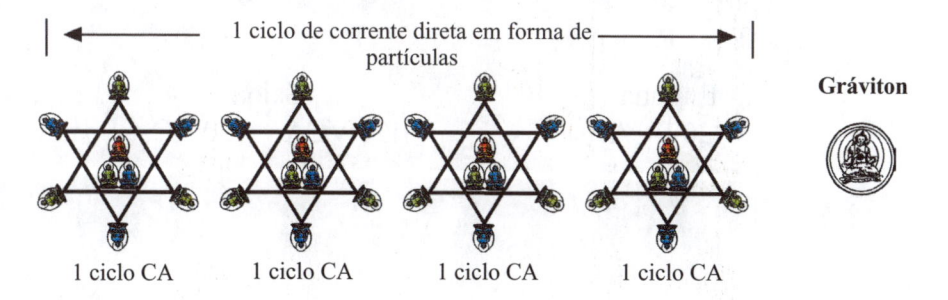

|←——— 1 ciclo de corrente direta em forma de partículas ———→| Gráviton

1 ciclo CA   1 ciclo CA   1 ciclo CA   1 ciclo CA

Construção do fóton mediante processo eletrônico

O aparelho, conhecido por muitos, que leva o nome de inversor, converte a corrente alternada em direta e vice-versa. Na verdade, é uma máquina construtora e desintegradora, a frio, de fótons. A placa de potência (Jaquin) do inversor funciona como construtora de fótons; e a placa osciladora (Boaz), como desintegradora, a frio, de fótons.

Esquema de uma unidade de emergência de armazenamento de energia elétrica de uso em casas e escritórios de empresas

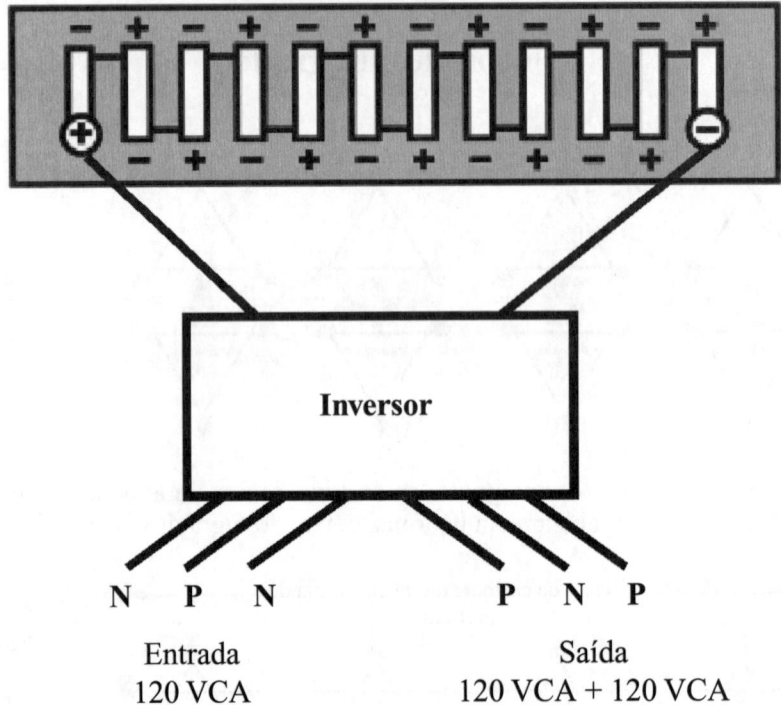

Bateria de 24 Volts CD

Inversor

N P N   P N P

Entrada
120 VCA

Saída
120 VCA + 120 VCA

Armazenamento de fótons
O código cósmico na estrutura de uma bateria de 24 volts DC
(Mandala de Vishnu)

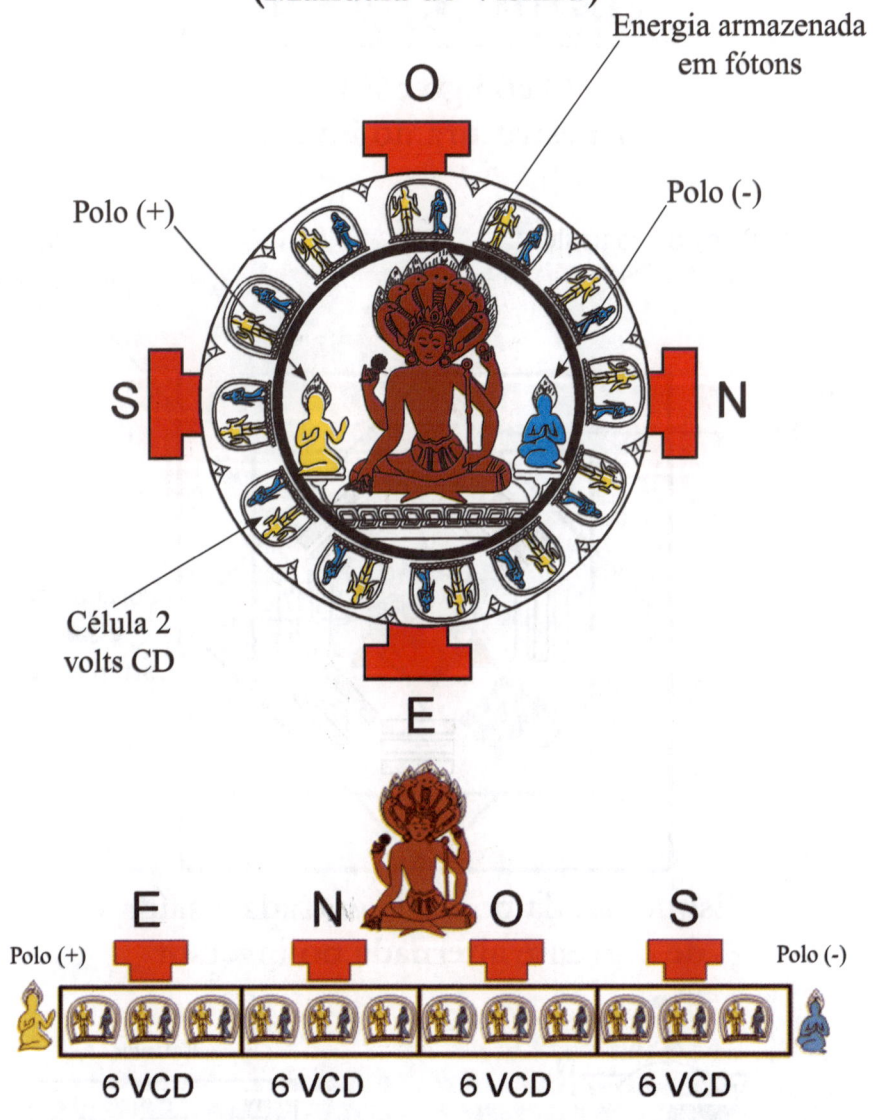

Energia armazenada em fótons

Polo (+)

Polo (−)

O

S   N

Célula 2 volts CD

E

E   N   O   S

Polo (+)   Polo (−)

6 VCD   6 VCD   6 VCD   6 VCD

Do lado do levante tinha três portas, do lado do norte, três portas, do lado do sul, três portas, do lado do poente, três portas. (Ap. 21:13)

Bateria de 24 volts CD

12 células em série, onde cada unidade produz 2 VCD

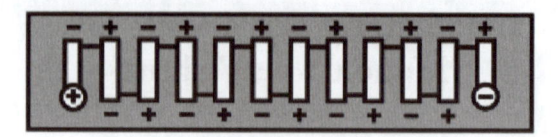

O código cósmico
na estrutura do inversor

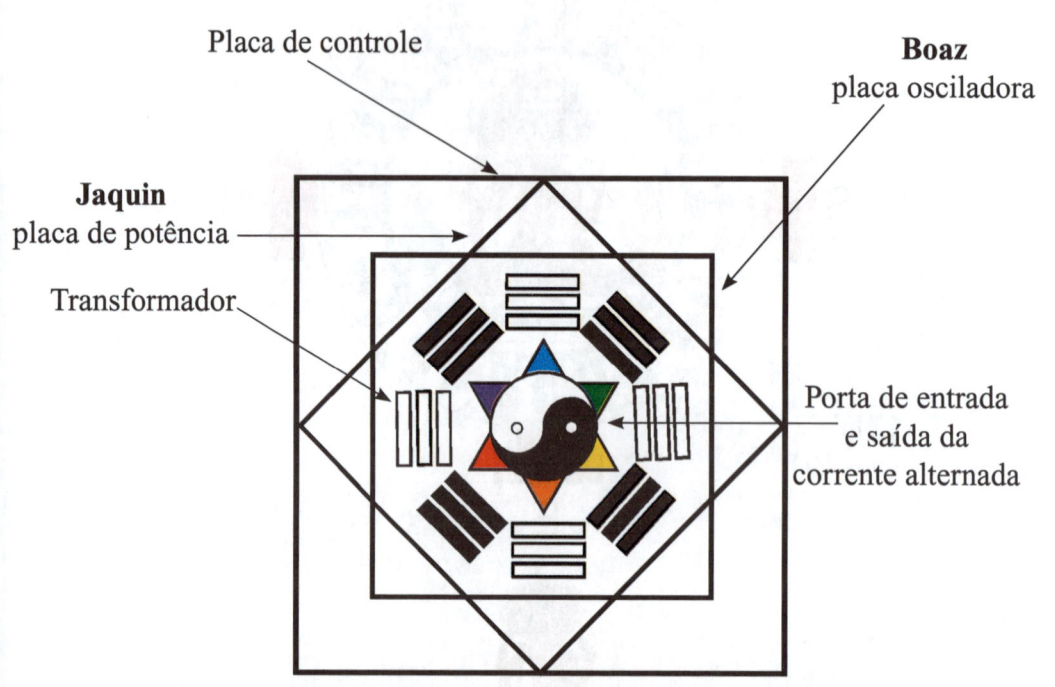

Placa de controle

Boaz
placa osciladora

Jaquin
placa de potência

Transformador

Porta de entrada
e saída da
corrente alternada

Esquema da porta de entrada e saída
de corrente alternada no inversor

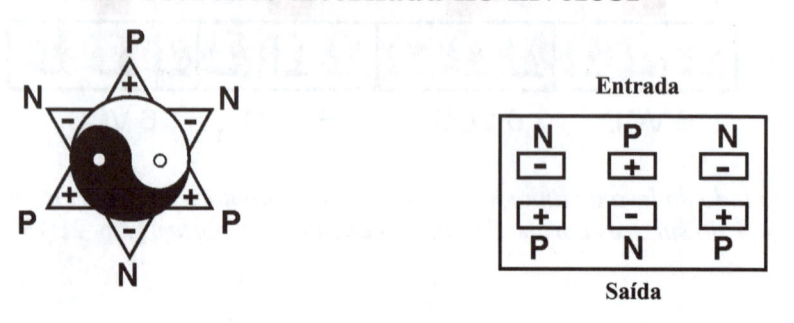

Entrada

N	P	N
−	+	−
+	−	+
P	N	P

Saída

Esquema do inversor separado

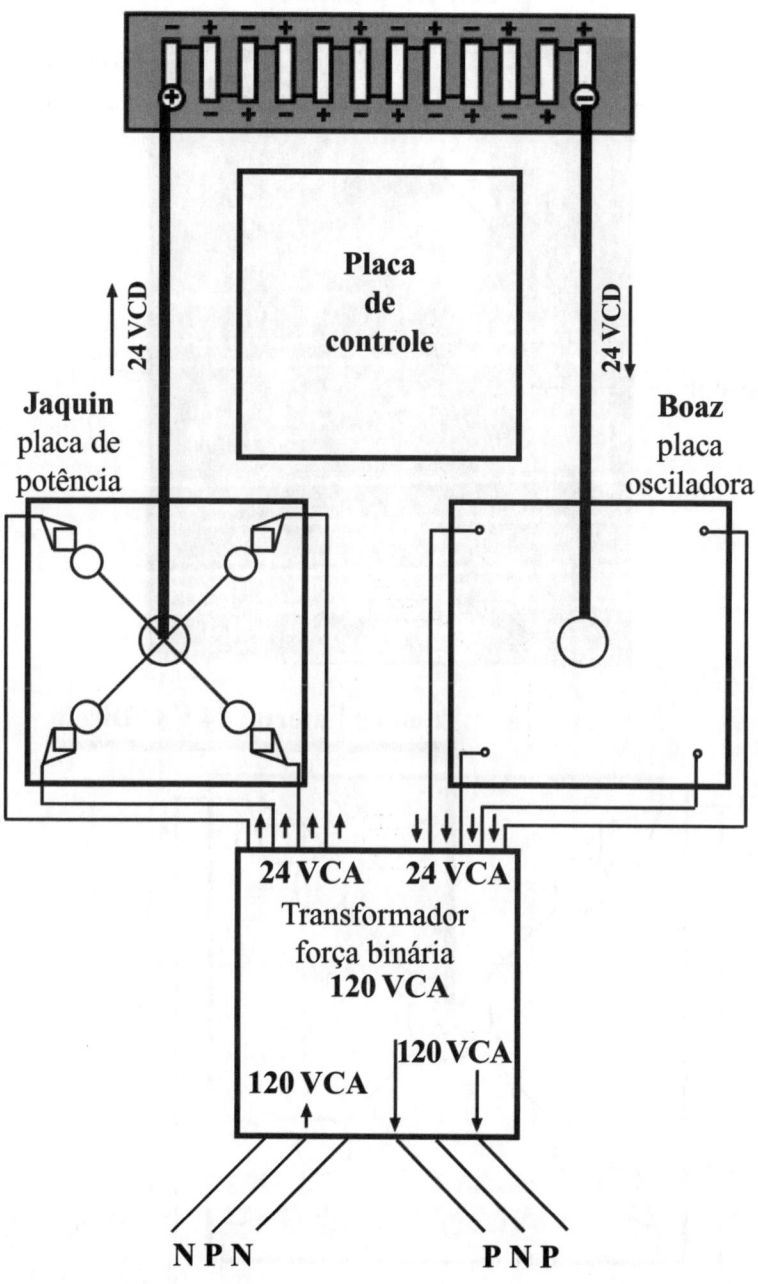

Jaquin
placa de potência

24 VCD

Placa de controle

24 VCD

Boaz
placa osciladora

24 VCA   24 VCA
Transformador
força binária
120 VCA

120 VCA   120 VCA

N P N   P N P

Entrada corrente alternada   **Saída corrente alternada**

O código cósmico na estrutura da placa de potência

Ponte de diodos

Condensador de cinco conexões

Condensador

cabo a bateria: 24 V C Direta

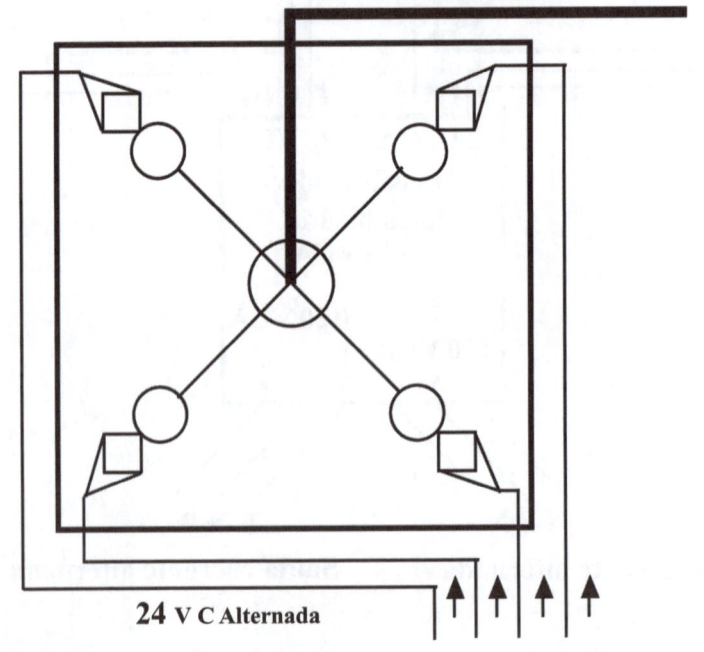

24 V C Alternada

A placa de potência é um dispositivo eletrônico que transforma a corrente alternada em direta. É constituída de quatro pontes de diodos mais quatro condensadores e um condensador de cinco conexões (quatro entradas e uma saída).

Reitero, a placa de potência funciona como uma máquina construtora de fótons; e a placa osciladora age como equipamento desintegrador, a frio, de fótons.

A placa osciladora, em seu dispositivo, eletrônico transforma a corrente direta em alternada.

Repetindo o conceito: quatro ciclos da corrente alternada armazenada formam "um *quantum*" de energia, o qual recebe o nome de fóton e é uma partícula que transporta um campo elétrico e magnético.

O salto dos quatro ciclos de corrente alternada armazenados se chama ciclo de corrente direta e é como o disparo de uma mola de quatro espirais comprimidas que carrega uma energia potencial armazenada; isto é, uma energia dinâmica que transporta energia potencial armazenada.

Como a corrente alternada é formada por elétrons que se movem girando em volta dos átomos, claramente estes se deslocam ao redor do fio condutor com uma trajetória semelhante ao redemoinho que forma uma mola.

Como a corrente direta é formada por fótons e estes se movem saltando como bolas de pingue-pongue entre um átomo e outro, mostram a razão pela qual a corrente direta se move por saltos dentro do fio condutor.

Poderíamos considerar o fóton como um ovo de eletricidade formado por quatro ciclos de corrente alternada depositada, e, por isso, permite sem dificuldade seu armazenamento em uma bateria.

Agora, com relação ao funcionamento da placa de potência, temos que: a corrente alternada entra na placa por meio de quatro fios condutores e é recebida por quatro pontes de diodos, os quais tomam, cada um, um ciclo de corrente alternada e o armazena em um condensador formando-se ali um hádron. Os quatro condensadores da placa disparam ao mesmo tempo os quatro hádrons armazenados em direção ao condensador central; ali o impacto do choque dos quatro hádrons retém um gráviton circundante, e se fundem formando assim um fóton. O fóton formado aqui é transferido por meio de um fio condutor que pode ser utilizado imediatamente ou armazenado em uma bateria.

O motor de fótons

O motor de fótons das naves cósmicas de Iahweh tem a forma de toroide. O que é um toroide? Um exemplo da figura geométrica chamada toroide podemos ver no tubo (câmara de ar) que cada pneu (roda) dos caminhões e de alguns automóveis têm em seu interior.

Poderíamos dizer que o motor de fótons, no fundo, é de plasma, já que ao serem detonados os fótons, com o laser de neutrino, dentro do toroide, estes se desintegram liberando cada fóton os 37 quarks que o formam. Há que recordar que já mencionei que o plasma universal é de natureza magnética e se comporta como um fluido magnético.

A cabine da nave cósmica tem forma de anel e está situada no centro do toroide, e tem-se acesso a ela por cima e por baixo do anel. A pendente que cobre o toroide dá forma de disco voador à nave.

Por que a reação em cadeia produzida pela detonação dos fótons dentro do motor não o desintegra junto com a nave? Porque o campo magnético gerado pela bobinagem do toroide produz um grande campo magnético que serve de amortecedor para o campo magnético gerado pela detonação dos fótons. Tanto o campo magnético do toroide quanto o campo magnético gerado pela detonação dos fótons são formados por quarks, e por isso neutralizam-se.

O plasma dentro do motor de fótons se comporta como ar comprimido em um balão ou bexiga; se soltarmos o balão com uma abertura para saída de ar, vemos que ele sai voando, da mesma forma funciona o motor de fótons.

O toroide, na nave, está desenhado com várias saídas distribuídas de modo conveniente para manobrar e impulsionar a nave. Embora ela se mova girando para produzir a gravidade artificial na cabine, sempre mantém a mesma direção, uma vez que os pontos de saída impulsores ao redor do toroide têm mecanismos controlados pelo supercomputador, que abrem e fecham o fluxo de quarks.

Os quarks são a massa que a nave utiliza para movimentar-se no espaço. Todo impulso provém de uma massa disparada a alta velocidade a partir dela.

Eu já mencionei que o plasma é formado por quarks e que é de natureza magnética, e isto quer dizer que a nave é impulsionada por força magnética. Os quarks, ao saírem dos impulsores, automaticamente se alteram em bárions, antibárions e mésons, e estes por sua vez se transformam em hádrons e depois em elétrons. Um elétron é formado pelo agrupamento de dois hádrons.

De onde provêm os fótons que alimentam o motor da nave? Vêm da transformação do magnetismo universal (plasma) em fótons.

Como se constroem os fótons? O fóton é constituído de duas formas; por colisão de um elétron negativo com um elétron positivo, as duas partículas ao se chocarem retêm um gráviton circundante e se fundem formando um fóton. Também se forma mediante processo eletrônico, como se mostra na placa de potência do aparelho chamado inversor.

O plasma universal se comporta como um oceano. Se utilizarmos um oceano como fonte que alimenta uma bomba, esta pode movimentar água por tempo indeterminado.

Assim como o oceano alimenta uma bomba de água, também o oceano de plasma universal é a fonte que faz movimentar o gerador de corrente alternada que pode bombear eletricidade por tempo indeterminado.

O gerador de corrente alternada é uma bomba de sucção de plasma, e este é de natureza magnética. O magnetismo pode se transformar em eletricidade e vice-versa.

O gerador de corrente alternada suga o plasma do campo magnético universal e o transforma em hádrons e em seguida em elétrons, os quais são enviados por meio de um fio condutor e recebidos por um transformador que os adapta para ser admitidos por sua vez por uma placa de potência que os modifica em fótons para ser utilizados pelo motor da nave. A energia que move o gerador de eletricidade provém do motor da nave. Eis aqui a resposta ao movimento contínuo buscado pelos cientistas terrestres.

O motor de fótons quase não se danifica com o uso, porque é formado por poucas peças móveis. Como o motor de fótons se alimenta do ambiente adjacente, pode durar dezenas de anos ligado, e só se detém quando é interrompida a energia que move o gerador de eletricidade.

Capítulo XII

O Código Cósmico na Estrutura do Átomo

O Átomo
Modelo de Niels Bohr
das três órbitas básicas de um átomo

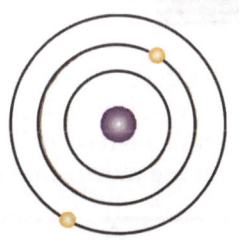

NOTA: Niels Bohr não se deu conta de que as órbitas contidas no campo magnético para outro tipo de átomo diferente ao modelo mostrado por ele giram nos polos do átomo.

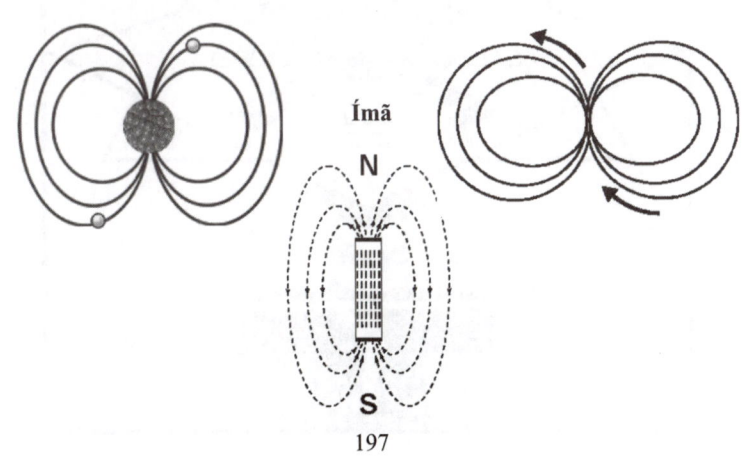

Ímã
N
S

Observar que a trajetória do campo magnético do ímã é semelhante ao campo do átomo. No esquema do ímã, vemos que o fluxo magnético é de 6 Mx, porque em cada polo sai ou entra um fluxo composto por seis linhas de campo. O Maxwell (Mx) é uma unidade igual a uma linha de campo magnético.

O campo magnético de toda partícula contém 12 órbitas organizadas em quatro grupos de três (Ap. 21:12-12) orientadas tal como mostram as figuras seguintes:

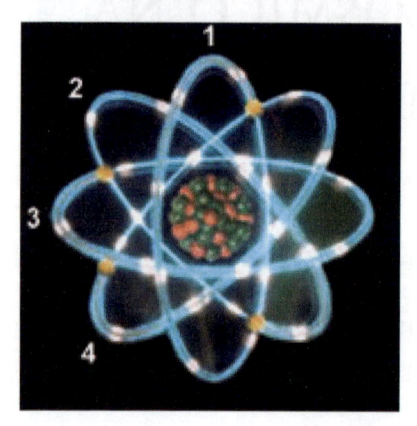

É de extrema valia saber que as 12 órbitas magnéticas convergem e giram nos polos da partícula. Também é muito importante saber que existe um túnel que atravessa de polo a polo o núcleo do átomo; por meio desse túnel transitam os elétrons em seu movimento ao redor do núcleo.

O Código Cósmico na Estrutura do Átomo   199

    Como as 12 órbitas magnéticas giram e se dividem nos polos da partícula, podemos dizer que o campo magnético tem 24 órbitas em vez de 12 (12 órbitas negativas divididas em quatro grupos de três + 12 órbitas positivas distribuídas em quatro conjuntos de três).

Trajetória real de um campo magnético

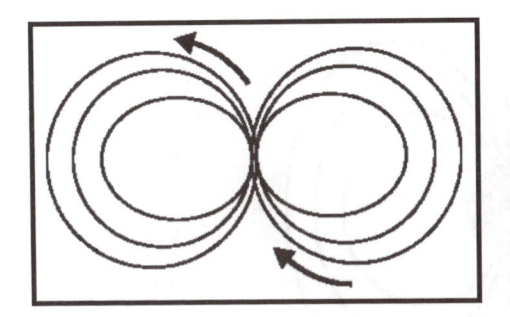

Quatro campos magnéticos

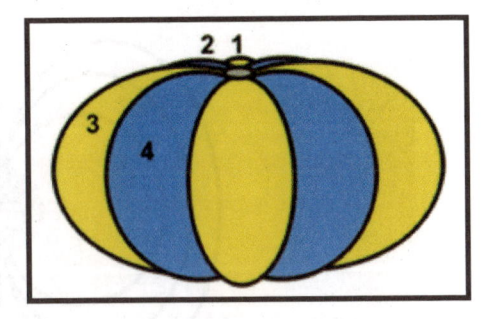

Corte dos quatro campos magnéticos vistos em planta

Os campos magnéticos do átomo atuam de forma alternada. Quando o campo negativo de 12 órbitas se recolhe, os elétrons relacionados a ele, nesse momento, estão ocultos transitando com movimento em espiral no interior do núcleo do átomo; enquanto os elétrons correspondentes ao campo magnético positivo (12 órbitas) estão fora, e vice-versa.

Posições dos quatro grupos de três órbitas correspondentes ao campo magnético positivo de um átomo. (Quatro elétrons de um mesmo signo relacionado com 12 órbitas.)

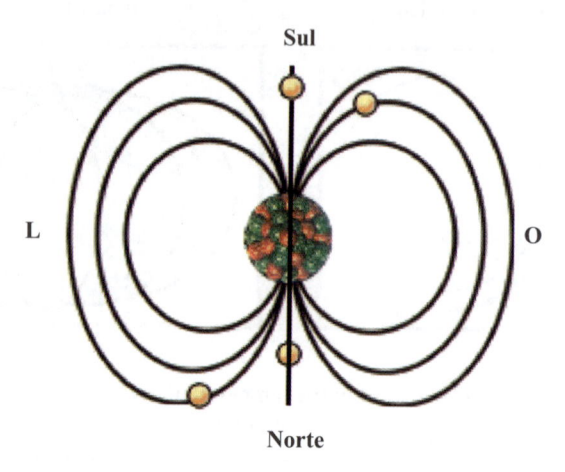

Toda essa informação permitirá ao cientista terrestre predizer a posição de um elétron em seu movimento ao redor do núcleo do átomo.

Comparação de posições de bandas magnéticas (órbitas) nos campos do átomo e do fóton

O átomo

O fóton

Estas duas figuras representam a unidade básica suprafísica do entretecido do holograma que forma o Universo.

Eis aqui nessas duas figuras as respostas para a simetria fundamental na física de partícula buscada pelos cientistas terrestres.

Capítulo XIII

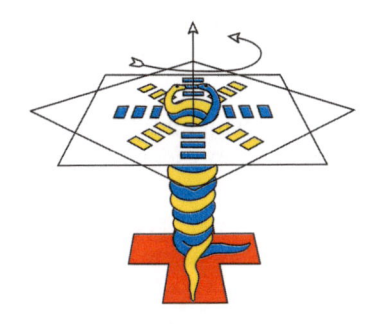

O Código Cósmico na Forma e Estrutura do Universo

No livro intitulado *O homem, embrião de anjo*, eu disse a você, irmão Gaetano, que o Universo é um dragão ígneo de sete cabeças. Agora lhe explicarei com maior profundidade a razão disso.

A resposta para a razão de ser da forma e estrutura do Universo está na estrutura do código cósmico.

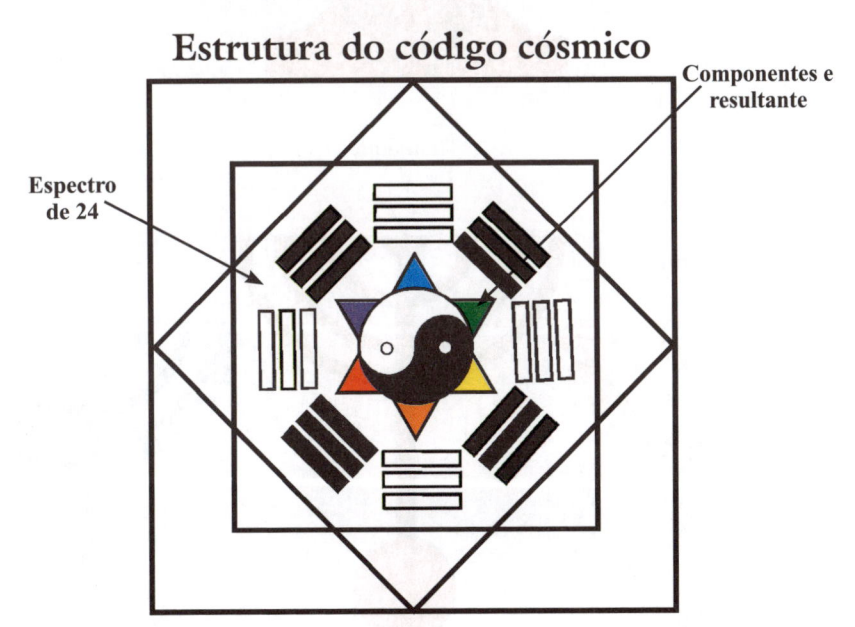

Estrutura do código cósmico

Componentes e resultante

Espectro de 24

A resultante da força binária organizadora do Universo é de sete cabeças e é representada em forma de serpente.

Estrutura do código cósmico

Resultante de sete cabeças

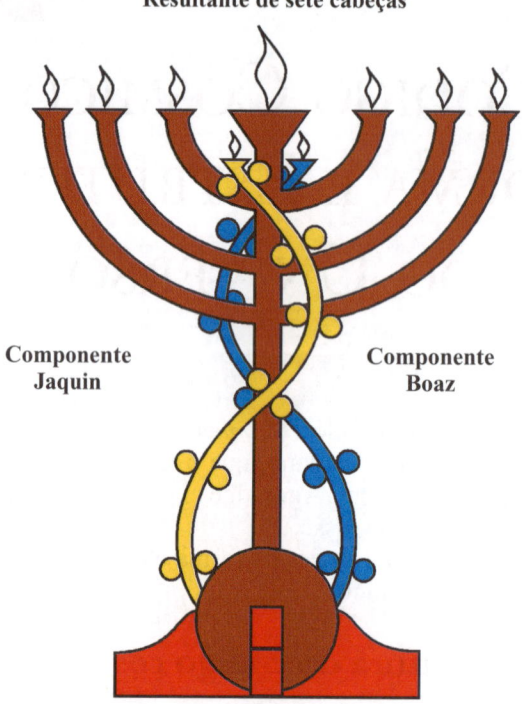

Componente Jaquin

Componente Boaz

Resultante

Componente Jaquin

Componente Boaz

O Código Cósmico na Forma e Estrutura do Universo 205

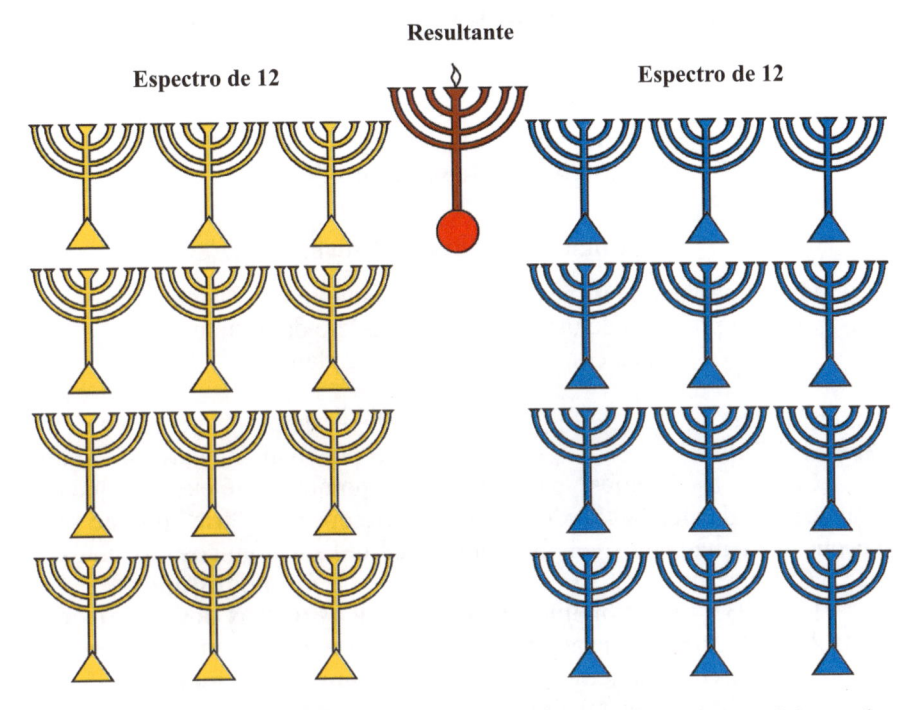

Espectro de 12   **Resultante**   **Espectro de 12**

O Universo é um dragão ígneo de sete cabeças. O Universo é formado por 25 dragões de sete cabeças contidos um dentro do outro em diferentes níveis dimensionais.

Lei da estrutura do Universo

1. O Universo é um dragão ígneo de sete cabeças contido dentro de um oceano de plasma. Nossa galáxia é uma partícula ígnea que faz parte de um dos tecidos que formam o corpo desse dragão.

2. O Universo é formado por 25 universos materiais contidos um dentro do outro em diferentes níveis dimensionais, separados cada um por uma camada ou manto de plasma (parecendo o vidro líquido) que se estende como o mar. Esses 25 universos se interconectam por meio de milhões de túneis agrupados em séries de 24 túneis alinhados um atrás do outro, em diferentes níveis dimensionais, em que cada série de 24 túneis corresponde a cada uma das estrelas e planetas do Universo.

3. O planeta Terra (da mesma forma que toda estrela e todo planeta do Universo) é formado por 25 esferas materiais, contidas uma dentro da outra em diferentes níveis dimensionais, que se interconectam por meio de uma série de 24 túneis cósmicos alinhados um atrás do outro em diferentes níveis dimensionais.

O plasma universal e os níveis dimensionais

Antes de desenvolver esse tema, colocarei fragmentos de artigos de jornais e periódicos que tratam sobre a matéria escura do Universo.

Artigo do jornal *New York Times*
Terça-feira, 26 de setembro de 2000

A matéria escura do Universo

Muitas pessoas aderiram à hipótese do suíço Fritz Zwicky sobre
a presença de uma matéria que difere da ordinária
e que constitui organismos e planetas.

Karen Wright
New York Times

Certos astrônomos passaram grande parte da vida buscando provas de que uma mão invisível faz com que o Cosmos funcione.

Em 1933, o astrônomo suíço Fritz Zwicky afirmou que algum tipo de presença divina mantém o Universo em equilíbrio. Sem tal presença, dizia Zwicky, as galáxias se desintegrariam.

E, apesar de seu forte conteúdo religioso, a hipótese de Zwicky começou a ganhar adeptos. **Os especialistas em Astrofísica sabem agora que a matéria invisível à qual Zwicky aludia difere notavelmente da matéria ordinária que constitui organismos e planetas.** Por exemplo, não interage com a luz, seja difundindo-a ou bloqueando-a. E tampouco pode ter muita interação com a matéria que nos rodeia, pois então sua existência seria mais óbvia.

Ela só delata sua presença pela atração gravitacional que exerce nas galáxias.

Atualmente, essa matéria desaparecida é conhecida como matéria escura fria. "Escura" porque não pode ser detectada nem com os telescópios mais modernos. "Matéria" porque não é energia, que é a outra opção; e "fria" porque seus padrões subatômicos são lentos.

Os últimos estudos de galáxias e as teorias dos astrofísicos indicam que a matéria escura fria constituiria mais de 90% de toda a matéria.

Os especialistas acreditam que, se suas propriedades fossem descobertas, seria possível compreender a formação das galáxias, unificar as forças fundamentais da Natureza e possivelmente resolver o destino do Universo. Também se poderiam oferecer hipóteses para a origem do Universo.

"Se existem", diz o físico Blas Cabrera, da Universidade de Stanford, "seriam as partículas estáveis mais antigas do Universo."

[...]

Por definição, a matéria escura interage muito debilmente com a matéria ordinária, incluídos os instrumentos criados para captá-la. Por causa disso, os detectores devem ser protegidos dos raios cósmicos e de outras partículas que poderiam afetar os débeis sinais da matéria escura.

Entre os elementos guardiões figuram o pó e o leito de rocha. Um detector situado a quase um quilômetro abaixo da terra, em uma mina de zinco, no Japão, recolheu outro tipo de partículas de matéria escura há dois anos. Mas as experiências japonesas indicaram que essas partículas, denominadas neutrinos, não têm massa suficiente para dar conta de toda a matéria escura prognosticada pelos físicos. Em razão disso, os cientistas se dedicaram a procurar partículas com massa maior.

Segundo as modernas teorias, as "partículas massivas de interação fraca" (PMIF) poderiam ser detectadas durante colisões com átomos que produzem vibrações e explosões de luz e de calor quando o núcleo se retrai.

Artigo do jornal *El Pais*, de Madri, Espanha
Segunda-feira, 20 de agosto de 2001

A velocidade da luz

El Pais/Madri

A velocidade da luz, considerada pela ciência moderna como uma constante universal, pode ter se acelerado nos últimos 6 bilhões de anos. Ou pelo menos é o que afirma um grupo de pesquisadores australianos que baseia sua teoria em observações realizadas com o maior telescópio terrestre.

"Essa descoberta terá consequências fundamentais em nosso conhecimento da Física", afirmou John Webb, diretor da equipe de pesquisadores e professor da Universidade de Nova Gales do Sul, na Austrália. **O postulado de que a velocidade da luz, 299.792,458 quilômetros por segundo, é constante, constitui a base da teoria da relatividade de Einstein.**

[...]

De qualquer forma, se a descoberta for concreta, comprovará que a teoria de que a velocidade da luz não varia ao longo do espaço e do tempo é incorreta. Apesar de que isso possa soar revolucionário, está de acordo com teorias modernas, como a das supercordas.

Esse modelo científico propõe um universo de dez ou 26 dimensões, em troca do que conhecemos com apenas quatro (comprimento, largura, altura e tempo). Essas dimensões extras poderiam estar dobradas ou cacheadas, de forma que seria impossível detectá-las no dia-a-dia, inclusive por meio de experimentos científicos.

"Essa descoberta poderia constituir uma pista que nos ajude a converter a teoria das supercordas em algo relevante para a Física", declarou Gordon Kane, físico da Universidade de Michigan. "Se for verdadeira, será uma estupenda notícia."

Com relação à "Teoria das Supercordas", o astrônomo Eric Chaisson, na p. 182 da segunda edição (1991) de seu interessante livro intitulado *Relatividade, buracos negros e destino do Universo*, diz o seguinte:

> Em estudos recentes e potencialmente importantes, os pesquisadores se entusiasmaram com uma ideia radical que foi proposta há cerca de duas décadas. **Essa teoria, denominada "Supercadeias", almeja unir todas as leis da Física dentro de um único marco.** Seu nome provém da ideia original de que os blocos construtivos finais da Natureza não são em absoluto partículas, mas diminutas cadeias que vibram.
>
> No entanto, ninguém nunca viu essas cadeias, apesar de que se considere que são trilhões de vezes menores que um próton, de fato, 10^{-33} centímetros, o comprimento de Plank. De acordo com seu modo de vibração, podem ser criadas a partir das cadeias subatômicas de diferentes partículas de matéria, de um modo muito semelhante à corda de um violino que pode ressonar com distintas frequências, cada uma das quais cria um tom distinto da escala musical. **Surpreendentemente, a "Teoria das Supercadeias" só funciona se o Universo começou com dez dimensões, seis das quais (de algum modo) se "ocultaram" até o tempo do Big Bang. Para alguns físicos, essa ideia revolucionária pertence à ficção científica (ou inclusive à Teologia),** enquanto para outros tem uma elegância imponente. Mas deve-se levar em consideração que são elegantes teorias matemáticas, aparentemente sem nenhuma base na realidade física, que deram à luz o mundo da ciência. Apesar de a teoria das supercadeias suscitar atualmente um grande entusiasmo na comunidade científica, não há, até o momento, a mínima evidência experimental que possa sustentá-la.

Agora, desenvolvendo o tema sobre o plasma universal e os níveis dimensionais, direi a você:

O sinal mais perfeito para representar a forma e a estrutura do Universo é o conjunto formado pelo oceano, pelo dragão e pela pérola. Esse é um símbolo sagrado na religião budista.

Muitos pensam que o dragão é uma figura mitológica criada pela mente humana, e não se dão conta de que a Bíblia diz que eles realmente existem e que vivem no fundo dos oceanos.

Se a Bíblia menciona a existência de um sem-número de animais conhecidos, por que, quando cita o dragão, este não deve realmente existir?

A Bíblia assinala que o dragão vive nos abismos oceânicos e que, ao se deslocar, deixa rastros de luz como os cometas; ou seja, produz luz própria, como o vaga-lume e a barata voadora.

Após si deixa uma vereda luminosa; parece o abismo tornado em brancura de cãs. (Jó 41:32)

A Bíblia também diz que o dragão pode lançar chamas por sua boca. Como isso é possível? É muito simples de explicar: ele produz um gás no interior do estômago que é armazenado em um órgão especial e, ao dispará-lo em forma de espirro, em alta velocidade, o atrito em sua garganta o acende e o transforma em labaredas de fogo. O combustível diesel atomizado não é aceso pelo atrito das moléculas do ar a alta compressão dentro dos cilindros do motor?

Cada um dos seus espirros faz resplandecer a luz, e os seus olhos são como as pálpebras da alva. (Jó 41:18)

Da sua boca saem tochas; faíscas de fogo saltam dela. (Jó 41:19)

Das suas narinas procede fumaça, como de uma panela fervente, ou de uma grande caldeira. (Jó 41:20)

O seu hálito faz incender os carvões; e da sua boca sai chama. (Jó 41:21)

Se o cientista terrestre esquadrinhasse com atenção os abismos oceânicos do planeta Terra, encontraria ali o dragão. Se uma tartaruga marinha pode viver 400 anos, quanto não viveria o dragão, se existisse?

Eu disse a você que o símbolo perfeito para representar a forma e a estrutura do Universo é o conjunto formado pelo oceano, pelo dragão e pela pérola, e que é sagrado na religião budista. Repito-lhe isso para começar a descrever-lhe tal símbolo, já que estou lhe dando, para apreciação, uma imagem do mesmo tirada do livro que tem como título *Compêndio de História Universal*, de José R. Millán.

Na figura da serpente guardiã da pérola (cerâmica de Pequim, China), o oceano é símbolo do plasma universal; a serpente, do Universo; e a pérola representa as esferas (estrelas e planetas) nas quais o Universo se sustenta. As estrelas e os planetas são os blocos básicos que formam as galáxias, e estas, o Universo.

O Universo está contido dentro de um oceano de plasma. A matéria se origina do congelamento da água plásmica; a Bíblia confirma isso quando diz:

Eles voluntariamente ignoram isto, que pela palavra de Deus já desde a Antiguidade existiram os céus, e a terra, que foi tirada da água e no meio da água subsiste. (II Pe. 3:5)

Pela fé entendemos que os mundos pela palavra de Deus foram criados; de maneira que aquilo que se vê não foi feito do que é aparente. (Hb. 11:3)

Serpente guardiã da pérola
(cerâmica de Pequim)

Essa figura é uma cópia modificada que contém os mesmos elementos da original.

NOTA: O dragão simboliza o Universo; a pérola, o bloco básico do Universo (sóis e planetas); e o oceano é símbolo do plasma em que o Universo está submerso.

O plasma universal não é visível nem palpável ao corpo físico humano em condições normais, mas em situações especiais o corpo físico pode ver e apalpar o plasma universal. Mais à frente, falarei sobre isso.

A forma mais simples de ver e tocar o plasma universal é levando uma pessoa, no corpo espiritual, a esses níveis dimensionais, em transe hipnótico.

Eu mesmo vi e toquei o oceano de plasma universal em seus diferentes níveis dimensionais. Ele se comporta como a clara de ovo, como o vidro líquido. **O plasma universal é o "éter" mencionado pelos antigos.**

NOTA: A radiação emitida pelo plasma universal já foi detectada pelos radiotelescópios terrestres; os cientistas a chamam de "radiação cósmica de fundo".

Os níveis dimensionais e o plasma universal

Para entender o comportamento dos níveis dimensionais e do plasma universal, deve-se vê-los da seguinte maneira: imagine que não existem os sóis nem os planetas, nem as galáxias, e que o Universo é um oceano de água, e que há um peixe que nada no interior. Mas esse oceano universal é formado por um conjunto de oceanos, todos do mesmo tamanho, que se interpenetram um no outro em diferentes níveis dimensionais. Se o peixe muda sua estrutura magnética, deixa de existir no oceano em que originalmente se deslocava e passa a existir no oceano contíguo.

O símbolo da Igreja primitiva cristã ligado ao peixe de Jonas está relacionado com o que acabei de lhe revelar. Vejamos fragmentos da experiência de Jonas:

E orou Jonas a Iahweh, seu Deus, das entranhas do peixe. E disse: Na minha angústia clamei a Iahweh, e ele me respondeu; **do ventre do inferno gritei, e tu ouviste a minha voz.** (Jn. 2:1-2)

Porque tu me lançaste no profundo, no coração dos mares, e a corrente das águas me cercou; todas as tuas ondas e as tuas vagas têm passado por cima de mim. (Jn. 2:3)

Eu desci até os fundamentos dos montes; a terra me encerrou para sempre com os seus ferrolhos; *mas tu fizeste subir a minha vida da perdição, ó Iahweh meu Deus.* (Jn. 2:6)

Quando desfalecia em mim a minha alma, lembrei-me de Iahweh; e entrou a ti a minha oração, no teu santo templo. (Jn. 2:7)

Falou, pois, Iahweh ao peixe, e este vomitou a Jonas na terra seca. (Jn. 2:10)

Muitos pensam que a narração da experiência de Jonas é uma história fictícia, por não saber que Iahweh usa naves cósmicas (Ez. 1:1-4), capazes de passar de um nível dimensional a outro.

Sei por experiência própria que, assim como há 25 tronos no centro de comando do Universo (Ap. 4:4), **também 25 são os níveis dimensionais, e a cada um deles corresponde um oceano de plasma.**

A matéria existente em um nível dimensional qualquer procede da cristalização de uma parte do oceano de plasma que corresponde a outro nível dimensional.

Assim como a cada trono do centro de comando do Universo corresponde um ancião (Ap 4:4), também a cada oceano de plasma corresponde uma cristalização. Existem 25 cristalizações. O mistério de que a cada 50 anos se celebre o ano do jubileu na Bíblia está relacionado ao mistério dos 25 tronos e dos 25 anciãos do centro de comando de Universo.

A matéria no Universo está distribuída entre os 25 níveis dimensionais que existem.

Outra informação importante é que, em cada um dos 25 níveis dimensionais do Universo, existe a tridimensionalidade. Os objetos têm comprimento, largura e altura em cada nível dimensional.

Do total de matéria existente no Universo, só é visível a olho nu cerca de 25% e isso corresponde ao plano físico, o restante é invisível e se encontra em outros níveis dimensionais; os astrofísicos chamam-no de "matéria escura".

A seguir, o cálculo exato da quantidade de matéria correspondente ao plano físico do Universo, expresso em porcentagem.

$$\begin{cases} 25 \text{ cristalizações} & 100\% \\ 1 \text{ cristalização} & X \end{cases}$$

$$\frac{1c \times 100\%}{25c} = 4\%$$

Esse cálculo baseado na **"Lei Universal do Desenho Único"** (o candelabro e os dois testemunhos com seus frutos) confirma aos cientistas terrestres que sua descoberta – feita pelo satélite "Sonda de Anisotropia em Micro-ondas Wilkinson" (WMAP, a sigla em inglês) –, a qual mostra que, do total de matéria que forma o Universo, só 4% é visível e que os 96% restantes são matéria escura, é correta. Vejamos um artigo relacionado a isso, publicado por Dennis Overbye no jornal *The New York Times*, em 25 de fevereiro de 2003. O artigo diz o seguinte:

Um satélite proporciona um mapa detalhado do Universo em sua infância

Por Dennis Overbye

O mapa mais detalhado e preciso produzido até a data do Universo exatamente depois de seu nascimento confirma triunfalmente a teoria do *Big Bang* e abre novos primeiros capítulos na precoce história do Cosmos, apontaram recentemente os astrônomos.

Revela o surgimento das primeiras estrelas do Cosmos apenas 200 milhões de anos depois do *Big Bang*, cerca de 500 milhões de anos antes do que os teóricos acreditavam, e oferece o primeiro indício fascinante da física da "dinamite" por trás do *Big Bang*.

Os astrônomos disseram que os resultados do mapa apoiam de forma impressionante a estranha imagem que surgiu recentemente: o Universo está se expandindo em um ritmo cada vez mais acelerado, impulsionado por uma misteriosa "energia escura".

Comparando seus dados com outras observações astronômicas, os astrônomos também realizaram cálculos muito mais precisos dos parâmetros básicos que caracterizam o Universo, incluindo sua idade, geometria, composição e peso.

Resumidamente, o Universo tem 13,7 bilhões de anos de idade, com margem de erro de mais ou menos 1%; recente estimativa anterior tinha margem de erro três vezes maior. **Seu peso é composto de 4% de átomos**, 23% de matéria escura – presumidamente partículas do *Big Bang* – e 73% de energia escura. E é geometricamente "plano", significando que as linhas paralelas não se juntarão em escalas cósmicas.

O mapa, compilado por um satélite chamado Sonda de Anisotropia em Micro-ondas Wilkinson (WMAP, sigla em inglês), mostra as ligeiras variações de temperatura em uma névoa de micro-ondas de rádio que, acredita-se, são os restos dos incêndios do *Big Bang*. Os cosmólogos indicaram que o mapa serviria como base para estudar o Universo durante o resto da década.

"Colocamos a pedra angular de uma teoria coerente e unificada do Cosmos", disse Charles L. Bennett, um astrônomo do Centro de Voos Espaciais Goddard, em Greenbelt, Maryland, que coordenou uma equipe internacional que construiu o satélite e analisou os resultados. O satélite foi lançado em 30 de junho de 2001; ficou em órbita ao redor da Terra e registrou emanações cósmicas de um ponto ao outro da Lua.

David N. Spergel, um astrofísico da Universidade de Princeton e membro da equipe WMAP, disse: "Respondemos à série de perguntas que impulsionaram o campo da cosmologia durante as últimas duas décadas. Quantos átomos há no Universo? Qual a idade do Universo?".

A tarefa, agora, concordaram ele e outros, é entender os elementos obscuros que aparentemente compõem 96% de tudo, e o que aconteceu no *Big Bang* que deu origem a tudo.

Quando, nesse artigo, se diz: **"Colocamos a pedra angular de uma teoria coerente e unificada do Cosmos"**, isso é certo. Porque, quando o satélite WMAP detecta que o Universo é formado por 4% de matéria visível e 96% de matéria escura, isso é a base para entender a sua estrutura.

Essa descoberta coincide com a "Lei Universal do Desenho Único", a qual, como dissemos, é representada pelo candelabro e os dois testemunhos com seus frutos.

No candelabro e os dois testemunhos, com sua base e seus frutos, está a resposta à teoria unificada buscada pelos cientistas terrestres.

Em um planeta qualquer do Universo, apenas 4% do total da matéria que o forma é visível e corresponde ao plano físico; os 96% restantes são invisíveis e estão repartidos entre os outros 24 níveis dimensionais, da seguinte maneira: 48% rodeiam o planeta e 48% se encontram no ventre do mesmo. A matéria escura que se encontra no ventre do planeta tem, progressivamente, maior densidade que aquela que rodeia o astro.

Repito-lhe: 96% da matéria que forma o Universo é invisível, não palpável (matéria escura); e 4% é visível e palpável e corresponde ao plano físico.

Agora lhe falarei sobre a estrutura de estrelas e planetas.

Capítulo XIV

Túneis no Universo, Portas dos Céus. O Código Cósmico nas Estruturas de Estrelas e Planetas

Repito, irmão Gaetano, que o Universo é um dragão ígneo de sete cabeças e que nossa galáxia é uma partícula que faz parte de um dos tecidos que formam o corpo desse dragão.

As galáxias são formadas por estrelas e planetas; portanto, tomamos as estrelas e os planetas, do ponto de vista macro, como blocos básicos do Universo.

Existem três tipos de estrelas no Universo: positivas, negativas e neutras. A estrela positiva é aquela cujo centro é um buraco branco; a negativa é aquela cujo centro é um buraco negro; e a neutra é a que contém em seu interior o buraco cinza.

Os cientistas terrestres chamam os buracos negros, buracos brancos e buracos cinzas de "Pontes Einstein-Rosen".

Eu, Orifiel Elias, Sétimo Anjo do Apocalipse, enviado de Iahweh e de Nosso Senhor Jesus Cristo, conheço por experiência própria a estrutura dimensional de estrelas e planetas, não estou teorizando nem interpretando figuras, valho-me delas e das Escrituras Sagradas como forma de fazer entender aquilo que conheço por experiência própria.

Estrutura das estrelas

Assim como a força binária organizadora do Universo é formada por dois componentes com seus espectros e uma resultante, também é formada a estrutura dimensional de toda estrela e todo planeta do Universo.

Toda estrela e todo planeta do Universo estão rodeados por um espectro que os cientistas terrestres chamam de matéria escura. Conheço por experiência própria que este espectro não só rodeia todos os astros, como também se encontra no ventre dos mesmos.

Relacionando a estrutura do código cósmico com a de todo astro do Universo, temos que o plano físico do astro corresponde à resultante do código cósmico; e os espectros do astro com os dois componentes.

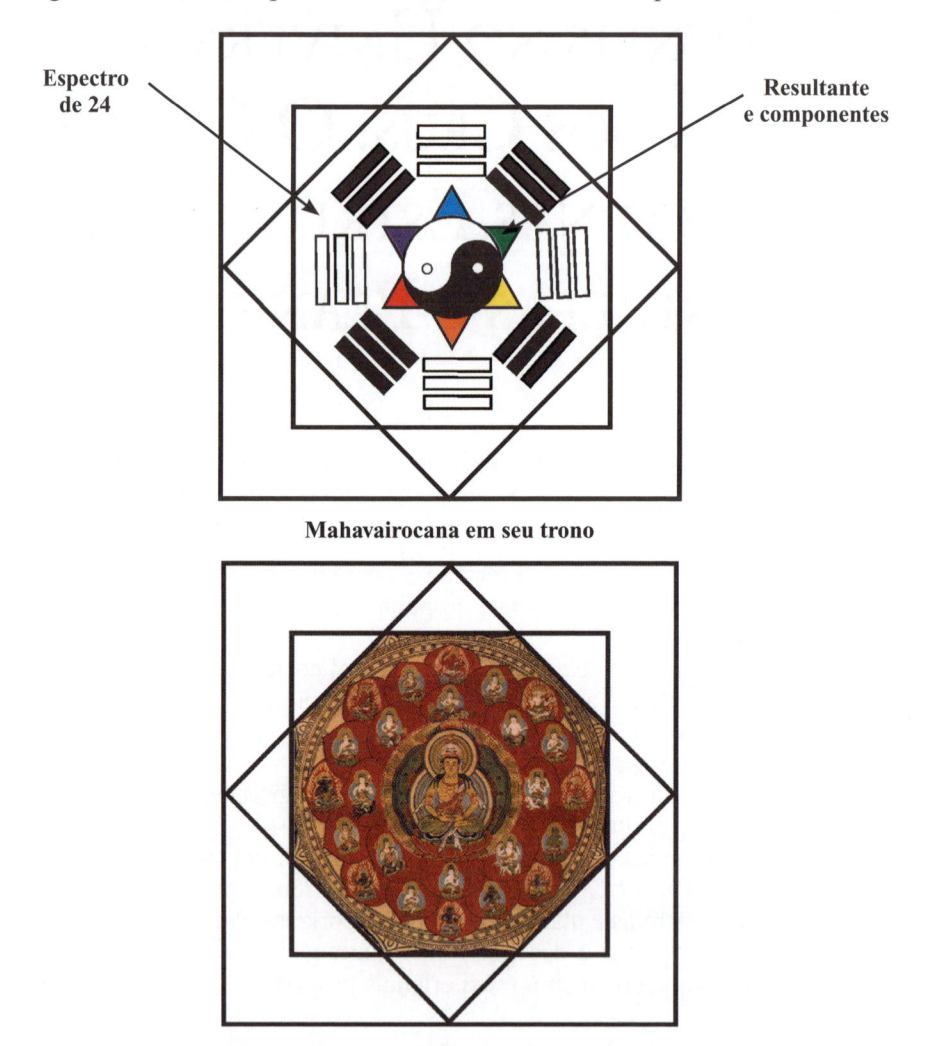

Espectro de 24

Resultante e componentes

Mahavairocana em seu trono

O planeta Terra (da mesma forma que toda estrela e todo planeta do Universo) é formado por 25 esferas materiais, contidas uma dentro da outra em diferentes níveis dimensionais, que se interconectam por meio de uma série de 24 túneis cósmicos alinhados um atrás do outro em diferentes níveis dimensionais.

Esquema da estrutura dimensional da Terra

Imagem mostrando que na Estrela de Davi está a resposta à estrutura dos planetas do Universo. Essa imagem pertence à Catedral Freiburg, na Alemanha.

NOTA: Esta figura foi retirada do livro intitulado *Angels*, escrito por Malcolm Godwin.

Estrutura dimensional da Terra na estrela de Davi

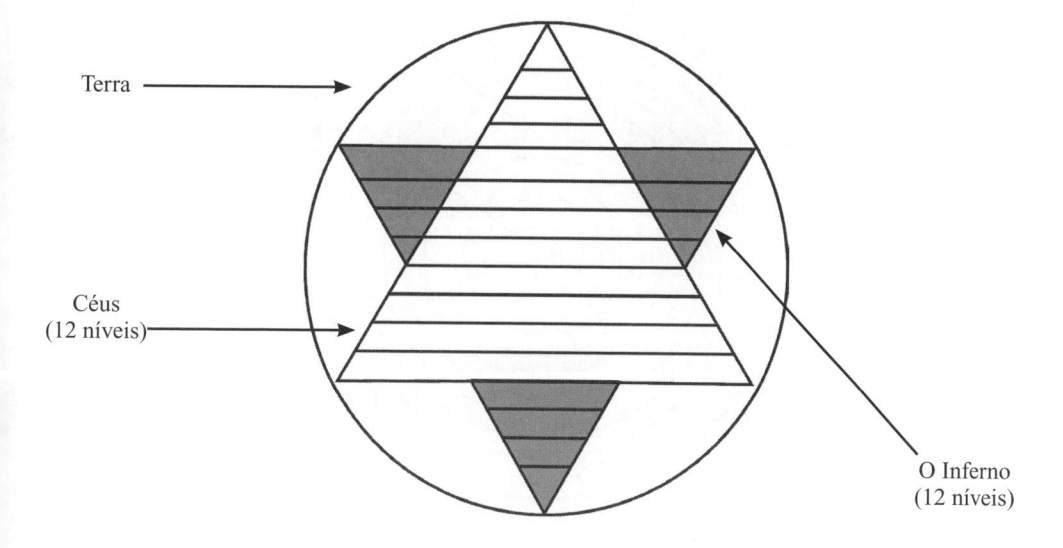

Terra

Céus
(12 níveis)

O Inferno
(12 níveis)

Esquema das 12 esferas dos céus levando a Terra em seu interior

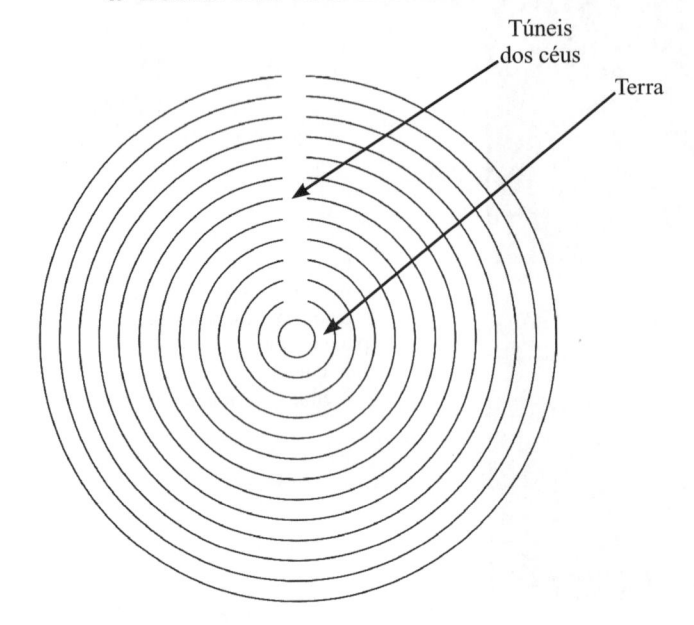

Túneis dos céus
Terra

Esquema da Terra levando em seu interior as 12 esferas do Inferno

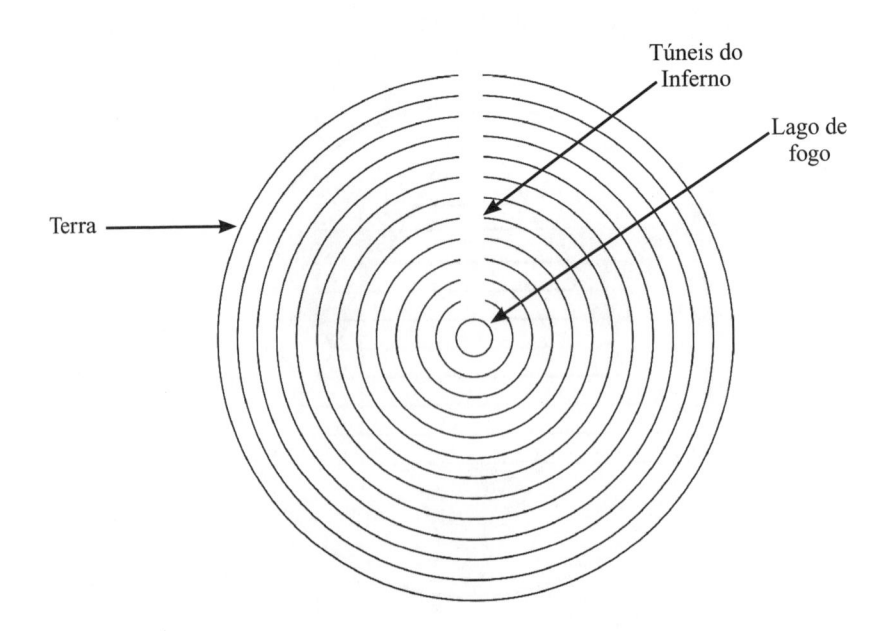

Túneis do Inferno
Lago de fogo
Terra

O trono de Deus e sua corte

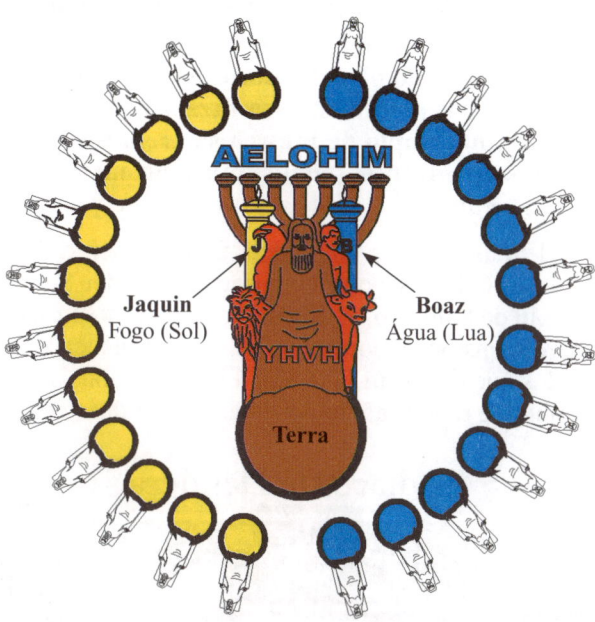

Observar que somam 25 as esferas debaixo dos tronos dos anciãos incluindo Iahweh. As duas colunas são símbolo dos túneis dos céus e do Inferno.

O pórtico do Templo de Salomão

As duas colunas do pórtico do templo que Davi, por ordem de Iahweh, mandou Salomão construir (I Cor 28:11; I Rs 7:15-21) são símbolos do túnel dos céus e do Inferno. Túneis produzidos dentro da matéria escura (plasma) do planeta, por causa do redemoinho magnético que flui através dos polos. Por essa razão, as duas colunas Jaquin e Boaz, do pórtico do Templo de Iahweh são representadas em forma de redemoinhos serpenteantes, como se fossem mangueiras. *As duas colunas* (Jr. 52:21) *eram ocas ,e sua espessura era de quatro dedos.*

Eu, Orifiel Elias, regente do planeta Saturno, servo de Iahweh e de Nosso Senhor Jesus Cristo, sei que a mensagem que meu Senhor deixou no pórtico do Templo de Salomão significa que as duas colunas do tal pórtico são portas interdimensionais por meio das quais o planeta Terra se comunica com mundos que estão em outros níveis dimensionais. Essa é a razão pela qual o símbolo é representado por uma porta e duas colunas.

Zodíaco de Dendera

Museu do Louvre, França

A figura egípcia da "Porta das Estrelas" (Zodíaco de Tentyra) representa a estrutura dos planetas com seu túnel cósmico. As 12 figuras humanas ao redor do túnel simbolizam as 12 esferas que envolvem cada estrela e planeta do Universo; e as 12 constelações do Zodíaco que vão caindo em espiral dentro do túnel estão relacionadas com as 12 esferas que se encontram no ventre de cada estrela e planeta do Universo. Na figura original, além das 12 constelações do Zodíaco, também se veem outras constelações dentro do túnel.

Embora pareça contraditório, os planetas se comportam, interdimensionalmente, como ocos e não-ocos ao mesmo tempo. Esse comportamento vai depender do momento, da posição dimensional e do estado magnético do objeto que visita o planeta.

Quando a Bíblia fala de mar de vidro, quer dizer planeta de cristal sólido cujo interior é formado por um oceano esférico de vidro líquido. Por exemplo, se nos encontramos em um barco no meio do oceano, teremos a impressão de que estamos sobre um mar de forma plana, mas na realidade estamos sobre uma esfera. O trono de Iahweh (Ap. 4:1-2-6), diz a Bíblia, está sobre um mar de vidro.

1 – Porta do Céu

Ascensão dos Santos, de Hieronymus Bosch,
ano 1500, Museu de Veneza

Essa obra pictórica de Hieronymus Bosch, que mostra a porta do primeiro céu da Terra, é de grande realismo; eu confirmo isso porque estive no interior desse túnel e o examinei com atenção. A marca em forma de mola comprimida ou rastro de serpente enroscada que se forma no plasma é real; esse rastro não é imaginação de Hieronymus, ele está ali. Só faltou o detalhe da grande esfera (pérola) que se situa ao lado do túnel, que serve para tapar a entrada de tal túnel quando é necessário fechar o acesso ao primeiro céu. A pérola se desloca e se mantém aderida por magnetismo.

2 – Porta do Céu

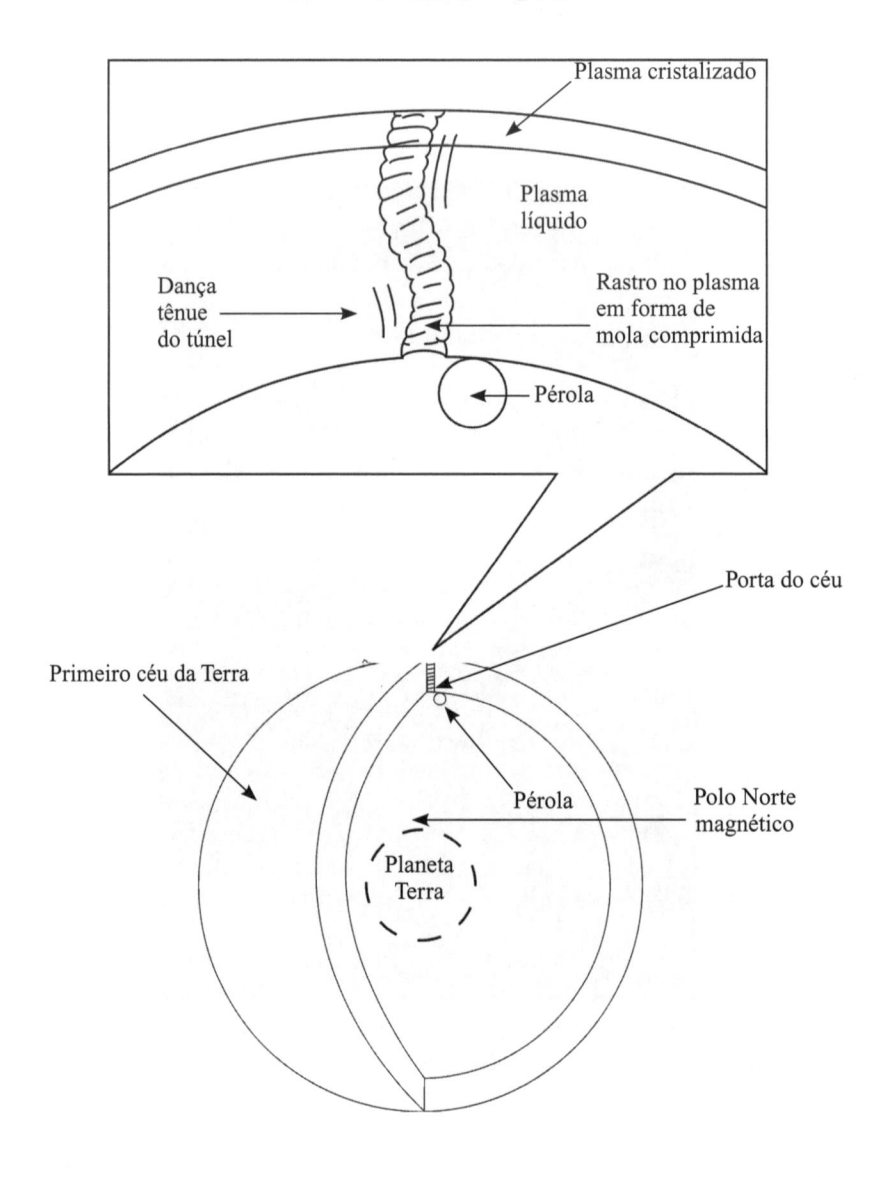

Estrutura dimensional de um planeta e seu primeiro céu

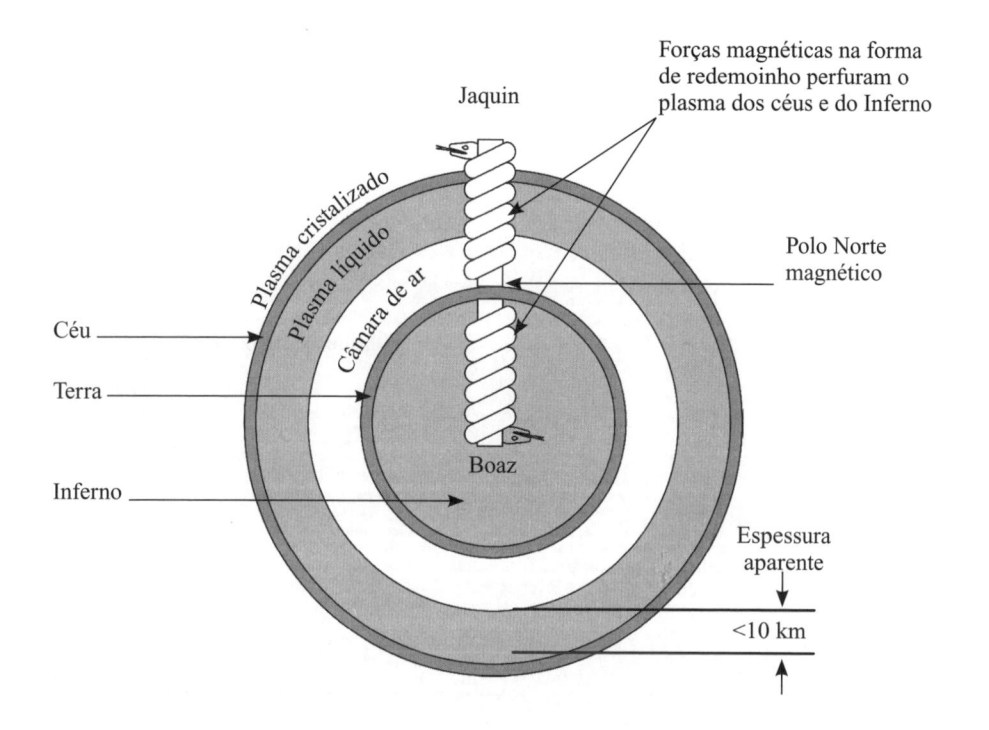

Forças magnéticas na forma de redemoinho perfuram o plasma dos céus e do Inferno

Jaquin

Polo Norte magnético

Plasma cristalizado
Plasma líquido
Câmara de ar

Céu
Terra
Inferno

Boaz

Espessura aparente
<10 km

Lei das Pontes Cósmicas

Cada estrela ou planeta do Universo concentra sobre si mesmo sua força gravitacional em um feixe magnético em forma de redemoinho que atravessa o astro pelo centro de sua massa. O efeito desse feixe magnético abre um túnel (de curta distância) na matéria escura (plasma) que envolve o astro e o comunica com outro astro gêmeo que se encontra em outro universo, em outro nível dimensional, em que o segundo astro leva em seu ventre o primeiro.

3 – Porta do Céu

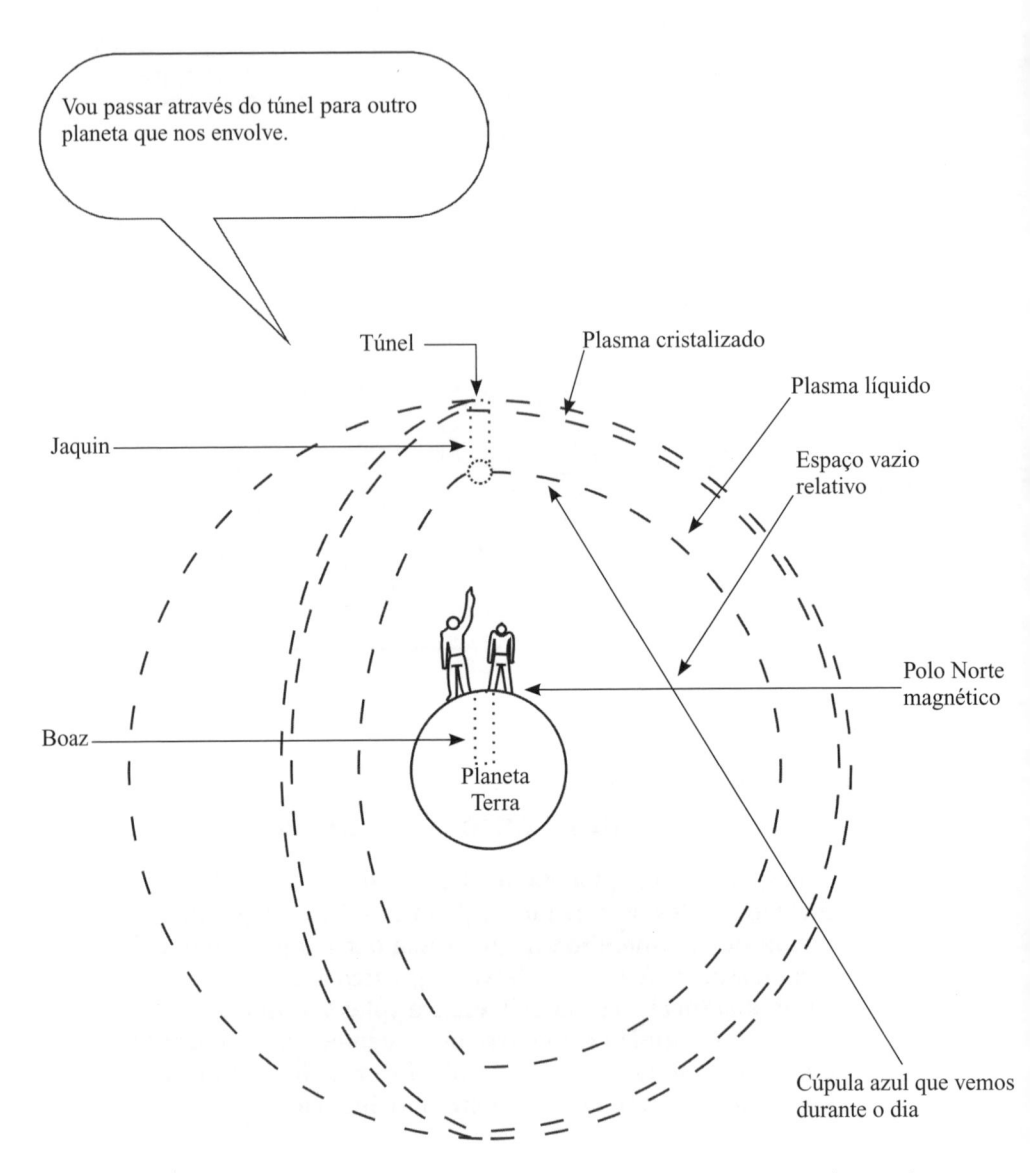

Vou passar através do túnel para outro planeta que nos envolve.

- Túnel
- Plasma cristalizado
- Plasma líquido
- Jaquin
- Espaço vazio relativo
- Polo Norte magnético
- Boaz
- Planeta Terra
- Cúpula azul que vemos durante o dia

NOTA: A Lei das Pontes Cósmicas vai mais além, já que o Universo é formado por 25 universos contidos um dentro do outro em diferentes níveis dimensionais.

4 – Porta do Céu

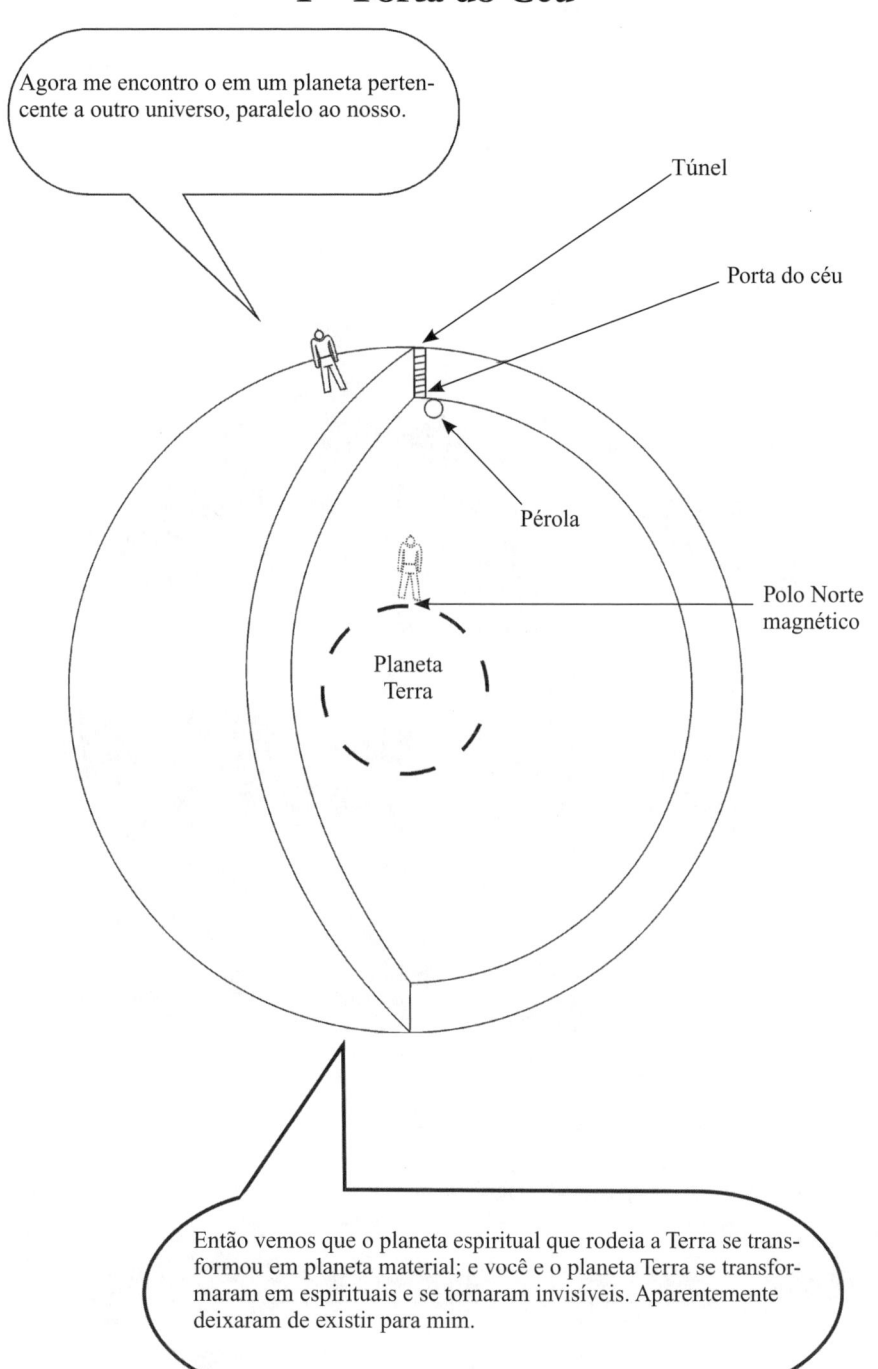

"Agora me encontro o em um planeta pertencente a outro universo, paralelo ao nosso."

Túnel

Porta do céu

Pérola

Planeta Terra

Polo Norte magnético

"Então vemos que o planeta espiritual que rodeia a Terra se transformou em planeta material; e você e o planeta Terra se transformaram em espirituais e se tornaram invisíveis. Aparentemente deixaram de existir para mim."

5 – Porta do Céu

> Agora, neste momento, você e o planeta terra deixaram de existir para mim.

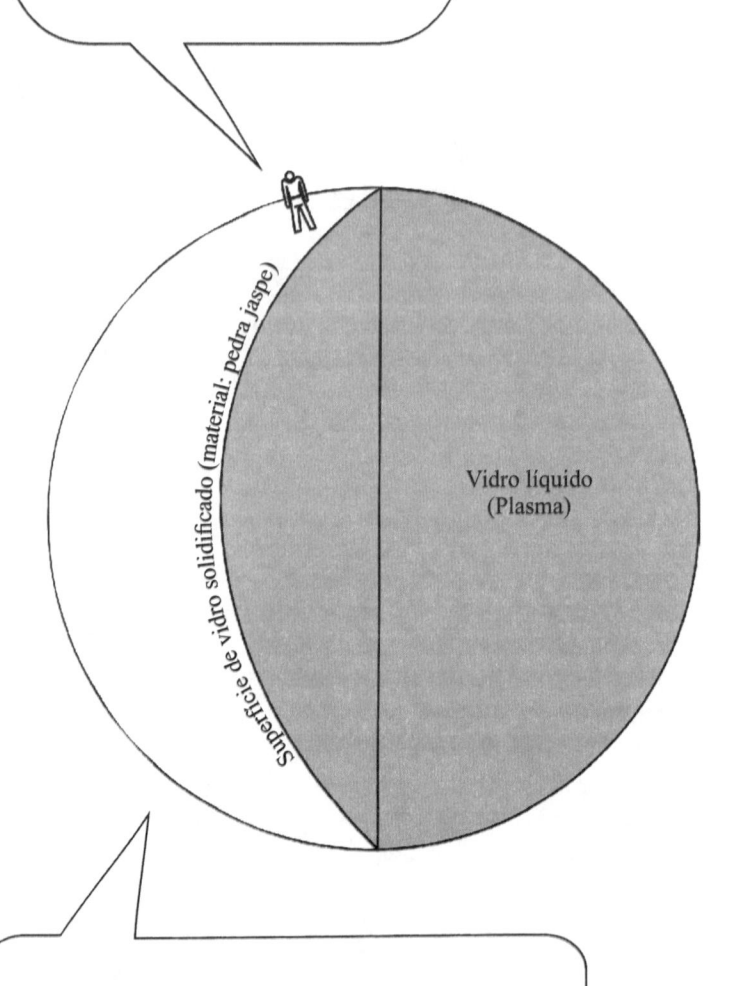

Superfície de vidro solidificado (material: pedra jaspe)

Vidro líquido
(Plasma)

> Mas, se eu me aproximar de novo do túnel e descer por ele, aparecerão de novo as condições anteriores.

6 – Porta do Céu

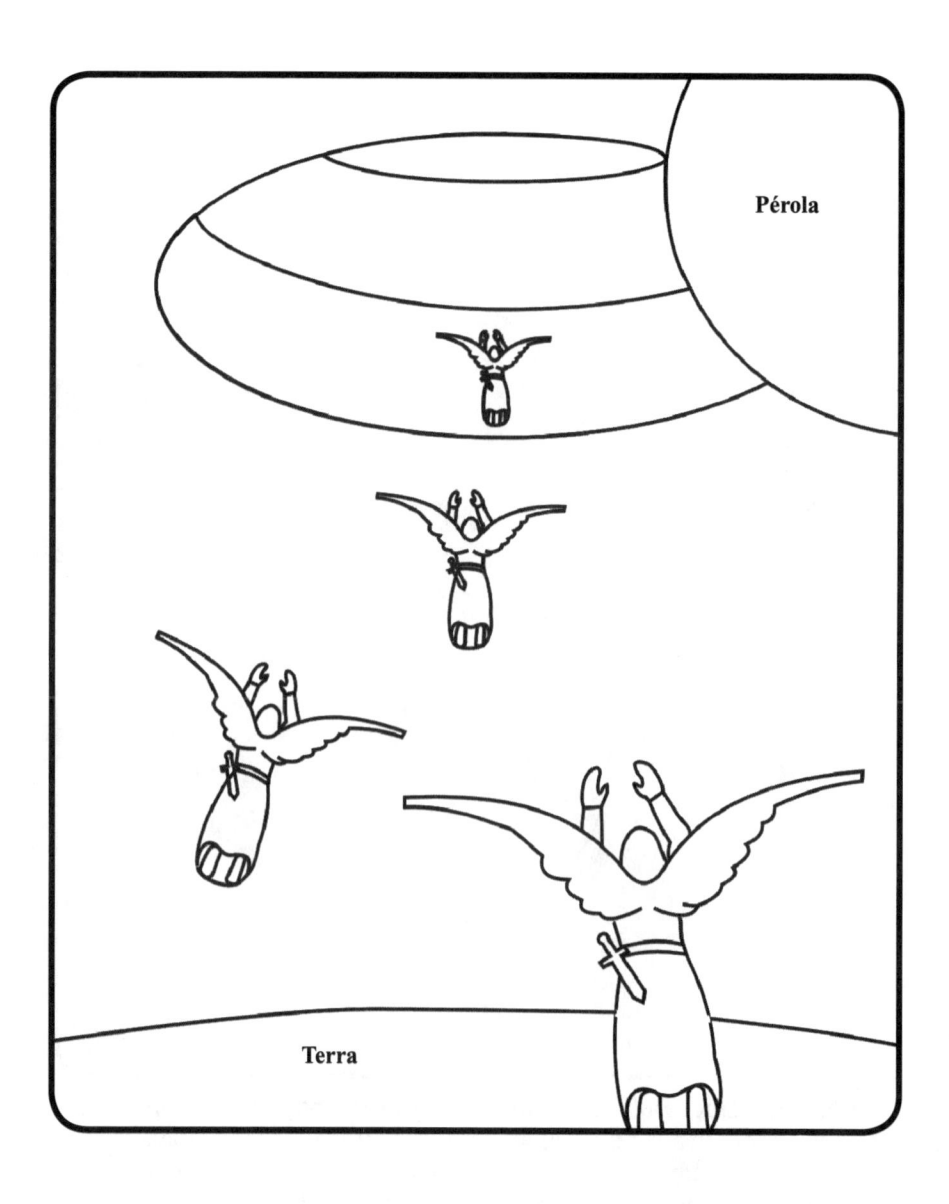

Pérola

Terra

7 – Porta do céu

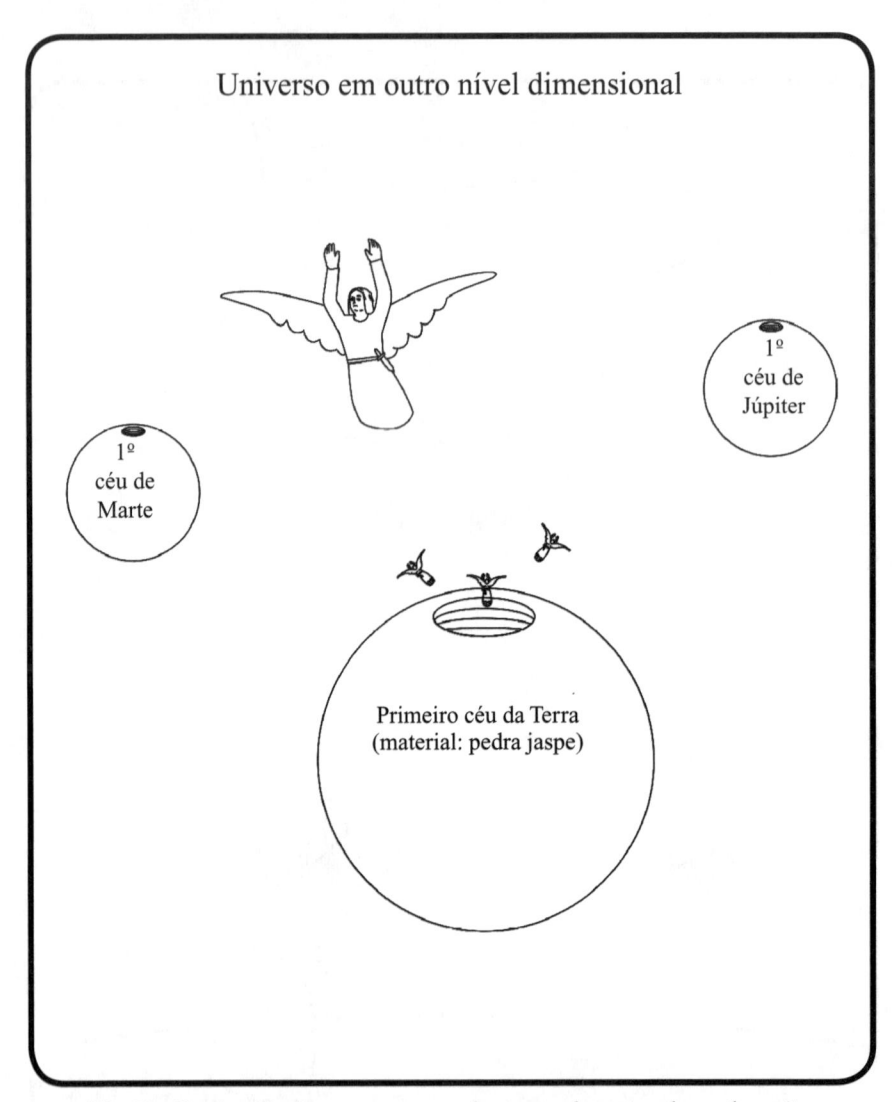

Universo em outro nível dimensional

1º céu de Marte

1º céu de Júpiter

Primeiro céu da Terra
(material: pedra jaspe)

No Budismo, Buda tem uma roda gravada na palma da mão; essa roda é um símbolo que representa a estrutura dimensional dos planetas. No centro da roda há uma pérola que simboliza a porta dos céus. Em relação a esse símbolo da pérola, Nosso Senhor Jesus Cristo disse:

> *Outrossim, o reino dos céus é semelhante ao homem, negociante, que busca boas pérolas; e, encontrando uma pérola de grande valor, foi, vendeu tudo quanto tinha, e comprou-a.* (Mt. 13:45-46)

Nosso Senhor sabia o que dizia; a pérola preciosa que o negociante encontrou é a porta dos céus.

No Budismo também encontramos o símbolo da "serpente guardiã da pérola". Esse símbolo, além de representar o Universo, também representa o anjo guardião da porta do céu. Lembre-se de que, no livro intitulado *O homem, embrião de anjo*, eu disse a você que o anjo que cuida da porta do primeiro céu da Terra se transforma em dragão para defender a porta quando há intrusos que querem entrar sem autorização. Esse dragão tem a faculdade de se esconder nas paredes do túnel, mover-se no oceano de plasma planetário e aparecer de surpresa ao intruso em qualquer ponto do túnel.

8 – Porta do Céu

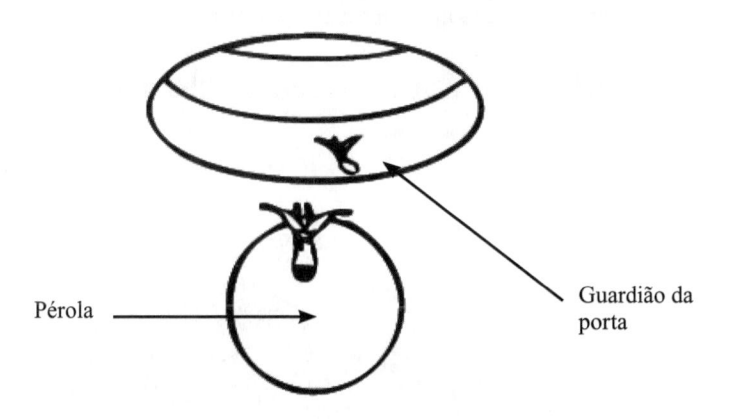

Pérola — *Guardião da porta*

Com relação à estrutura dos planetas, a Bíblia diz:

No princípio criou Deus os céus e a terra. (Gn. 1:1)

Pela palavra de Iahweh foram feitos os céus, e todo o exército deles pelo espírito da sua boca. (Sl. 33:6)

*Só tu és Iahweh; tu fizeste o céu, **o céu dos céus, e todo o seu exército**, a terra e tudo quanto nela há [...]* (Ne. 9:6)

No Universo existem exércitos de céus. Quando, na Bíblia, se diz que há os céus e os céus dos céus, isso se refere ao fato de que cada planeta do Universo tem seu próprio céu e que os céus de cada planeta têm outros céus mais elevados.

O que são os céus? O termo céu tem vários significados na Bíblia, mas nesse caso quer dizer mundo que se encontra em outro nível dimensional. Para confirmar, a Bíblia registra, em um relato do apóstolo Paulo, o seguinte:

Em verdade que não convém gloriar-me; mas passarei às visões e revelações do Senhor. (II Cor. 12:1)

Conheço um homem em Cristo que há 14 anos (se no corpo, não sei, se fora do corpo, não sei; Deus o sabe) **foi arrebatado ao terceiro céu.** (II Cor. 12:2)

E sei que o tal homem (se no corpo, se fora do corpo, não sei; Deus o sabe) foi **arrebatado ao paraíso;** *e ouviu palavras inefáveis, que ao homem não é lícito falar.* (II Cor. 12:3-4)

De alguém assim me gloriarei eu, mas de mim mesmo não me gloriarei, senão nas minhas fraquezas. (II Cor. 12:5)

Porque, se quiser gloriar-me, não serei néscio, porque direi a verdade; mas deixo isto, para que ninguém cuide de mim mais do que em mim vê ou de mim ouve. (II Cor. 12:6)

Alma de Paulo ascendendo aos céus

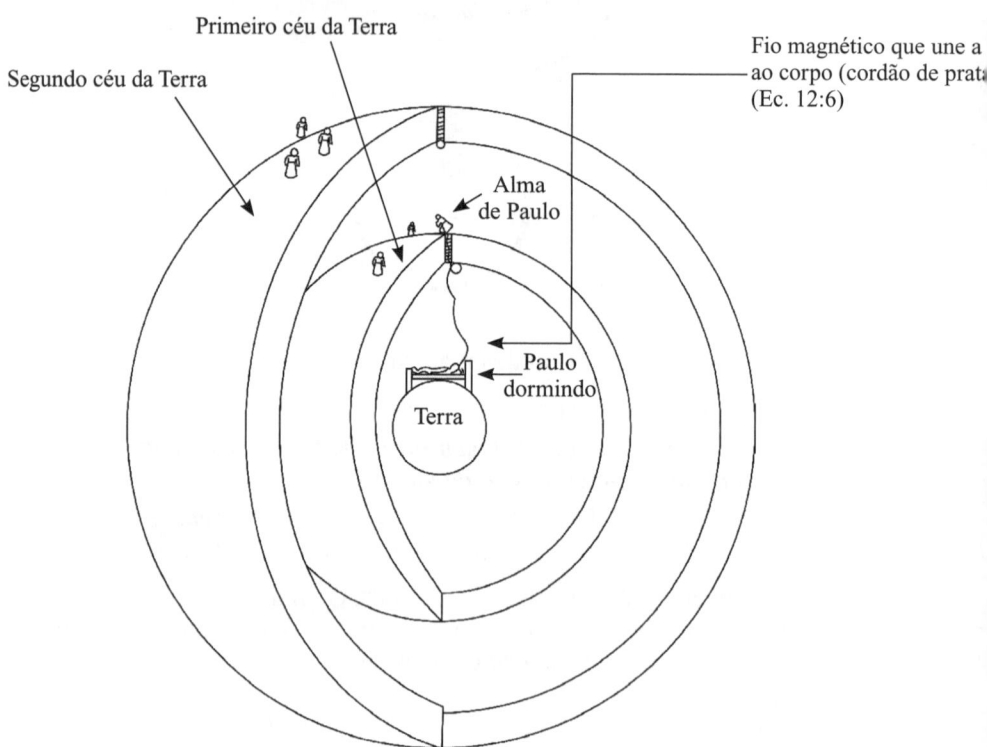

Quantos céus tem cada planeta do Universo? A resposta é: cada sol e planeta do Universo têm 24 céus. Tomaremos como exemplo a Terra.

Disse a você que toda criatura do Universo está de acordo com o princípio da "Lei Universal do Desenho Único", isto é, sob o princípio do candelabro e os dois testemunhos, em que cada um destes tem 12 frutos. Portanto, pelo fato de o planeta Terra ser uma criatura do Universo, também cumpre esse princípio.

A Terra está contida no ventre de 12 planetas que se contêm um dentro do outro, em diferentes níveis dimensionais, e ao mesmo tempo a Terra contém em seu ventre outros 12 planetas que se contêm um dentro do outro em diferentes níveis dimensionais. Ou seja, a Terra é formada por 25 planetas que se contêm um dentro do outro em diferentes níveis dimensionais.

A Bíblia diz:

> *E ao redor do trono havia 24 tronos [...]* (Ap. 4:4)

Eu, Elias, estou falando de experiência própria, visitei os 24 planetas que correspondem à Terra que estão em outros níveis dimensionais. Também visitei os 24 que são de outros planetas deste sistema solar.

Na Bíblia se faz referência à existência dos céus e do Inferno. Quando ela fala dos céus e do Inferno se refere aos 24 planetas que se correspondem com a Terra. O Inferno é formado pelos 12 planetas que se encontram no ventre da Terra em diferentes níveis dimensionais. Isso quer dizer que todo planeta do Universo tem 12 céus positivos e 12 céus negativos; a Bíblia chama os últimos pelo nome de Inferno.

Na passagem do povo de Israel pelo Rio Jordão, este se dividiu em dois. Ali Iahweh Deus instruiu Josué para que seu símbolo cósmico fosse dado como recordação para o povo. Muito tempo depois, Iahweh Deus também fez com que se colocasse um símbolo em seu templo terreno. Também ordenou que eu, Elias, na época de Jezebel e do rei Acab, construísse seu símbolo diante do povo de Israel:

> ***Sucedeu que, acabando todo o povo de passar o Jordão, falou Iahweh a Josué, dizendo:*** *Tomai do povo doze homens, de cada tribo um homem; E mandai-lhes, dizendo: Tirai daqui, do meio do Jordão, do lugar onde estavam firmes os pés dos sacerdotes, 12 pedras; e levai-as convosco à outra margem e depositai-as no alojamento em que haveis de passar esta noite.* (Js. 4:1-3)
>
> *Fizeram, pois, os filhos de Israel assim como Josué tinha ordenado, e levantaram 12 pedras do meio do Jordão como Iahweh dissera a Josué, segundo o número das tribos dos filhos de Israel; e levaram-nas consigo ao alojamento, e as depositaram ali.* (Js. 4:8)

> *Levantou Josué também doze pedras no meio do Jordão, no lugar onde estiveram parados os pés dos sacerdotes que levavam a arca da aliança; e ali estão até ao dia de hoje.* (Js 4,9)

Iahweh Deus, nas 24 pedras do Rio Jordão, simboliza os céus e o Inferno. As 12 pedras que Iahweh fez com que fossem colocadas fora do rio simbolizam os 12 céus positivos, e as 12 pedras que Iahweh fez com que pusessem no centro do rio para ser cobertas pelas águas representam os 12 céus negativos (o Inferno).

Esses símbolos também estão contidos na mulher grávida do livro do Apocalipse: ela, além de ser o próprio Deus, também é símbolo do planeta Terra. O vestido de sol e as 12 estrelas simbolizam os céus superiores; a lua a seus pés e o que ela leva no ventre representam o Inferno. Vejamos esses símbolos na Bíblia:

> *E viu-se um grande sinal no céu: uma mulher vestida do sol, tendo a lua debaixo dos seus pés, e uma coroa de 12 estrelas sobre a sua cabeça.* (Ap. 12:1)
>
> *E estava grávida, e com dores de parto, e gritava com ânsias de dar à luz.* (Ap. 12:2)

Nosso Senhor Jesus Cristo é quem está no ventre da mulher, dele nascem 12 filhos espirituais, os 12 apóstolos, para simbolizar os 12 planetas do Inferno, aqueles que estão contidos no ventre da Terra. A Bíblia registra que Nosso Senhor Jesus Cristo teve de descer ao Inferno para completar o símbolo da mulher grávida. Vejamos na Bíblia:

> *Pois, como Jonas esteve três dias e três noites **no ventre** da baleia, **assim estará o Filho do homem** três dias e três noites **no seio da terra**.* (Mt. 12:40)
>
> *Ora, isto ele subiu que é, **senão que também antes tinha descido às partes mais baixas da terra?*** (Ef. 4:9)
>
> ***Aquele que desceu é também o mesmo que subiu acima de todos os céus, para cumprir todas as coisas.*** (Ef. 4:10)

Os planetas do Inferno são escuros e frios, exceto um, o mais profundo, que é um sol poderosíssimo ao qual a Bíblia chama pelo nome de Lago de Fogo. Os primeiros 11 planetas do Inferno da Terra são usados por Iahweh Deus como cárceres para as almas transgressoras. Ali estão aprisionados os anjos que infringiram as leis de Iahweh. Ali também estão cumprindo pena aquelas almas antediluvianas que Nosso Senhor libertou quando desceu ao Inferno; libertou-as para que tomassem corpo físico de novo. Antes, lhes deu instruções. Vejamos o que a Bíblia diz sobre tudo isso:

> *Ora, isto ele subiu que é, senão que também antes tinha descido às partes mais baixas da terra?* (Ef. 4:9)
>
> *No qual também foi, e pregou aos espíritos em prisão; Os quais noutro tempo foram rebeldes, quando a longanimidade de Deus esperava nos dias de Noé, enquanto se preparava a arca; na qual poucas (isto é, oito) almas se salvaram pela água.* (I Pe. 3:19-20)
>
> *E aos anjos que não guardaram o seu principado, mas deixaram a sua própria habitação, reservou na escuridão e em prisões eternas até o juízo daquele grande dia.* (Jd. 1:6)

Os planetas do Inferno se comunicam uns com os outros por meio do Poço do Abismo, formado por uma série de 12 túneis alinhados um atrás do outro em diferentes níveis dimensionais. Nosso Senhor Jesus Cristo tem a chave que abre as portas dos céus e do Inferno. Vejamos na Bíblia:

> *[...] Isto diz o que é santo, o que é verdadeiro, o que tem a chave de Davi; o que abre, e ninguém fecha; e fecha, e ninguém abre.* (Ap. 3:7)
>
> *E eu, quando vi, caí a seus pés como morto; e ele pôs sobre mim a sua destra, dizendo-me: Não temas; Eu sou o primeiro e o último; E o que vivo e fui morto, mas eis aqui estou vivo para todo o sempre. Amém. E tenho as chaves da morte e do inferno.* (Ap. 1:17-18)

As entradas ao túnel do Inferno e dos céus da Terra estão no polo norte magnético (as entradas são formadas em diferentes níveis dimensionais). O fluxo magnético que passa através do polo forma os túneis, tanto os do Inferno como os dos céus. No polo sul magnético os túneis não se formam, essa parte é fechada nas diferentes esferas que correspondem ao planeta Terra nos níveis dimensionais.

NOTA DE ESCLARECIMENTO: É muito importante saber que, para o caso do planeta Terra, seu verdadeiro polo norte magnético se encontra no polo sul.

A Bíblia, na seguinte passagem, confirma que o Inferno tem várias portas:

> *Pois também eu te digo que tu és Pedro, e sobre esta pedra edificarei a minha igreja,* ***e as portas do Inferno*** *não prevalecerão contra ela.* (Mt. 16:18)

A Bíblia registra que as portas do Inferno são o Poço do Abismo. Vejamos nos seguintes versículos:

> *E o quinto anjo tocou a sua trombeta, e vi uma estrela que do céu caiu na terra;* ***e foi-lhe dada a chave do poço do abismo.*** *(Ap. 9:1)*
>
> ***E abriu o poço do abismo,*** *e subiu fumaça do poço, como a fumaça de uma grande fornalha, e com a fumaça do poço escureceu-se o sol e o ar. (Ap. 9:2)*
>
> *E da fumaça vieram gafanhotos sobre a terra; e foi-lhes dado poder, como o poder que têm os escorpiões da terra. (Ap. 9:3)*
>
> *E foi-lhes dito que não fizessem dano à erva da terra, nem a verdura alguma, nem a árvore alguma, mas somente aos homens que não têm nas suas testas o sinal de Deus. (Ap. 9:4)*

As almas daqueles que morrerem no Armagedon e que não tiverem o selo de Deus em sua testa serão aprisionadas no Inferno. Por isso vemos que o Inferno segue o anjo da morte quando vem matando a quarta parte da humanidade:

> *E olhei, e eis um cavalo amarelo, e o que estava assentado sobre ele tinha por nome Morte; e o inferno o seguia; e foi-lhes dado poder para matar a quarta parte da terra, com espada, e com fome, e com peste, e com as feras da terra. (Ap. 6:8)*

Farei um parêntese, irmão Gaetano, para introduzir o seguinte comentário:

Direi a você que é necessário que o homem tome consciência de que o plano físico da Terra é a antes-sala dos céus e do Inferno. Quando o homem morre, sua alma deve ir para o Céu ou para o Inferno, isso dependerá de suas boas ou más ações para com o próximo; em um desses dois lugares a alma do homem espera sua vez, para regressar e encarnar de novo aqui no plano físico da Terra, para seguir com seu treinamento.

O plano físico da Terra é uma espécie de forja em que se modela a personalidade divina do homem; lugar em que se adquire por experiência própria o conhecimento sobre o bem e o mal, entendimento que transforma o homem em um deus a serviço de Iahweh. Ver Sl. 50:1; 82:1,6,7; Jo. 10:30-36.

O plano físico é o campo de batalha psicológica entre Satanás e Deus; lugar em que Satanás, de outro nível dimensional, domina a psique de grande parte da humanidade, impulsionando-a a organizar-se em um só reino que, no final, o reconheça como Deus e imperador do mundo. Um reino à imagem e semelhança do que Iahweh se propõe a estabelecer aqui na Terra, cujo centro de comando será organizado

com base no princípio do sistema cérebro-espinhal do homem; isso é baseado no princípio do candelabro e dos dois testemunhos. Será coincidência que o G7, a ONU e a OTAN atuem como uma espécie de sistema cérebro-espinhal que domina o mundo? A ONU e a OTAN não agem como dois hemisférios de um mesmo cérebro?

Fecho o parêntese.

Quando Nosso Senhor Jesus Cristo desceu ao Inferno, fez isso através do Poço do Abismo. Os céus, da mesma forma que o Inferno, comunicam-se por meio de 12 túneis alinhados um atrás do outro em diferentes níveis dimensionais. As entradas dos túneis dos céus têm como portas esferas removíveis.

Na Jerusalém Celeste do livro do Apocalipse, Iahweh Deus colocou os símbolos que falam das portas dos céus. Vejamos na Bíblia:

> *E levou-me em espírito a um grande e alto monte, e mostrou-me a grande cidade, a santa Jerusalém, que de Deus descia do céu.* (Ap. 21:10)
>
> *E tinha um grande e alto muro com doze portas, e nas portas doze anjos, e nomes escritos sobre elas, que são os nomes das doze tribos dos filhos de Israel.* (Ap. 21:12)
>
> **E as doze portas eram doze pérolas; cada uma das portas era uma pérola** *[...]* (Ap. 21:21)

A Física einsteiniana, em seus cálculos, já se deparou, sem sabê-lo, com um primeiro túnel dos céus. O enunciado "buracos de minhoca" da Teoria da Relatividade Geral fala sobre a existência desse túnel em cada estrela e planeta do Universo. O "buracos de minhoca" diz o seguinte:

> "Qualquer planeta ou estrela distorce, à sua volta, o espaço e o tempo. Matematicamente, uma dessas distorções pode ter a forma de um tubo, em que uma das bocas se situa em uma parte do Universo e a outra, em algum lugar a bilhões de anos-luz de distância, ou em um universo distinto".

Esquema de um planeta e sua magnetosfera

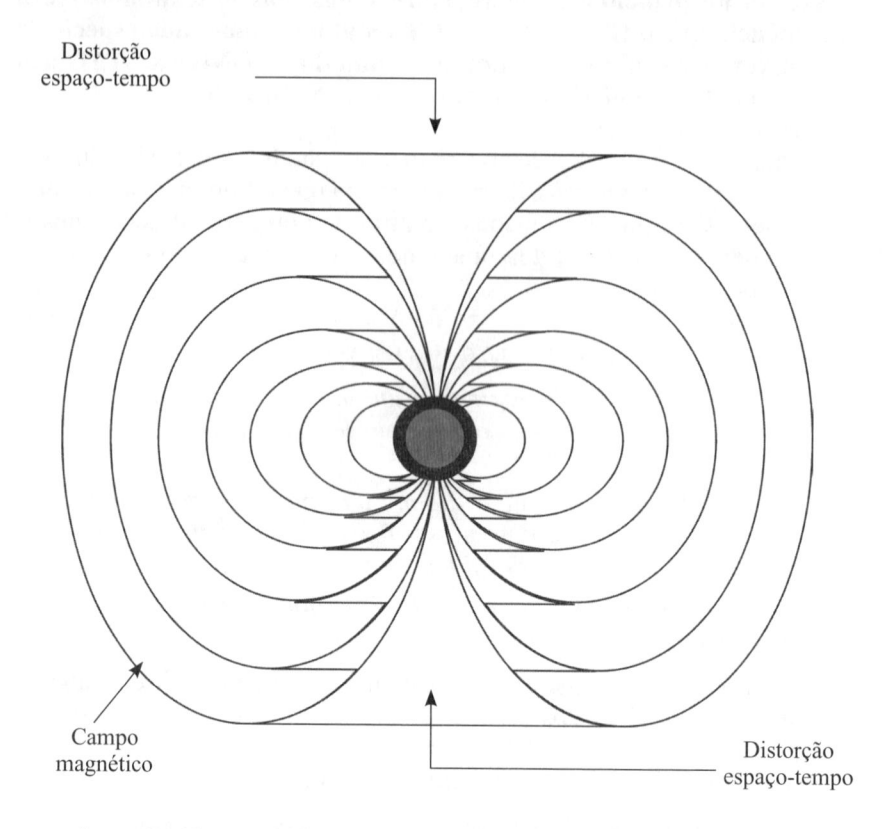

Distorção espaço-tempo

Campo magnético

Distorção espaço-tempo

A noção "buracos de minhoca" da Teoria da Relatividade Geral se aproxima bastante da "Lei das Pontes Cósmicas". Lei que hoje Iahweh e seu Filho revelam por meu intermédio.

Agora, retomando aquilo que eu lhe disse de que os planetas espirituais pertencentes a um planeta são feitos cada um de um cristal diferente, direi a você que: o planeta Terra está no ventre de 12 planetas de vidro que se contêm um dentro do outro em diferentes níveis dimensionais. E a Terra, por sua vez, tem em seu ventre outros 12 planetas de vidro que se contêm um dentro do outro em diferentes níveis dimensionais. Esses 24 planetas relacionados à Terra são feitos de materiais parecidos com as pedras preciosas registradas na Bíblia. As 12 esferas (pérolas) do livro do Apocalipse (Ap. 21:21), aquelas que tapam as entradas dos túneis dos 12 planetas que contêm a Terra em seu ventre, também são de vidro, semelhantemente às pedras preciosas mencionadas.

A seguir, os materiais que formam os planetas supradimensionais e infradimensionais correspondentes à Terra.

> E levou-me em espírito a um grande e alto monte, e mostrou-me a grande cidade, a santa Jerusalém, que de Deus descia do céu. E tinha a glória de Deus; e a sua luz era semelhante a uma pedra preciosíssima, como a pedra de jaspe, como o cristal resplandecente. (Ap. 21:10-11)
> **E tinha um grande e alto muro com doze portas,** e nas portas doze anjos, e nomes escritos sobre elas, que são os nomes das 12 tribos dos filhos de Israel. (Ap. 21:12)
> **E a construção do seu muro era de jaspe,** e a cidade de ouro puro, **semelhante a vidro puro.** E os fundamentos do muro da cidade estavam adornados de toda a pedra preciosa. O primeiro fundamento era **jaspe**; o segundo, **safira**; o terceiro, **calcedônia**; o quarto, **esmeralda**; o quinto, **sardônica**; o sexto, **sárdio**; o sétimo, **crisólito**; o oitavo, **berilo**; o nono, **topázio**; o décimo, **crisópraso**; o undécimo, **jacinto**; o duodécimo, **ametista**. (Ap. 21:18-20)
> **E as 12 portas eram 12 pérolas; cada uma das portas era uma pérola**; e a praça da cidade de ouro puro, como vidro transparente. (Ap. 21:21)

●

> Farás também o peitoral [...] (Ex. 28:15)
> Quadrado e duplo, será de um palmo o seu comprimento, e de um palmo a sua largura. E o encherás de pedras de engaste, com quatro ordens de pedras; a ordem de um sárdio, de um topázio, e de um carbúnculo; esta será a primeira ordem; E a segunda ordem será de uma esmeralda, de uma safira, e de um diamante; E a terceira ordem será de um jacinto, de uma ágata, e de uma ametista; E a quarta ordem será de um berilo, e de um ônix, e de um jaspe; engastadas em ouro serão nos seus engastes. (Ex. 28:16-20)
> E serão aquelas pedras segundo os nomes dos filhos de Israel, doze segundo os seus nomes; serão esculpidas como selos, cada uma com o seu nome, para as 12 tribos. (Ex. 28:21)

No total são 24 pedras preciosas, 12 correspondem à estrutura dos céus e 12, do Inferno.

Por exemplo, a estrutura do primeiro céu é de pedra jaspe. Planeta espiritual cuja estrutura é parecida com o mármore branco com frisos coloridos; sei disso por experiência própria.

A seguir, mencionarei, novamente, os versículos bíblicos que respaldam o fato de que os céus são planetas espirituais cujas estruturas são feitas de vidro.

> **Depois destas coisas, olhei, e eis que estava uma porta aberta no céu; e a primeira voz que, como de trombeta, ouvira**

falar comigo, disse: Sobe aqui, e mostrar-te-ei as coisas que depois destas devem acontecer. (Ap. 4:1)

E logo fui arrebatado no Espírito, e eis que um trono estava posto no céu, e um assentado sobre o trono. (Ap. 4:2)

E havia diante do trono como que um mar de vidro, semelhante ao cristal. E no meio do trono, e ao redor do trono, quatro animais cheios de olhos, por diante e por detrás. (Ap. 4:6)

O mistério do disco minóico do Palácio de Festos

Data de 1700 a. C. e foi descoberto em 1908 nos porões do palácio minoico de Festos, na costa sul de Creta. Nada mais. Seu propósito e significado, e até mesmo o lugar onde se realizou, permanecem no esquecimento, *o que o torna o objeto mais misterioso da arqueologia. Trata-se de um disco de argila sobre o qual foram estampados selos com figuras diferentes: peixes, homens, insetos, plantas. No total são usados 45 símbolos para formar o que parecem palavras. Dezoito vezes, uma pequena linha diagonal aparece debaixo do último símbolo de um grupo, o que lhe confere ainda mais mistérios. A linguagem do disco de Festos é única, e a quantidade de texto é tão escassa que não permite um ataque criptográfico convencional. Durante o século XX, foram oferecidas muitas soluções para o enigma, mas nenhuma conseguiu convencer os especialistas. Alguns linguistas pensam que o disco de Festos é uma escritura protobíblica.*

MUY INTERESANTE
Ano XXII, nº 7, p. 98
(Revista de divulgação científica)

O mistério é desvendado

O disco de Festos e as colunas do Pórtico do Templo de Salomão são um mesmo símbolo. Assim como este tem duas colunas, também possui duas caras o disco de Festos.

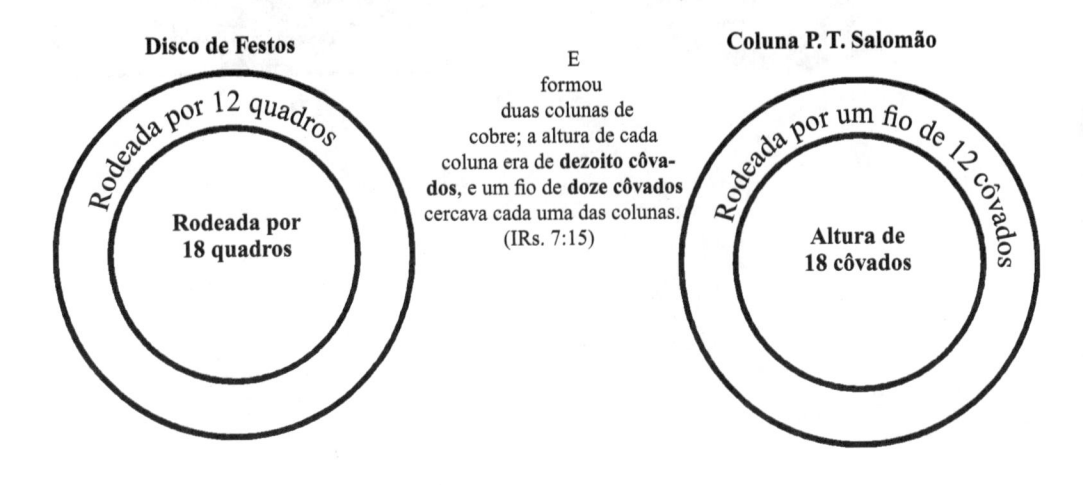

Disco de Festos

Rodeada por 12 quadros

Rodeada por 18 quadros

E formou duas colunas de cobre; a altura de cada coluna era de **dezoito côvados**, e um fio de **doze côvados** cercava cada uma das colunas.
(IRs. 7:15)

Coluna P. T. Salomão

Rodeada por um fio de 12 côvados

Altura de 18 côvados

É muito importante observar que o disco de Festos tem a mesma origem de desenho que o Zodíaco de Dendera, o qual simboliza uma porta interdimensional, isto é, uma ponte Einstein-Podolsky-Rosen ou "buraco de minhoca".

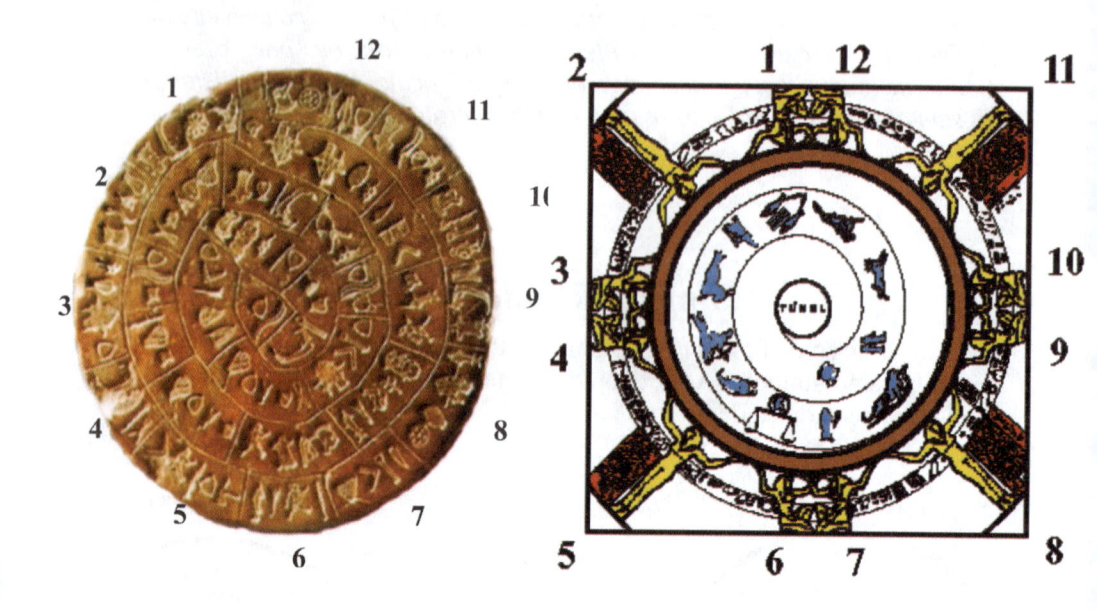

Capítulo XV

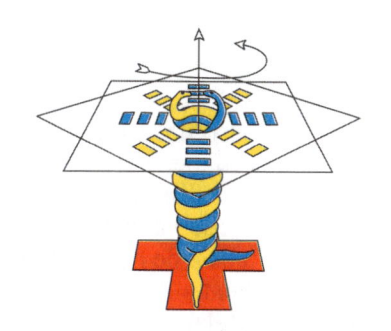

O Código Cósmico nas Estruturas de Buracos Negros, Buracos Brancos e Buracos Cinzas

*P*ara refrescar sua memória e para melhor compreensão desse tema, irmão Gaetano, começarei enunciando a você novamente a "Lei das Pontes Cósmicas":

Lei das Pontes Cósmicas

Cada estrela ou planeta do Universo concentra sobre si mesmo sua força gravitacional em um feixe magnético em forma de redemoinho que atravessa o astro pelo centro de sua massa. O efeito desse feixe magnético abre um túnel (de curta distância) na matéria escura (plasma) que envolve o astro e o comunica com outro astro gêmeo que se encontra em outro universo, em outro nível dimensional, em que o segundo astro leva em seu ventre o primeiro.

Existem três tipos de pontes cósmicas no Universo: 1. buracos cinzas; 2. buracos negros; 3. buracos brancos ou quasares.

Buracos cinzas

O que são os buracos cinzas? Eles estão localizados no polo norte magnético de cada planeta do Universo. Esse tipo de túnel é aquele do qual estive falando quando descrevia a você as estruturas dimensionais dos planetas.

No caso do planeta Terra, tenho a impressão de que o túnel de seu primeiro céu mede menos de 10 quilômetros. Recorde-se, irmão Gaetano, de que eu lhe disse que sei disso por experiência própria: eu parei no meio do túnel e observei dali os extremos do mesmo e tenho a impressão de que sua longitude é de menos de 10 quilômetros.

Os cientistas terrestres, em seu enunciado "Buraco de Minhoca" da Teoria da Relatividade Geral, já pressentem a existência desses túneis em cada astro do Universo.

Buracos negros

O que são os buracos negros? De onde procedem as forças gravitacionais que atuam em seu interior?

Os buracos negros são escoadouros cósmicos em forma de túneis, de curta distância, que desembocam em outro universo, em outro nível dimensional.

Uma estrela é formada por 25 esferas materiais, uma dentro da outra, em diferentes níveis dimensionais. Na explosão de uma estrela, no plano físico, desintegra-se apenas a esfera que corresponde a esse plano, as demais continuam na posição original, sem ser afetadas pela explosão.

As forças magnéticas que atuam e transformam o buraco negro em um escoadouro cósmico procedem das massas das 24 esferas, que, de outro nível dimensional, continuam ocupando a posição da estrela que explodiu. Poder-se-ia dizer que as forças gravitacionais atuantes em um buraco negro proveem, de outra dimensão, da alma da estrela que morreu. A alma da estrela é formada por matéria escura.

O buraco negro, visto de outro nível dimensional, no qual desemboca, transforma-se em um buraco branco.

Os buracos negros não são estacionários, eles se deslocam com as galáxias que os contêm.

Quando um buraco negro absorveu todo o material próximo ao seu contorno, converte-se em uma estrela escura, aspira toda luz que se aproxima dela e transforma-se em uma estrela fantasma. Assim como existem estrelas fantasmas, também há galáxias fantasmas.

Esquema de um buraco negro

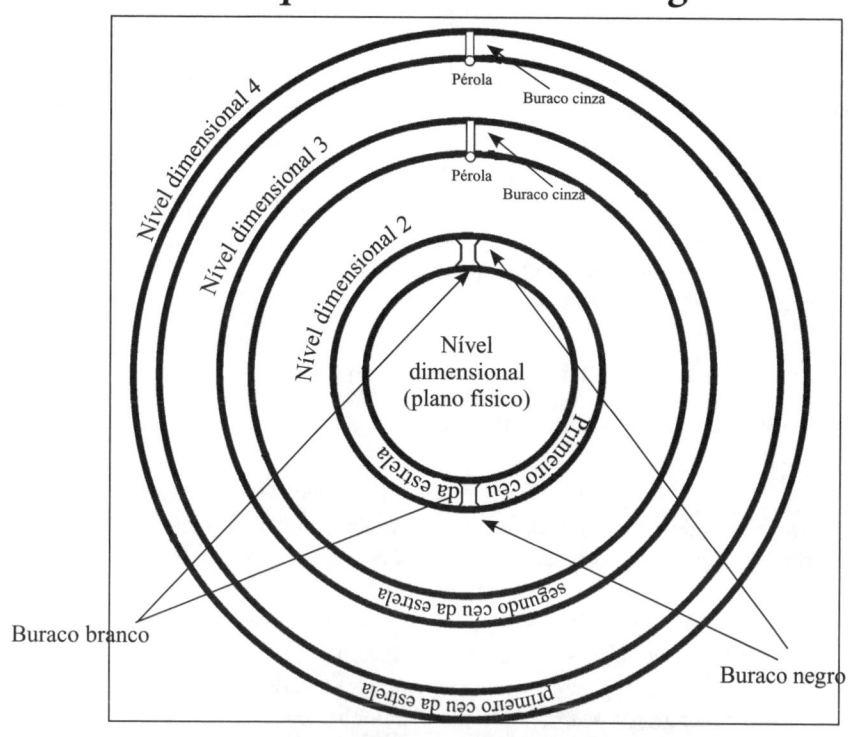

Figura: diagrama com níveis dimensionais concêntricos — Nível dimensional (plano físico), Nível dimensional 2, Nível dimensional 3, Nível dimensional 4; indicações de Pérola, Buraco cinza, Buraco branco e Buraco negro; anéis rotulados "primeiro céu (da estrela)", "segundo céu da estrela", "primeiro céu da estrela".

Buraco negro

Buraco branco

O centro de toda galáxia em espiral é formado por um conjunto de buracos negros em atividade. O redemoinho da galáxia em espiral pode ser comparado ao que se forma quando tiramos a tampa de uma pia cheia de água. Assim como as paredes da pia influenciam para que a água desça em forma de redemoinho, também o oceano de plasma em que estão submersas as galáxias serve de parede ao grande buraco negro galáctico para que as estrelas se precipitem em direção a ele girando em forma de espiral.

Recorde-se, irmão Gaetano, que eu lhe disse que o Universo está submerso em um oceano de plasma. O plasma é de natureza magnética, ou seja, o Universo está submerso em um oceano magnético.

Repito-lhe: o Universo está submerso em um oceano magnético.

Buracos brancos ou quasares

No livro *Cosmos*, escrito pelo dr. Carl Sagan, diz-se o seguinte sobre os quasares:

> Devem existir processos notáveis causadores das vastas quantidades de energia emitidas por um quasar. Entre as explicações propostas, estão: 1) os quasares são versões monstros dos pulsares, com um núcleo de massa enorme em rotação muito rápida associado a um forte campo magnético; 2) os quasares se devem a colisões múltiplas de milhões de estrelas densamente empacotadas no núcleo galáctico, explosões que arrancam as camadas exteriores e expõem a plena vista as temperaturas de bilhões de graus do interior das estrelas de grande massa; 3) ideia relacionada com a anterior, os quasares são galáxias nas quais as estrelas estão embaladas tão densamente que uma explosão de supernova em uma estrela arranca as camadas exteriores de outra e a converte também em supernova, produzindo uma reação estelar em cadeia; 4) os quasares recebem sua energia da aniquilação mútua e violenta de matéria e antimatéria que de algum modo se conservou no quasar até o presente; 5) um quasar é a energia liberada quando gás, pó e estrelas caem em um imenso buraco negro no núcleo dessas galáxias, buraco que talvez seja, por sua vez, resultado de eras de colisão e coalescência de buracos negros menores; 6) **os quasares são buracos brancos, a outra face dos buracos negros, a queda afunilada e eventual emergência diante de nossos olhos da matéria que se perde em uma infinidade de buracos negros de outras partes do Universo, ou inclusive de outros universos.**

O Código Cósmico nas Estruturas de Buracos Negros, Buracos Brancos e... 245

Eu, Elias (Mt. 17:10-11), afirmo e certifico que, desse conjunto de hipóteses sobre os quasares contido no livro *Cosmos*, a mais correta é a número 6.

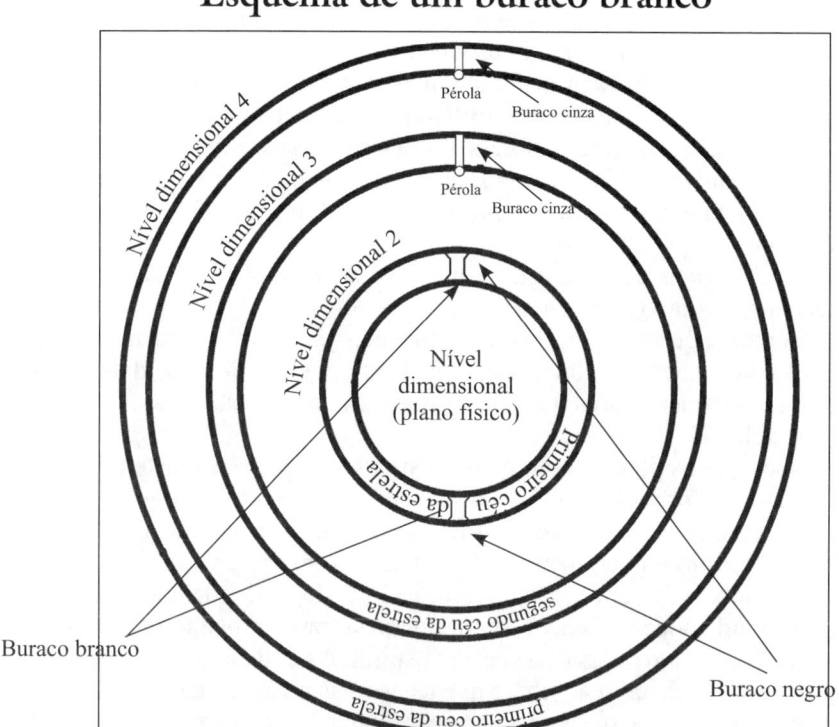

Esquema de um buraco branco

(Diagrama: círculos concêntricos representando Nível dimensional 4, Nível dimensional 3, Nível dimensional 2, Nível dimensional (plano físico), com indicações de Pérola, Buraco cinza, Buraco branco, Buraco negro, primeiro céu (da estrela), segundo céu da estrela.)

As galáxias em formação são constituídas por buracos brancos. Enormes jorros de materiais saem do centro delas.

O cientista terrestre fala de gravidade e antigravidade. O lugar mais adequado para o seu estudo são os buracos negros e brancos.

Nos centros de galáxias em espiral atuam enormes forças atrativas, e nos centros de galáxias em formação atuam enormes forças repulsivas.

Existem galáxias globulares, que são o resultado de um quasar no qual a força repulsiva parou e a atrativa começou a agir.

Eu lhe disse, irmão Gaetano, que, quando um buraco negro absorveu todo o material de seu contorno, transforma-se em uma estrela escura.

Uma estrela escura é a alma de um astro que morreu. Essa alma se mantém no lugar que corresponde àquela que morreu.

Agora digo a você que chega um momento, para um buraco negro, em que a força atrativa se inverte e se transforma em repulsiva. Quando isso ocorre, o buraco negro vira buraco branco. Isso significa que as estrelas, da mesma forma que o homem, reencarnam.

Em verdade lhe digo, irmão Gaetano, que nosso Sol é um buraco branco em que a força gravitacional repulsiva está se detendo e a força atrativa está começando a agir. **O alimento que mantém uma estrela ardendo procede do buraco branco que a forma.**

Poder-se-ia dizer, irmão Gaetano, que existem três tipos de estrelas no Universo: 1) positiva; 2) neutra; 3) estrela negativa. **A estrela positiva é aquela cujo centro é um buraco branco; a negativa é aquela cujo centro é um buraco negro; e a neutra é a que contém em seu interior o buraco cinza. O Sol é uma estrela positiva, o planeta Terra é uma estrela neutra.**

Cada planeta do Universo contém uma série de 24 buracos cinzas.

Dos 24 túneis de cada estrela positiva do Universo, 23 são buracos cinzas e um é buraco branco.

Dos 24 túneis de cada estrela negativa do Universo, 23 são buracos cinzas e um é buraco negro.

Exemplos que confirmam que os planetas são estrelas podem ser vistos em Júpiter e Saturno, que, com suas luas girando em torno deles, formam dois sistemas solares. Isso quer dizer que nosso sistema solar forma uma constelação.

Saber que os planetas são estrelas significa que neles existe o potencial de ser transformados em estrelas negativas ou positivas. Isso significa que, se ocorresse uma superexplosão sobre a Terra, ela seria destruída e poderia surgir um buraco negro em seu lugar. Nem sempre, se um planeta é desintegrado, surge um buraco negro, isso vai depender da magnitude da explosão. Onde podemos encontrar um planeta transformando-se em buraco negro? Nos centros das galáxias em espiral. As colisões, nos centros de tais galáxias, são de tal magnitude que as estrelas positivas e os planetas se transformam em buracos negros; por essa razão, os centros desse tipo de galáxia são formados por milhares de buracos negros.

Quando uma galáxia, através de seu grande buraco negro, absorveu toda estrela que a rodeia e conforma, poder-se-ia dizer que essa galáxia morreu; mas não necessariamente deixou de existir, porque a sua alma continua em outra dimensão.

As galáxias ressuscitam. Poder-se-ia dizer que elas são espécies de flores que continuamente abrem e fecham suas pétalas, ou seja, nas galáxias existe um fluxo e refluxo contínuo.

A presença das galáxias fantasmas pode ser detectada pelo efeito gravitacional produzido nas galáxias visíveis que se aproximam delas.

Os grandes quasares são galáxias fantasmas em processo de ressurreição. As galáxias globulares procedem das galáxias fantasmas.

Capítulo XVI

Viagens Interplanetárias, Interestelares e Intergalácticas, Usando como Via os Buracos Cinzas do Universo

Dentro dos buracos cinzas, buracos negros e buracos brancos, existem forças magnéticas em forma de anéis que atuam sobre os materiais que transitam por elas, alterando a estrutura magnética de tais materiais. Por essa razão, quando um objeto do plano físico é absorvido por um buraco negro, ao passar através dele com destino a outro nível dimensional, sua estrutura magnética muda e se comporta como se sua massa fosse de neutrinos; esse objeto transformado pode passar por qualquer planeta do plano físico como se não existisse. Quando tal objeto regressa ao plano físico, através de um buraco branco ou um buraco cinza, automaticamente, por efeito da mesma força magnética que mencionei, o objeto recobra sua estrutura magnética anterior.

A força transformadora contida dentro das pontes cósmicas é de dupla ação. Seu efeito dependerá da direção em que se penetre nela.

Poderíamos definir a matéria como pensamento de Deus. A matéria que existe nos diferentes níveis dimensionais, no fundo, é a mesma, mas em diversos estados magnéticos. Há 25 níveis de estados magnéticos e cada um deles tem um subnível.

No livro intitulado *O homem, embrião de anjo*, eu lhe disse, irmão Gaetano, que o corpo físico do homem não pode subir aos céus, e que existe um corpo espiritual para viver em cada um dos céus, e que um corpo espiritual de nível inferior não pode ascender; mas revelo a você que existem condições especiais que podem (não por muito tempo) permitir, por exemplo, que o corpo físico do homem, quando tem o poder, penetre em quaisquer céus, ou seja, pode entrar em qualquer nível dimensional.

Quando tem o poder, o homem pode mudar o estado magnético de seu corpo físico e tornar-se invisível porque passou para outro nível dimensional; atravessar a parede de uma casa e se colocar no meio dela recuperando ali, à vontade, seu estado magnético anterior e tornar-se visível aos presentes. Exemplo disso pode ser visto nas seguintes passagens das Sagradas Escrituras:

> *Chegada, pois, a tarde daquele dia, o primeiro da semana,* ***e cerradas as portas onde os discípulos, com medo dos judeus, se tinham ajuntado, chegou Jesus, e pôs-se no meio, e disse-lhes: Paz seja convosco.*** *(Jo. 20:19)*
>
> *E, dizendo isto, mostrou-lhes as suas mãos e o lado. De sorte que os discípulos se alegraram, vendo o Senhor. (Jo. 20:20)*
>
> ***E oito dias depois estavam outra vez os seus discípulos dentro, e com eles Tomé. Chegou Jesus, estando as portas fechadas, e apresentou-se no meio, e disse: Paz seja convosco.*** *(Jo. 20:26)*
>
> *Depois disse a Tomé: Põe aqui o teu dedo, e vê as minhas mãos; e chega a tua mão, e põe-na no meu lado; e não sejas incrédulo, mas crente. (Jo. 20:27)*
>
> *E Tomé respondeu, e disse-lhe: Senhor meu, e Deus meu! (Jo 20,28)*
>
> *Disse-lhe Jesus: Porque me viste, Tomé, creste; bem-aventurados os que não viram e creram. (Jo. 20:29)*
>
> *Jesus, pois, operou também em presença de seus discípulos muitos outros sinais, que não estão escritos neste livro. (Jo. 20:30)*
>
> *Estes, porém, foram escritos para que creiais que Jesus é o Cristo, o Filho de Deus, e para que, crendo, tenhais vida em seu nome. (Jo. 20:31)*

Nosso Senhor Jesus Cristo prometeu:

> *Na verdade, na verdade vos digo que aquele que crê em mim também fará as obras que eu faço, e as fará maiores do que estas, porque eu vou para meu Pai. (Jo. 14:12)*

Antes de continuar com o tema das viagens cósmicas, falarei brevemente sobre a velocidade da luz.

O princípio dos dois testemunhos de Deus são aplicáveis à luz e à matéria; poder-se-ia dizer que os dois testemunhos de Deus são: LUZ e MATÉRIA.

O candelabro visível do Lugar Santo do Tabernáculo de Iahweh representa a Matéria, e o candelabro invisível sobre a Arca do Pacto de Sangue Santíssimo corresponde à Luz.

A união do candelabro do Lugar Santo com o do Lugar Santíssimo constitui o candelabro de Deus. Quando as lâmpadas do Lugar Santo são acesas, isso equivale a dois candelabros em um, um material e outro espiritual.

A matéria é o trono da luz. A luz é o espírito da matéria. A matéria é formada por átomos. A luz se desprende do interior dos átomos.

A luz serve para que o cientista esquadrinhe a matéria. Por meio da luz, os astrônomos examinam o Universo.

O Universo é matéria e luz. O Universo é formado por 25 candelabros materiais (dragões) que se penetram um dentro do outro em diferentes níveis dimensionais, e a cada candelabro material corresponde outro de luz. Ou seja, existem 25 níveis de manifestação da luz.

A luz se move em 25 níveis dimensionais e em cada um deles se move com diferente velocidade.

A velocidade da luz muda em escala logarítmica de um nível dimensional a outro.

No plano físico, a velocidade da luz é de aproximadamente 300 mil quilômetros por segundo, mas, à medida que o homem vai penetrando os diferentes níveis dimensionais superiores, vê que ela vai mudando progressivamente. Mas, à medida que ele desce aos diversos níveis, vê que a velocidade da luz vai diminuindo. Ter conhecimento disso significa, para o cientista terrestre, saber que a Teoria da Relatividade de Einstein precisa ser revisada, já que o postulado de que a velocidade da luz é constante constitui a base dessa teoria, e resulta que a luz se move com velocidade diferente nos diversos níveis dimensionais.

É importante saber que a velocidade da luz é afetada pela força gravitacional universal.

A força gravitacional de um planeta qualquer do Universo muda de um nível dimensional a outro. À medida que se ascende de um nível dimensional a outro, a força gravitacional do planeta diminui, e, conforme se desce de nível, ela aumenta.

A luz, no nível dimensional adequado, permite a radiotelevisão instantânea entre um planeta e outro ou entre uma galáxia e outra.

O parágrafo seguinte foi extraído da p. 29 da revista *Deutschland*, de 1º de fevereiro/5 de março, 1999. Revista que trata de política, economia e ciências. O parágrafo diz:

> "O físico alemão Günter Nimtz, em 1996, pôde transmitir a 40ª sinfonia de Mozart em uma velocidade várias vezes superior à da luz, demonstrando assim que **por meio de túneis** podem ser transmitidas informações em uma velocidade infinitamente alta – ou seja, sem perda de tempo – sem considerar a distância percorrida".

As civilizações extraterrestres avançadas do Universo usam como via de comunicação os diferentes níveis dimensionais superiores.

Quando os radiotelevisores terrestres forem aperfeiçoados e puderem ser sintonizados à vontade para interceptar as ondas contidas nos diferentes níveis dimensionais superiores (12 níveis), então o homem escutará e verá as mensagens radiotelevisivas das civilizações extraterrestres avançadas.

A radiocomunicação instantânea entre planetas pertencentes a uma mesma estrela, ou seja, de um mesmo sistema solar, deve ser feita por meio do primeiro nível dimensional superior. E, caso se queira ter radiocomunicação instantânea de uma estrela próxima a outra, isso deve ser realizado pelo segundo nível dimensional e assim sucessivamente, à medida que a distância aumenta.

Até aqui falamos sobre a luz. Agora falarei das viagens cósmicas usando como atalho os buracos cinzas do Universo.

Em relação às viagens cósmicas através dos buracos cinzas, direi que, quando se está, em uma nave, no espaço correspondente ao plano físico de uma estrela qualquer com seu sistema planetário e se quer viajar a outra estrela, **o que se faz é dirigir a nave para um dos planetas pertencentes à estrela em que se esteja e, ali, localizar o polo norte magnético e utilizar o túnel cósmico do mesmo para mudar a estrutura magnética da nave e passar a outro nível dimensional em que as leis cósmicas sejam mais benignas e permitam fazer com que a nave alcance velocidades acima da velocidade da luz, sem danificar a nave nem os viajantes dentro dela.**

NOTA DE ESCLARECIMENTO: Dos três tipos de pontes cósmicas que existem, o buraco cinza é o que se utiliza nas viagens interdimensionais em naves, já que o congestionamento que os materiais que transitam através dos buracos negros e brancos produzem não permite a passagem de naves por eles sem destruí-las. Além disso, se as viagens pelos buracos negros e brancos fossem possíveis, entraríamos por um buraco negro e regressaríamos por um buraco branco; e estes estão separados uns dos outros a anos-luz de distância. Demoraríamos séculos para retornar ao ponto de partida depois de regressar ao plano físico por um buraco branco, já que não é possível viajar à velocidade da luz, em nave, no plano físico.

Tomaremos como exemplo uma nave de regente de planeta (nave especial indicada por Iahweh Deus) que se encontra de passagem aqui na Terra e tem de partir para um dos planetas pertencentes a uma estrela de uma das constelações próxima a nós, e tal astro se encontra a uma distância de dez anos-luz.

A nave já está se preparando para partir. O capitão ordena ao cérebro da mesma que o leve ao planeta de destino (conectado ao cérebro central do Universo). Esse cérebro eletrônico pode prever os obstáculos que seriam encontrados na trajetória da nave e evitá-los antes de chegar a eles.

A nave parte em direção ao polo norte magnético do planeta Terra e, quando chega ali, ordena que a porta (pérola) que obstrui a entrada do túnel seja aberta. Isso se torna visível na tela da televisão da nave, e esta entra no túnel e, em menos de um minuto, sai no outro extremo, no planeta que contém em seu ventre a Terra (esse túnel tem mais ou menos 10 quilômetros de comprimento).

A nave passou para um universo que é idêntico ao que nos encontramos. Ali vemos que existe uma cópia da constelação para onde a nave se dirige. Essa réplica contém em seu ventre a constelação que estávamos olhando do plano físico da Terra.

A nave, com aceleração inconcebível para a mente terrestre, parte em direção à réplica do planeta que contém em seu ventre o destino; chega ali e para na saída do túnel, depois desce por ele e ordena que a pérola que dá saída ao planeta de destino seja aberta: passou de novo a esse nível dimensional, retornou ao plano físico.

A nave pode fazer essa viagem em uma hora terrestre, não indo rápido. Se tentasse regressar à Terra através do espaço do plano físico, levaria mais de dez anos para chegar aqui.

Quando uma nave voadora passa do plano físico a outro nível dimensional superior, a resistência a seu deslocamento muda; é como se esta se movimentasse submersa no oceano e de repente saísse dele continuando seu voo em direção ao espaço exterior.

Quando se viaja de um planeta a outro, usando como via o outro nível dimensional, ocorre o seguinte: ao sair do túnel cósmico à outra dimensão e olhar para baixo, ter-se-á uma esfera de jaspe que contém em seu ventre o planeta de partida e o universo do plano físico; mas grande é a surpresa ao ver que, quando se olha para a outra esfera de jaspe que contém em seu ventre o planeta de destino, este também possui o mesmo universo físico que está na esfera que contém o planeta de partida; isto é, como se o Universo físico se encontrasse em dois lugares ao mesmo tempo, mas em diferentes posições.

A nave que usei como exemplo partindo da Terra, usando o outro nível dimensional, pode alcançar Júpiter em cerca de dez minutos.

As naves de regentes de planetas, se seu governante quiser, não utilizam os buracos cinzas para mudar a estrutura magnética de sua nave, porque estas têm a capacidade de fazê-lo por si mesmas. Podem se encontrar em qualquer parte do Universo e passar de um nível dimensional a outro à vontade. À medida que a nave posa de um nível dimensional a outro, sua velocidade aumenta progressivamente. A nave pode utilizar quaisquer dos 12 níveis dimensionais superiores em sua viagem; quanto mais alto for o nível dimensional, maior velocidade pode atingir.

Nave subindo através do túnel do primeiro céu da Terra

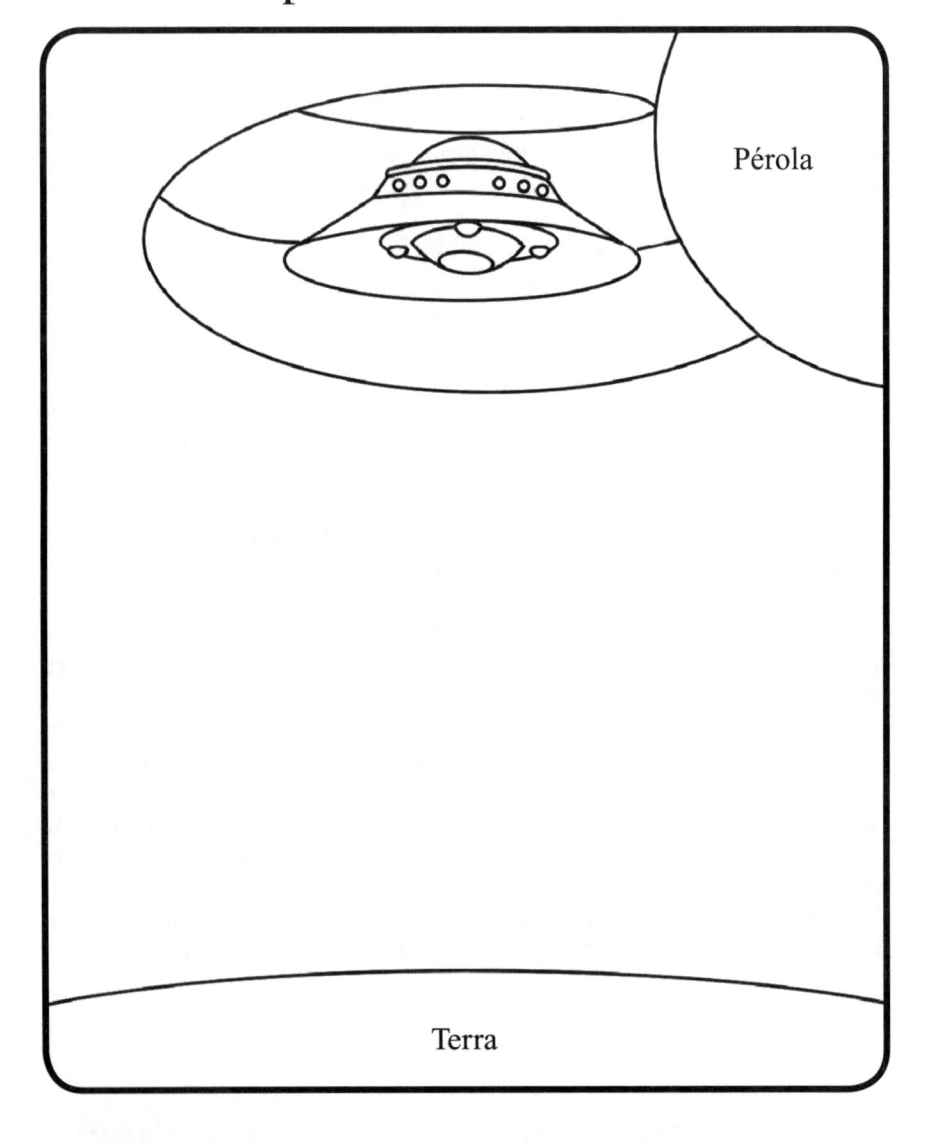

Pérola

Terra

Nave saindo do túnel do primeiro céu da Terra com destino a Júpiter

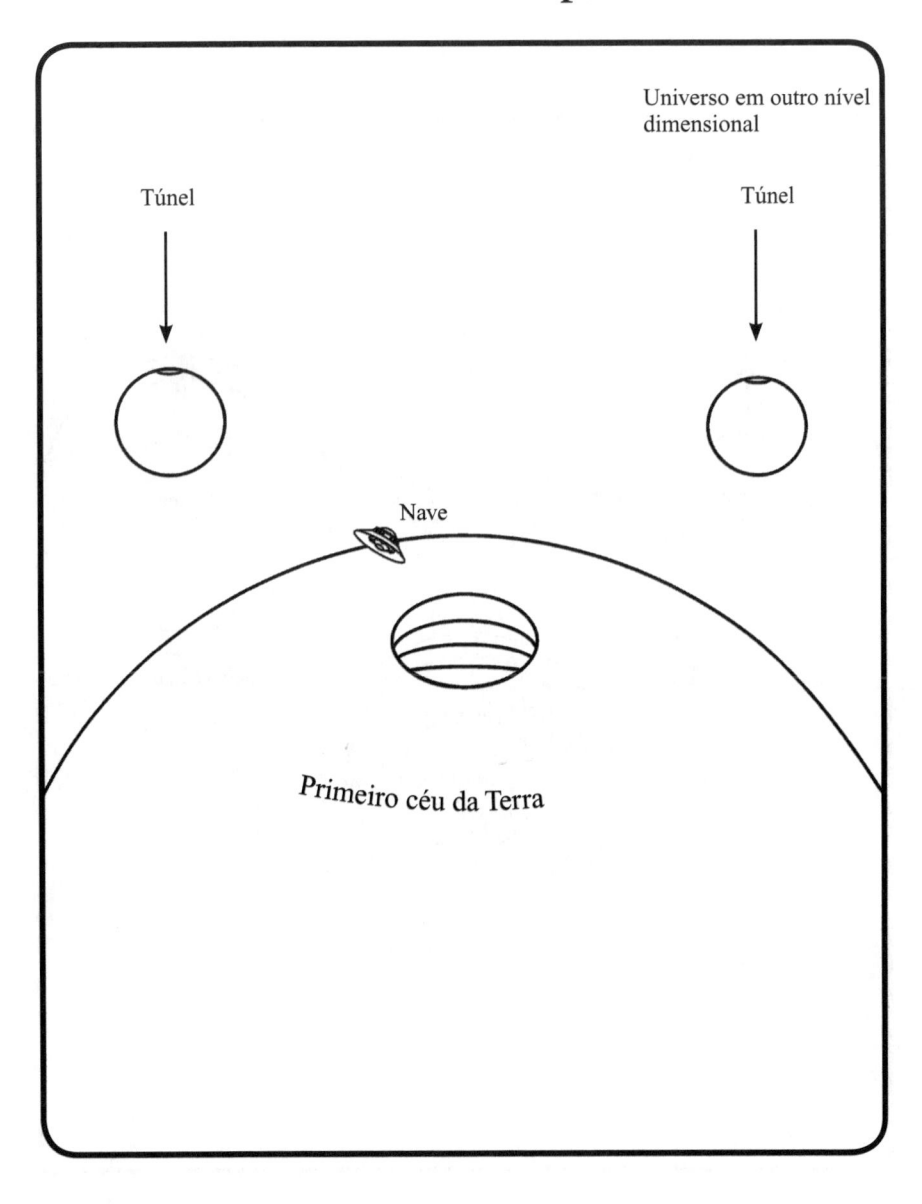

Universo em outro nível dimensional

Túnel

Túnel

Nave

Primeiro céu da Terra

Rotas a ser tomadas pela nave no outro nível dimensional

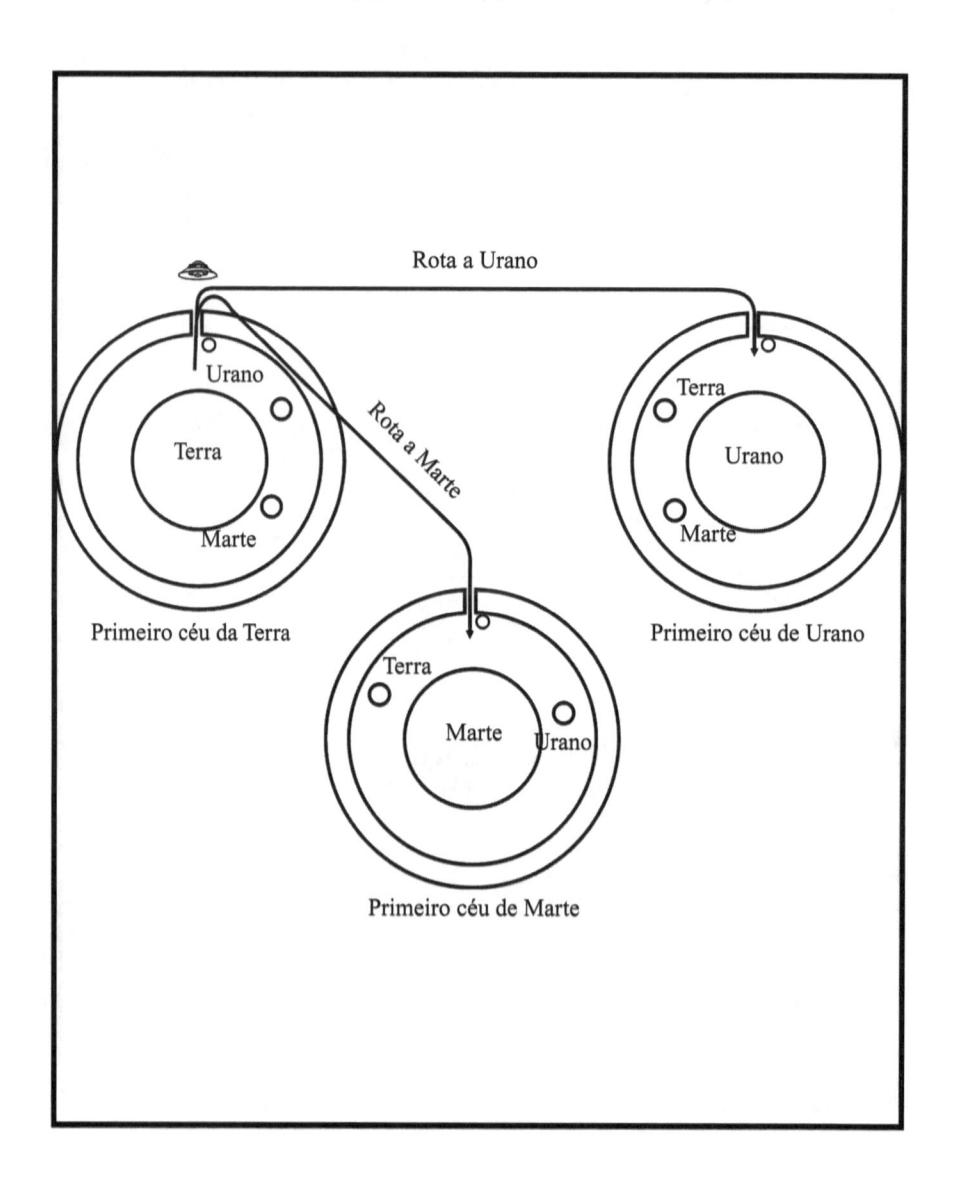

Agora, para concluir, irmão Gaetano, direi a você que o que eu revelei neste livro mostra à humanidade terrestre que a religião e a ciência andam de mãos dadas. A ciência desemboca no conhecimento de Deus. Ciência sem conhecimento de Deus e sem temor a Deus (entenda-se respeitar a Deus) converte o homem em um ser demoníaco, poderoso, ao qual não importa infringir as leis de Deus e romper o equilíbrio do Universo.

O temor de Iahweh é o princípio da sabedoria, e o conhecimento do Santo é a prudência. (Pr. 9:10)

Comentário final

Neste livro, com a revelação da "Lei Universal do Desenho Único", respondeu-se à teoria unificadora buscada pelos cientistas terrestres, dentre eles Stephen Hawking, que havia dito: "Se encontrássemos uma resposta a isso, seria o triunfo definitivo da razão humana, porque então conheceríamos o pensamento de Deus".

Na "Lei Universal do Desenho Único" está a resposta à estrutura da mente de Deus. A mente de Deus e a mente do que o homem chama Natureza são uma só. Na "Lei Universal do Desenho Único", o psicanalista encontrará a resposta à estrutura da psique do homem. Ver a obra de Carl Gustav Jung (discípulo de Sigmund Freud, pai da Psicanálise), que baseou seu trabalho no *I-Ching* ou *Livro das Mutações*, versão de Richard Wilhelm. Para Gustav Jung, o *I-Ching* se mostrava como uma ponte entre a mente do homem e uma mente universal.

Diz Nosso Senhor:

Eu, Jesus, enviei o meu anjo, para vos testificar estas coisas nas igrejas. Eu sou a raiz e a geração de Davi, a resplandecente estrela da manhã. (Ap. 22:16)

E, eis que cedo venho, e o meu galardão está comigo, para dar a cada um segundo a sua obra. (Ap. 22:12)

Este livro foi composto em Times New Roman, corpo 11/12.
Papel Offset 75g
Impressão e Acabamento
Hr Gráfica e Editora – Rua Serra de Paraicana, 716 – Mooca– São Paulo/SP
CEP 03107-020 – Tel.: (011) 3341-6444 – e-mail: vendas@hrgrafica.com.br